Für Dich, liebe Frauke,
nichts Literarisches oder
Romantisches,
aber vielleicht zum
(Wieder)-Erkennen nicht
nur von Ute Gerhard.

Deine Jutta

In den Essays dieses Bandes setzt sich Ute Gerhard mit dem Feminismus in Deutschland auseinander. Dabei diskutiert sie nicht nur kritisch die Frage, wie es um die neue Frauenbewegung heute steht, sondern auch die immer wieder unterbrochenen Traditionslinien und unerledigten Anliegen der historischen Frauenbewegungen des 19. und beginnenden 20. Jahrhunderts. Es gilt hervorzuheben, daß Frauen immer wieder als Schrittmacherinnen demokratischer Verhältnisse und Expertinnen einer zivileren Gesellschaft aktiv geworden sind. Erinnert und bearbeitet werden müssen aber auch politische Versäumnisse auf seiten der Frauen.

Themen sind neben dem Überblick über die verschiedenen Phasen der Bewegung u. a. die internationalen Beziehungen und persönlichen Freundschaften der alten Frauenbewegung, die Frauenpolitik seit 1945, Unrechtserfahrungen und Rechtsverständnis der neuen Frauenbewegung, die Jahrhundertdebatte um den Paragraphen 218, die Generationenkonflikte in der Frauenbewegung oder die Bedeutung der aktuellen internationalen Kampagne »Frauenrechte als Menschenrechte«.

Feminismus bezeichnet also sowohl die sozialen Bewegungen der Frauen als auch eine politische Theorie, die Idee, daß die Moderne unvollendet, die Demokratie unvollständig bleibt, solange Frauen nicht als Bürgerinnen gleiche Anerkennung und Teilhabe erfahren. Allein aus diesem Grund ist entgegen allen Unkenrufen und politischer Kleinmütigkeit davon auszugehen, daß der Feminismus gegenwärtig nur eine Atempause eingelegt hat.

Ute Gerhard, geboren 1939, studierte Rechtswissenschaften, Geschichte und Soziologie. Seit 1987 ist sie Professorin für Soziologie mit dem Schwerpunkt Frauenforschung an der Johann Wolfgang Goethe-Universität in Frankfurt am Main. Ute Gerhard ist Direktorin des interdisziplinären Zentrums für Frauenstudien und die Erforschung der Geschlechterverhältnisse in Frankfurt und veröffentlichte zahlreiche Beiträge und Bücher zu Frauenbewegung und Frauenrechten, feministischer Theorie und Sozialpolitik. 1997 wurde ihr der Hessische Kulturpreis für Wissenschaftsvermittlung verliehen.

Ute Gerhard

Atempause

Feminismus als
demokratisches Projekt

Fischer Taschenbuch Verlag

Die Frau in der Gesellschaft
Herausgegeben von Ingeborg Mues

Originalausgabe
Veröffentlicht im Fischer Taschenbuch Verlag GmbH,
Frankfurt am Main, September 1999

Gesamtherstellung: Clausen & Bosse, Leck
Printed in Germany
ISBN 3-596-14441-8

Inhalt

Einleitung 7

Die »langen Wellen« der Frauenbewegung –
Traditionslinien und unerledigte Anliegen 12

National oder International:
Die internationalen Beziehungen
der deutschen bürgerlichen Frauenbewegung 39

»Fern von jedem Suffragettentum« –
Frauenpolitik nach 1945,
eine Bewegung von Frauen? 62

»Halbe Demokraten« – Halbierte Demokratie? –
Frauenbewegung und Demokratie
von 1848 bis heute 88

Paragraph 218 und kein Ende:
Der Beitrag der Frauenbewegung
zum Diskurs über eine andere Moral 106

Menschenrechte sind Frauenrechte –
Alte Fragen und neue Ansätze
feministischer Rechtskritik 129

Atempause: Die aktuelle Bedeutung
der Frauenbewegungen
für eine zivile Gesellschaft 157

Die Töchter der Emanzipation –
Das Generationenproblem
in der Frauenbewegung 179

Anmerkungen 194

Quellen 229

Danksagung 231

Einleitung

Viel Opportunistisches ist zu lesen über das Ende der Frauenbewegung und über den angeblich real nicht mehr existierenden Feminismus, in das sich Schadenfreude, aber auch Anbiederung mischt. Für kein anderes Thema haben seit nun zwei Jahrhunderten die Gazetten immer wieder so bereitwillig Raum zur Verfügung gestellt wie für die Annonce, daß die »zigarrerauchende« und »verrufene« Emanzipationsbewegung der Frauen, das unziemliche Gezeter der Suffragetten und Blaustrümpfe oder das Zeitalter der Frauenrechtelei und der »Emanzen« nun endlich überwunden sei. Auffällig ist, daß in diesen Abgesängen grundsätzlich von *der* Frauenbewegung oder *dem* Feminismus die Rede ist, so als ob es sich um ein Wesen oder ein organisches Gebilde handelte, das, aus Haupt und Gliedern bestehend, nun zu Grabe getragen würde, vorher aber höchst lebendig oder gesellschaftlich mächtig gewesen sei. Auf jeden Fall wird dieses Wesen für alles mögliche verantwortlich gemacht, hat die Frauenbewegung dies oder das versäumt, findet sich billiger Beifall für allerhand Abfälliges. Die Frage, die sich mir in diesem Zusammenhang stellt, lautet: Wer war oder wer ist eigentlich die Frauenbewegung?

Machen wir uns nichts vor: Diejenigen, die sich aus dem Schutz der Normalität herauswagen, bestehende Ordnungen und Verhältnisse kritisieren, für gesellschaftlichen Wandel oder gar für radikale Veränderungen eintreten, waren und sind immer eine Minderheit, eine Avantgarde, Querköpfe oder Wegbereiterinnen für Ideen und neue Lebensweisen. Das gilt nicht nur für die Frauenbewegung. Interessant ist hierbei, wann und warum es wenigen gelingt, die Wahrnehmung vieler zu treffen, Probleme zur Sprache zu bringen, in denen die Erfahrungen und möglicherweise das Gerechtigkeitsempfinden von anderen, vielen berührt werden, ferner, unter welchen Umständen aus einzelnen viele werden, sich Gruppen bilden, die etwas bewegen wollen. Die sogenannten Radikalen, die »an die Wurzel des Übels gehen« wollen, bereiten den weniger Engagierten, Zaghaften oder Indifferenten den Weg. Heute heißt das üblicherweise: »Ich bin keine Feministin, aber ...«, doch man/frau vertritt Ansichten und Ziele, die durchaus als feministische zu kennzeichnen sind. Wer ein wenig mehr als Außenansichten kennt, weiß, daß sich gerade auch die neue Frauenbewegung von Anbeginn durch Kontroversen, öffentlich ausgetragene Meinungsverschiedenheiten über höchst Privates ausgezeichnet hat und daß zudem behauptet wurde, dieser private Aufruhr sei ein politischer, das heißt eine Angelegenheit von allgemeiner und gesellschaftlicher Bedeutung. Unterschiedliche Ansichten und politische Strategien waren die Folge, weil Meinung und Erfahrung jeder einzelnen Beteiligten bedeutsam und ernst zu nehmen waren. Daß die unterschiedlichen Bedürfnisse und Interessen und die Vielfalt der Stimmen dennoch auf etwas Gemeinsames zielten – auf die Achtung, Selbstachtung und die Anerkennung des Strebens nach Individualität auch der Frauen –, war der zündende Funke oder auch Bazillus, der ansteckend war und mobilisierend wirkte.

Wie Geschichte und Verlauf sozialer Bewegungen zeigen, sind Hochphasen der Mobilisierung und ihre »politischen Gelegenheitsstrukturen« nicht von Dauer, gleichwohl bewirken sie etwas, rufen Reaktionen hervor, im Privaten, in der Öffentlichkeit, im Falle der Frauenbewegung vor allem im Verhältnis der Geschlechter. Weil die Ordnung im Geschlechterverhältnis in allen Lebensbereichen von Bedeutung ist, sorgen Infragestellung oder Veränderung derselben für Beunruhigung, rufen Abwehr und heftige Reaktionen hervor, denn der kultivierte Boden, auf den sich die abendländische Zivilisation etwas zugute hält, gerät ins Wanken. »Die Revolution der Frau«, schreibt Margarete Susman in dem Essay »Das Frauenproblem in der gegenwärtigen Welt« aus dem Jahr 1926, »hat nicht einfach den gesetzhaften Verlauf und Rhythmus anderer Revolutionen: einmütiges Sichaufbäumen gegen unerträglich gewordene Bindungen, von denen nur der nicht freiheitlich gesinnte Teil der Menschen sich zurückhält – sondern hier ist alles bunt und verwirrend gemischt. Hier bindet eine andere Macht der Freiheit gebieterisch die Hände; hier werden Ketten Kränze und Kränze Ketten. Hier werfen Traum und Zauber verwirrende Lichter und Schatten auf den Weg [...].«[1]

Es ist erstaunlich, wie modern Susmans Betrachtungen über die Frauenfrage auch im weiteren anmuten. In solchen Einschätzungen und Schlußfolgerungen wiederholt sich ein Gewahrwerden, das ich als *modern* charakterisieren möchte, weil es die ganz spezifischen Erfahrungen von Frauen in der Moderne, in den politischen, sozialen und kulturellen Strömungen und Bewegungen seit der Französischen Revolution widerspiegelt. Es ist die nahezu gleichzeitige Erfahrung von Teilhabe und Ausschluß, der Widerspruch zwischen der Rede vom Menschen als Subjekt von Rechten und von der Frau als Besonderer und Benachteiligter. Der Grund für diesen Widerspruch liegt in einer Zweideutigkeit und Ambivalenz der Moderne, die auch in einer geschlechtsspezifischen Dialektik der Aufklärung zum Ausdruck kommt, indem sie gleichzeitig mit dem Versprechen der Freiheit und Gleichheit aller Menschen die Disziplinierung der Frauen zum anderen Geschlecht inszenierte. Immer waren die Frauen, die an dem Projekt der »Welterlösung« teilgenommen hatten, überrascht, was ihnen widerfuhr. Zeugnisse finden sich bereits bei den Romantikerinnen, dann in allen Phasen gesellschaftlicher Umwälzungen oder Reform und Revolution, in Deutschland insbesondere auch nach ihrem Scheitern: zum Beispiel im Kontext der 1848er Revolution, nach dem Ende des Ersten Weltkrieges sowie 1949 mit der Etablierung der Bundesrepublik oder 1989 nach der Vereinigung der beiden deutschen Staaten. Immer war diesen historischen Bruchstellen oder Ereignissen ein besonderes Engagement, ein Emanzipationsschub oder die Mitwirkung von Frauen in den politischen Protest- und Demokratiebewegungen vorausgegangen. Immer waren dem Aufschwung keineswegs Etablierung, sondern eher Ernüchterung und Enttäuschung über Nichterreichtes gefolgt. Die Umstände und politischen Zusammenhänge, die Sprache und die Bilder, in denen diese Erfahrungen überliefert werden, unterscheiden sich, doch der Anlaß der Beunruhigung und des Protestes bleibt seit 200 Jahren der gleiche, solange das Projekt, demokratische Verhältnisse für Männer und Frauen herzustellen, unvollendet ist.

Der Blick in die Geschichte des Feminismus dient somit nicht pädagogischen Zwecken; nur selten ist aus der Geschichte zu lernen, was zu tun ist, weil sich weder die Beteiligten noch die Bedingungen gleichen. Ebensowenig interessiert die Frauen- und Geschlechtergeschichte lediglich als Trauerspiel in mehreren Akten, im Gegenteil. Die Geschichte der Frauen ist ein »Fundus« bedeutsamer Erfahrungen, eine »Quelle mannigfaltiger Einsichten und Anregungen«[2], die helfen, die politischen Rahmenbedingungen zu analysieren, zu kritisieren und mitzugestalten. Insbesondere das Wissen, daß dem Auf und Ab, den immer wieder neuen Anfängen, Abbrüchen und Flauten bisher notwendig ein Neuanfang gefolgt ist, entlastet und ermutigt.

Aus diesem Grund habe ich in einem der Aufsätze, der diesem Band zugleich den Titel gibt, zur Kennzeichnung der gegenwärtigen Situation in der Geschichte des Feminismus die Metapher der »Atempause« benutzt. Meines Erachtens geht es gegenwärtig darum, auf der Basis des Erreichten tief durchzuatmen, innezuhalten und die Kräfte neu zu sammeln. Dazu ist es notwendig, die veränderten politischen Verhältnisse in Deutschland, in Europa, in der Welt aus durchaus unterschiedlichen Geschlechterperspektiven zu analysieren und neu einzuschätzen und in der Domäne männlicher Wissenschaft, die im Hinblick auf die Geschlechterverhältnisse weitgehend noch immer Brachland ist, tiefer zu graben und zu forschen, selbst wenn die Ernte erst in der nächsten Frauengeneration einzuholen ist.

Die Aufsätze in diesem Band sind eine Auswahl zu einzelnen Aspekten des Themenkomplexes Geschichte und Theorie des Feminismus. Sie sind in unterschiedlichen Zusammenhängen, in gemeinsamen Projekten im Schwerpunkt Frauenforschung der Universität Frankfurt am Main oder aus Beiträgen zu Veröffentlichungen und Konferenzen entstanden. Ohne diese Kontexte, die Verankerung in der Frauenforschung und Frauenbewegung, und ohne den animierenden Austausch mit Studentinnen und Kolleginnen wären sie vermutlich nicht so geschrieben, und sie verdanken diesen viel. Mit dieser Auswahl sollen sowohl die wichtigsten Themen und Streitpunkte vorgestellt, als auch die theoretischen Ansätze diskutiert werden, die in der Bewegungsforschung zur Analyse der Frauenbewegung angewendet werden. Die These von den »langen Wellen« der Frauenbewegung stellt Traditions- und Verbindungslinien her zwischen den verschiedenen Phasen und Richtungen, ohne doch der Einheitlichkeit der Frauenbewegung das Wort zu reden. Insgesamt wird damit ein gesellschaftliches Erfahrungs- und Problemfeld untersucht, das in der Soziologie wie auch in der Geschichtswissenschaft immer wieder in dem Verdacht steht, wissenschaftliches Erkenntnisinteresse mit politischen Optionen zu verknüpfen. Diese Verbindung soll hier nicht geleugnet, im Gegenteil, methodisch offengelegt werden, um die gemeinsame Zielsetzung von Frauenforschung und Frauenbewegung nicht zu verschleiern. Es ist tatsächlich diese Verknüpfung von Erinnerungsarbeit, Aufklärung und Analyse, die die Beschäftigung mit dem Feminimus als sozialer Bewegung und politischer Theorie so aufregend und angreifbar macht. Deshalb steht diese Thematik im Zentrum der Frauen- und Geschlechterforschung und eines entsprechenden Lehrplans.

In der Lehre an der Universität, aber auch in vielen außeruniversitären Diskussionen und internationalen Zusammenhängen habe ich die Erfahrung gemacht, daß – trotz aller Skepsis der jungen Frauen gegenüber dem komplizierten und gesellschaftlich nach wie vor ungesicherten »Erbe der Mütter« – in der Auseinandersetzung mit dieser Geschichte, mit dem Wissen um frauenbewußte Vorgängerinnen und bei der Rezeption feministischer Vorarbeiten immer wieder Funken überspringen. Denn was meistens übersehen wird, wenn wir schon bei diesem Bild bleiben: Die Funken sind, einmal in der Welt, auch wenn sie keinen Flächenbrand auslösen, nicht mehr zu löschen, ebensowenig wie gegen den Bazillus der Emanzipation bisher ein Heilkraut oder eine Rezeptur gefunden wurde. Nach wie vor aktuell und treffend scheint mir daher, was Rahel Varnhagen am 21. September 1830 in einem Brief an Heinrich Heine schrieb:

»Kein ›Jungfernkranz‹, kein Elephant über Theaterbrücken; keine Wohltätigkeitsliste, kein Vivat; keine Herablassung; keine gemischte Gesellschaft, kein neues Gesangbuch, kein bürgerlicher Stern, nichts, nichts konnte mich je beschwichtigen.«[3]

Die »langen Wellen« der Frauenbewegung – Traditionslinien und unerledigte Anliegen

Vorbemerkung

Es gibt neben der gleichen Vorgeschichte bis 1945 einen gemeinsamen Bezugspunkt für Feministinnen bzw. die Frauenbewegung in Ost- und Westdeutschland: die DDR-Frauenliteratur, der sogenannte »literarische Feminismus«[1], vertreten durch Autorinnen wie Maxie Wander, Irmtraud Morgner oder Christa Wolf. In ihren Schriften manifestierte sich ein feministisches Bewußtsein, das schon sehr früh über die Forderung nach Nur-Gleichberechtigung hinaus und gegenüber der staatlich organisierten und verordneten »Emanzipation der Frau« einen spezifisch weiblichen Anspruch auf Individualität anmeldete und gesellschaftliche Widersprüche offenlegte. Wie immer minoritär die Lektüre dieser Literatur in der DDR blieb, in Westdeutschland hat ihre breite Rezeption den feministischen Bewußtwerdungsprozeß gestützt und gerade auch vor dem Hintergrund der Enttäuschungen mit »linken Genossen« dazu beigetragen, dem Streben nach Autonomie, persönlicher und ökonomischer Unabhängigkeit, einem widerständigen Lebensgefühl sowie utopischen Potentialen Ausdruck zu verleihen. In meinen Exzerpten aus jener Zeit steht der folgende Abschnitt aus dem von Christa Wolf verfaßten Vorwort zu Maxie Wanders »Guten Morgen, Du Schöne«, der mir die entscheidende Erfahrung und Zielsetzung des neuen Feminismus zu definieren schien:

> »Ja: Ökonomisch und juristisch sind wir den Männern gleichgestellt, durch gleiche Ausbildungschancen und die Freiheit, über Schwangerschaft und Geburt selbst zu entscheiden, weitgehend unabhängig, nicht mehr durch Standes- oder Klassenschranken von dem Mann unserer Wahl getrennt; und nun erfahren wir (wenn es wirklich Liebe ist, was wir meinen, nicht Besitz und Dienstleistung auf Gegenseitigkeit), bis zu welchem Grad die

> Geschichte der Klassengesellschaft, das Patriarchat, ihre Objekte deformiert hat und welche Zeiträume das Subjektwerden des Menschen – Mann und Frau – erfordern wird [...].
> Erst wenn Mann und Frau sich nicht mehr um den Wochenlohn streiten, [...] darum, ob die Frau ›arbeiten gehn‹ darf und wer dann die Kinder versorgt; erst wenn die Frau für ihre Arbeit genauso bezahlt wird wie der Mann [...]: erst dann beginnt sie, belangvolle Erfahrungen zu machen, die sie nicht allgemein, als menschliches Wesen weiblichen Geschlechts, sondern persönlich, als Individuum betreffen.«[2]

Da die westdeutsche neue Frauenbewegung seit der Vereinigung der beiden deutschen Staaten nur für westliche Erfahrungen steht, vermag ich vorerst auch den Vergleich zwischen neuer und alter Frauenbewegung in Deutschland nur aus westdeutscher Perspektive zu behandeln. Möglicherweise folgt allein schon aus dieser Einschränkung, daß die westdeutsche Frauenbewegung, in die politische Geschichte bis 1989 eingeschlossen, inzwischen als eine historische zu betrachten ist.

Zum Begriff Frauenbewegung

Im Kürzel lexikalischer Definition ist »Frauenbewegung« die Zusammenfassung aller Bestrebungen, den Frauen in allen Lebensbereichen, in Staat, Gesellschaft und Kultur, gleichen gesellschaftlichen Einfluß und eine dem Manne gleichberechtigte Stellung zu verschaffen. Sie ist Motor und Teil der Demokratie- und Emanzipationsbewegungen des 19./20. Jahrhunderts, dabei ging es gerade auch der »alten« Frauenbewegung nicht nur um gleichberechtigte Teilhabe und Zugang, auch nicht nur um soziale Reform, sondern – wie es in der Satzung des 1865 gegründeten Allgemeinen Deutschen Frauenvereins etwas altmodisch hieß, darum, »den Kultureinfluß der Frau zu voller innerer Entfaltung und freier sozialer Wirksamkeit zu bringen«.[3] Die verschiedenen Richtungen der Frauenbewegung waren also Rechts- und Kulturbewegung und kämpften von Anbeginn, wenn auch oft untereinander in der Schwerpunktsetzung nicht einig, sowohl für Rechtsgleichheit wie für die Anerkennung der Differenz im Verhältnis der Geschlechter. Der Begriff »Feminismus« wird im Deutschen in der Regel nur für die neue Frauenbewegung verwendet, obwohl er bereits vor der Jahrhundertwende, zum erstenmal 1896 auf dem »Internationalen Kongreß für Frauenwerke und Frauenbestrebungen« in Berlin, von der französischen Delegierten verwendet und, wie sie selbst erstaunt feststellte, von der Presse »à la mode« aufgegriffen wurde.[4] Von da an blieb dieser Begriff, im Englischen und Französischen zunächst gleichbedeutend mit der Bezeichnung Frauenbewegung, eng verknüpft mit den politischen Erfolgen und der Aufmerksamkeit für die Frauenbewegungen dieser Länder.[5] Bezeichnenderweise wurde er jedoch in der alten deutschen Frauenbewegung vorwiegend von den Gegnern der Frauenemanzipation und folglich im abwertenden Sinne benutzt.[6] Die heute geläufigere Verwendung verdankt sich der Ausrichtung am angelsächsischen und französischen Sprachgebrauch (*feminism, féminisme*), dient aber im Deutschen nach wie vor eher der Abgrenzung oder zur Bezeichnung für mehr Radikalität.

Die *neue* Frauenbewegung ist in der Bundesrepublik Deutschland wie auch in anderen Ländern der westlichen Welt im Zusammenhang mit neuen Bürgerrechts- und Alternativbewegungen entstanden, für die nicht so sehr Verteilungs- und Eigentumsfragen – also Gleichheit –, sondern die »Lebensweise«, Selbstbestimmung und die kontraproduktiven Folgen industriellen Wachstums im Zentrum der Mobilisierung und des Protestes stehen. Im Vergleich zu den anderen neuen sozialen Bewegungen zeichnet sich die Frauenbewegung dadurch aus, daß sie auch eine alte Bewegung ist, deren Anliegen zum großen Teil noch unerledigt sind. Hinzu kommt, daß in Anbetracht neuer Lebensformen und Partizipationschancen die Ordnung der Geschlechterverhältnisse eher problematischer, die Widersprüche im weiblichen Lebenszusammenhang noch deutlicher geworden sind. Die Frage, in welchem Zusammenhang die neue Frauenbewegung mit der sogenannten alten steht, welche Kontinuitätslinien oder Brüche bzw. welche uneingelösten Versprechen die Situation der Frau in der Gegenwartsgesellschaft bestimmen, stellt sich gerade im Vergleich etwa zu den angelsächsischen Frauenbewegungen, die ohne Schwierigkeiten von einer »ersten« und »zweiten Welle« (*wave*) der *einen* Frauenbewegung sprechen.

Offenbar ist der historische Bruch, der Geschichtsverlust größer, dauerte die Pause in der Geschichte der deutschen Frauenbewegung wesentlich länger als die Zeit nationalsozialistischer Herrschaft. Bisher sind daher alte und neue Frauenbewegung in Deutschland kaum im Zusammenhang oder gar als eine soziale Bewegung untersucht worden. Ich will im folgenden versuchen, gerade diesen möglichen Zusammenhang, die Gemeinsamkeiten, aber auch die Unterschiede im systematisierenden Vergleich herauszuarbeiten, um die Studien über die Frauenbewegung aus der Begrenzung und Aufteilung in verschiedene Disziplinen zu lösen und die Bedeutung der Frauenbewegung als soziale Bewegung und ihren Anteil am sozialen Wandel diskutieren zu können.

Die Frauenbewegung als Motor sozialen Wandels

Daß die Frauenemanzipation als Gradmesser demokratischer Verhältnisse, der allgemein »menschlichen Emanzipation«, zu gelten habe, diese frühe Fouriersche Einsicht, war auch das Leitmotiv des demokratischen Aufbruchs zur »Theilnahme der weiblichen Welt am Staatsleben« im deutschen Vormärz. Doch die Stellung der Frauen als »Barometer der Staaten«[7] und ihre allzu späte Anerkennung als Staatsbürgerinnen im Jahr 1918 waren niemals nur Ergebnis veränderter Verhältnisse, Gewährung und endliches Zugeständnis, vielmehr waren die Frauen selbst Akteurinnen im verändernden Prozeß, Agentinnen des sozialen Wandels.

Die alte wie auch die neue Frauenbewegung sind bisher in ihrer Bedeutung als »Produkt und Produzent sozialen Wandels«[8] gerade im Vergleich zu anderen sozialen Bewegungen immer wieder unterschätzt oder allenfalls am Rande behandelt worden. So zählt beispielsweise Raschke die alte Frauenbewegung zu den »thematisch begrenzten Bewegungen« im Unterschied zu den »›großen‹ historischen Bewegungen« wie der Arbeiterbewegung: »Neben den ideologischen Blöcken der um Eigentums- und Herrschaftsfragen kreisenden Großbewegungen entstehen Bewegungen, die sich um begrenztere Bedürfnisse und Interessenlagen konstituieren.«[9] Zu letzteren gehöre in eine Reihe mit der Friedens-, Lebensreform- und Jugendbewegung um die Jahrhundertwende die Frauenbewegung – eine Fehleinschätzung, die etwa dem Vorwurf des »eigentümlichen Konkretismus« bzw. nur »Partikulären« in Habermas »Stichworten« oder Randbemerkungen zur neuen Frauenbewegung entspricht.[10]

Doch solche Ausgrenzung bei der Bestimmung dessen, was von allgemeinem Interesse ist und deshalb als politisch zu gelten hat, hat Tradition, ja, sie ist zugleich der Anlaß für eine Protestbewegung der Frauen im Kampf um Anerkennung und Emanzipation. Wenn die Geschichts- und die Gesellschaftswissenschaften in Deutschland etwa seit den 1840er Jahren den Begriff der sozialen Bewegung mit der Arbeiterbewegung als *der* treibenden Kraft in der Geschichte und als Prototyp einer sozialen Bewegung gleichsetzen[11], so ignorieren sie damit die sich gleichzeitig mit dem Aufkommen der Arbeiterbewegung organisierende Bewegung der Frauen. Diese Abwertung bzw. Nichtzurkenntnisnahme der Frauenbewegung als soziale und politische Bewegung kommt auf im Frankreich der Französischen Revolution und bestimmt die wissenschaftliche wie politische Praxis seit der Mitte des vorigen Jahrhunderts in fast allen westlichen, von der industriellen Revolution erfaßten Staaten. Dabei knüpften die Frauenbewegungen wie die Arbeiterbewegungen oder zum Beispiel die Bürgerrechtsbewegungen im Kampf um die Sklavenbefreiung in den USA mit ihrer Forderung nach Gleichheit an das neuzeitliche Versprechen der Menschenrechte an. Der gemeinsame Bezugspunkt war damit der Widerspruch, der seit Lorenz von Steins Analyse als »allgemeinster Grund« für eine soziale Bewegung gilt: der »fortwährende Widerspruch«, den »eine Gesellschaft der Ungleichen [...] mit dem Begriffe des Menschen« bildet.[12]

Jedoch belegen die Quellen des 19. Jahrhunderts, daß sich die Zeitgenossen durchaus der Bedrohung bewußt waren, die von den emanzipatorischen Bestrebungen der Frauen für die bürgerliche Gesellschaftsordnung ausging. Nicht von ungefähr wurden die mit der »Frauenfrage« aufgeworfenen Probleme (ihr Streben nach Selbständigkeit) als gesellschaftliche Krise thematisiert und wegen der Gefahren für die bürgerliche Ordnung der Familie als »verrufene

Emanzipation« abgewehrt und bekämpft.[13] Oft genug wurden Arbeiter- und Frauenbewegung im gleichen Atemzug als soziale Probleme und politische Herausforderung bezeichnet.[14] Beweise für die von Staats wegen befürchtete Gefahr sind schließlich die nachhaltigen staatlichen Reaktionen und Repressionen, zum Beispiel schon das Verbot der Frauenclubs in Frankreich 1793, für Deutschland die nach dem Scheitern der 1848er Revolution erlassenen Presse- und Vereinsgesetze, wobei die letzteren in verschiedenen Teilen des Deutschen Reichs, vor allem in Preußen, bis 1908 rechtskräftig waren. Das Verbot jeglicher politischer Betätigung von Frauen war ein Ausschluß, der immerhin mehr als ein halbes Jahrhundert lang mit allgegenwärtiger Polizeigewalt in allen Frauenversammlungen oder gar mit Hilfe höchstrichterlicher Entscheidungen darüber, was als »politisch« zu gelten hatte[15], durchgesetzt wurde.

Die Ausschlußmechanismen sowohl in der Politik wie im wissenschaftlichen Diskurs sind heute subtiler, schon als Folge jenes sozialen Wandels, den die Frauenbewegung angestoßen hat, sowie auf der Basis eines anderen Rechts, aber auch veränderter gesellschaftlicher und kultureller Bedingungen und vielfältiger Veränderungen und Verunsicherungen im Geschlechterverhältnis. Doch auch in den Theorien neuer sozialer Bewegungen wird die »doppelte Sprengkraft« der Frauenbewegung[16] weitgehend verkannt, sowohl ihre politische Radikalität, die die Verhältnisse grundlegend, auch im Privaten angreift, als auch die theoretische Infragestellung dessen, was als politisch zu gelten hat. Die Beurteilungen der Frauenbewegung schwanken daher zwischen Idealisierung und Denunziation, zwischen Über- und Unterschätzung oder zwischen Nichtbeachtung und Vereinnahmung. Da wird von einigen die besondere politische Bedeutung der Frauenbewegung in einem gesellschaftlichen Transformationsprozeß betont, ihre Rolle als »treibende Kraft, [...] Avantgarde der nachindustriellen Revolution«.[17] Doch neben der Idealisierung von Weiblichkeit, ihrer die Zukunft jenseits des Sozialismus heilenden Kontrasttugenden wie »Gegenseitigkeit, Zärtlichkeit, Uneigennützigkeit und Gewaltlosigkeit«[18], werden von anderer Seite immer wieder die »Entpolitisierungstendenzen«[19], fundamentalistische Positionen sowie die angebliche »Selbstisolierung der feministischen Theorie« vorgeführt[20]. Und da spricht man immer wieder von der Verantwortung *der* Frauenbewegung, als ob die Bewegung als »kollektiver Akteur« zu ontologisieren[21], als ob die eine Hälfte der Menschheit auf die Einheitlichkeit ihrer Interessen zu verpflichten wäre. Vorbehalte und Kritik aber belegen immer wieder: Streitpunkt und Anlaß für den Protest sind die geschlechtsspezifischen Zuordnungen, die gesellschaftliche Machtverhältnisse widerspiegeln und perpetuieren.

Alle politischen Diskurse, Aktionen und Skandale der Feministinnen zielten auf diesen Angelpunkt der Frauenbefreiung, die Verschiebung der geschlechtsspezifisch gezogenen Grenzen zwischen der Privatsphäre und dem nur Männern zugestandenen Bereich der Öffentlichkeit: der Kampf um Zugang zu Bildung und Erwerb, ums Stimmrecht und politische Partizipation sowie gegen eine »doppelte«, nach Geschlechtern getrennte Moral und gegen Geschlechtsjustiz. Auch die Kampagnen der neuen Frauenbewegung stellten die hierarchische »Ordnung« im Geschlechterverhältnis, vor allem aber die Form der Herrschaftssicherung im Privaten in Frage: die Debatte um Hausarbeit, mit der die geschlechtsspezifische Arbeitsteilung als wichtigste Ursache praktischer und sozialer Benachteiligung zur Sprache kam; der Protest gegen die Kontrolle weiblicher Sexualität und Gebärfähigkeit, beispielhaft und symbolisch umkämpft in der Auseinandersetzung um den Paragraphen 218; schließlich die Aufdeckung der Gewalt / Vergewaltigung in der Ehe und in den privaten Beziehungen. Theoretiker und Bewegungsforscher, die diese Konfliktlinien ihrem Konzept von Politik zu- oder unterordnen, »umstandslos subsumieren«[22], reproduzieren somit lediglich die Trennlinie zwischen den Geschlechtern in gleicher Weise, wie sie die abendländische politische Theorie gezogen hat.

Gerade weil die bundesrepublikanische Bewegungsforschung anders als die eher mikrosoziologischen Analysen in den USA ihren Gegenstand bisher im gesamtgesellschaftlichen Kontext, in ihrem Verhältnis zu Staat, Institutionen und Parteien untersucht hat, war sie lange Zeit eingebunden in eine Gesellschaftsanalyse und deren gesellschaftstheoretische Prämissen. Soweit in diesen Theorien aber das Geschlechterverhältnis kein Thema, geschweige denn ein Strukturmerkmal ist, werden auch die Besonderheit und die unerledigten Anliegen der Frauenbewegungen, die dieses Verhältnis als problematisch und eben patriarchalisch kritisieren, systematisch verkannt, ausgeblendet oder kleingearbeitet. Bemerkenswert sind dennoch unauffällige oder uneingestandene Korrekturen, die sich neuerdings bei einigen Autoren finden.[23] So ist im Vorwort des Sammelbandes über »Neue soziale Bewegungen in der Bundesrepublik Deutschland« der anscheinend selbstverständliche Satz zu lesen: »Zunächst war es in erster Linie die neue Frauenbewegung, die wohl aufgrund ihrer Themenbreite und ihrer langen Geschichte unwidersprochen (sic!) als soziale Bewegung firmierte.«[24] Gleichwohl ändern diese Zugeständnisse in der Regel nichts an den Inhalten und der Reichweite der betreffenden Theorien.[25] Schließlich greifen auch Modernisierungstheorien zu kurz, wenn die Herrschaftsdimension im Geschlechterverhältnis ausgeblendet wird. Obwohl da – wie etwa bei Ulrich Beck – mit Rücksicht auf die Geschlechterbeziehungen von einer »halbierten Moderne« gesprochen wird, deren »ständische Grundlage« nicht nur als »traditionales Relikt, sondern industriegesellschaftliches Produkt und Fundament« begriffen wird, gibt es in diesen Analysen offensichtlich kein theoretisches Konzept für die »doppelte Vergesellschaftung«[26] der Frauen in dieser Moderne, wird vielmehr auf eine von der gesellschaftlichen Entwicklung überholte Terminologie zurückgegriffen, so als ob es sich bei der Geschlechterproblematik lediglich um einen Modernisierungsrückstand, eine Verspätung handele.[27] Kurz, es ist offenbar nach wie vor »der fehlende Patriarchatsbegriff, der die Theorien neuer sozialer Bewegungen an der Frauenbewegung scheitern läßt«.[28]

Die Frauenforschung hat bisher selbst ein gut Teil zur Analyse der Geschlechterverhältnisse in den verschiedensten gesellschaftlichen Bereichen und Disziplinen beigetragen. Doch die Verständigung über das Verhältnis von Frauenforschung und -bewegung und insbesondere die Einbeziehung der Geschichte und Theorie der alten und neuen Frauenbewegung in die Gesellschaftsanalyse war lange Zeit nur ein Thema für Spezialistinnen. Die Frauenbewegungsforschung partizipiert insofern an dem schwierigen Stand, den die soziale Bewegungsforschung insgesamt im Rahmen der Sozialwissenschaften hat. Im folgenden möchte ich zunächst einige Markierungen und Schnittlinien nachzeichnen, um die These von den »langen Wellen« zwischen alter und neuer Frauenbewegung zu begründen. In einem zweiten Schritt sollen aus der Gegenüberstellung der gemeinsamen wie unterschiedlichen Anliegen die wichtigsten Konzepte der Frauenbewegungen diskutiert werden. Stichworte hierbei sind: Gleichheit, ein neuer Arbeitsbegriff, Gewalt gegen Frauen, Kritik der Weiblichkeit und Geschlechterdifferenz.

Die »langen Wellen« der Frauenbewegung

Wer die Geschichte der deutschen Frauenbewegung in der Zusammenschau ihrer verschiedenen Phasen, im Auf und Ab von Mobilisierung, Rückschlägen und Widerstand, aber auch die Zeiten des Stillstandes und der »Flauten« überblicken will, muß für Deutschland mit den ersten Initiativen, der Frauenbewegung um die 1848er Revolution beginnen[29] und nicht erst, wie es üblicherweise geschieht, mit ihrer Organisationsgeschichte ab 1865. Während es für die Geschichte der Frauenbewegung mittlerweile einige Überblicke und eine große Zahl von Detailstudien gibt[30], besteht Nachholbedarf insbesondere für die Analyse und die Einbeziehung der neuen Frauenbewegung in die Geschichte dieser Bewegungen, aber auch ihrer Unterbrechungen und Zwischenzeiten.[31] Weil ein Gesamtüberblick den vorgegebenen Rahmen sprengen würde, versuche ich, die Traditionslinien aus dem Selbstverständnis der Beteiligten, und das heißt, aus der Literatur zur neuen Frauenbewegung zu rekonstruieren, die zunächst ganz offensichtlich aus der Bewegung selbst gekommen ist.

Daß es bisher keine Gesamtdarstellung, auch keine »groß angelegte Monographie über die neue Frauenbewegung«[32] gibt, ist schon zu Recht moniert worden. Der Grund liegt nicht nur darin, daß der sich erst sehr allmählich etablierenden Frauenforschung die Ressourcen für »groß angelegte« Forschungsvorhaben fehlen, tatsächlich ist es auch für in die Politik der Bewegung Involvierte schwierig, Distanz zu gewinnen, die Unterscheidung zwischen politischen Optionen und wissenschaftlicher Analyse auszuhalten, ja, zu wollen.[33] Eine gewisse Einseitigkeit bzw. Voreingenommenheit wird beispielsweise darin deutlich, daß sich die feministische Forschung bisher fast ausschließlich mit der sogenannten autonomen Frauenbewegung befaßt, die traditionellen Frauenorganisationen (auch zum Beispiel in den Gewerkschaften) hingegen kaum als Teil oder Gegenüber der Bewegung berücksichtigt hat. Hinzu kommt, daß in der Bewegungsforschung der Bundesrepublik Deutschland mit ihren in makrostrukturellen oder gesellschaftstheoretischen Ansätzen (zum Beispiel zu Postfordismus oder Handlungstheorien, im Hinblick auf die Frauenbewegung die Patriarchatskritik) immer erst die Gesellschaftsanalyse zu leisten oder zurückzuweisen war, ehe der Weg zur Untersuchung der sozialen Bewegungen, der Frauenbewegung im besonderen, frei wurde. Der eher pragmatische Zugang, insbesondere aber die Dominanz mikrostruktureller, auf die Akteure zentrierter Ansätze wie die Ressourcen-Mobilisierungstheorien[34] haben es hingegen in den USA eher ermöglicht, die Mobilisierungsprozesse, die unterschiedlichen Phasen, ihre Träger, Anhänger, Aktionsformen, vorher existierende Netzwerke und auch Organisationen im einzelnen zu untersuchen, wobei als Ressourcen nicht nur ökonomische Mittel, Güter oder Geld, sondern auch neue Zugangsvoraussetzungen, motivierte Akteure, Medien und Sachverstand zählen.[35]

Die Literatur[36] zur neuen Frauenbewegung in Westdeutschland ist am Anfang durch eine Vielfalt von Erfahrungsberichten und Verständigungstexten gekennzeichnet, ein Genre, das einer »Politik der Subjektivität«[37] und der Übung in Selbsterfahrung als politischer Praxis entsprach.[38] Daneben gibt es eine Fülle sogenannter grauer Literatur, Dokumentationen, verschiedene Frauenjahrbücher[39] mit Erfahrungsberichten aus der Arbeit in Frauengruppen, Aufrufen, Informationen und Ansätzen zu einer Theorie des Feminismus, sowie einige Bestseller, die es verstanden, die spezifischen Unrechtserfahrungen von Frauen zu thematisieren und als Folge von Sexismus, von Herrschaft, zu pointieren.[40] Alle diese Veröffentlichungen dokumentieren die politischen Anlässe, Bewußtwerdungsprozesse, neue Formen der Einmischung und ein feministisches Verständnis von Politik. Sie sind Teil der Geschichte selbst und bieten der sozialwissenschaftlichen Forschung heute das Material.

Erst am Ende der 70er Jahre sind die ersten Bilanzierungen, analytischen Einschätzungen und Darstellungen enstanden, die die neue Frauenbewegung als eigenständige im Kontext der neuen sozialen Bewegungen beschreiben.[41] Besonders hervorzuheben ist die Monographie von Herrad Schenk, weil ihr eine kompetente Innendarstellung und mit Blick auf die historischen Vorläuferinnen eine Kennzeichnung der Bewegung, ihrer Ziele und besonderen Streitpunkte gelingt. Ihre Charakterisierung der verschiedenen Phasen des neuen Feminismus wird zu einem Muster der Beschreibung von Themenkonjunkturen und Schwerpunktsetzungen, das auch in der Folge in verschiedenen Varianten übernommen und weitergeführt wird, ohne doch je im einzelnen empirisch überprüft oder belegt zu werden.[42] Nach diesem Verlaufsmuster folgt der Aufbruchphase am Beginn der 70er Jahre, die mit der Kampagne gegen den Paragraphen 218 beginnt und damit beispielhaft das Private als Politikum bezeichnet, Mitte der 70er Jahre der Ausbau der Frauenprojekte, Frauenzentren, Frauenbuchläden, Frauenpresse und Frauenhäuser usf. Einerseits wird diese Phase, weil spektakuläre Aktionen ausbleiben, als »Rückzug nach innen«[43], andererseits wohl treffender als Aufbau einer feministischen Gegenkultur mit einer sich ständig vergrößernden Bandbreite beschrieben. Von fast allen Autorinnen wird seit dem Beginn der 1980er Jahre ein Kurswechsel konstatiert, der politische Einmischung signalisiert[44], doch wird dieser unterschiedlich bewertet. Zu eng und sich selbst beschränkend ist meines Erachtens eine Einschätzung, die einem starren Ablaufschema zur Kennzeichnung sozialer Bewegungen folgt[45] und somit die Schritte zur Institutionalisierung und zur Beteiligung von Frauen an »formalen Organisationen« und am politischen System, etwa in der Partei der GRÜNEN, als das Ende der Autonomie und damit der Bewegung versteht.[46] Offensichtlich ist, daß die Verbreiterung und Ausdifferenzierung der Ziele und Trägergruppen, der teils pragmatischere, teils opportunistische oder professionellere Umgang mit Frauenproblemen und der Alibi-Charakter vieler Frauenförderungsmaßnahmen die Gefahr der Vereinnahmung, aber auch der »Eingemeindung autonomer Frauenpolitik«[47] in konservative Familienpolitik[48] und der Stillegung des Protestes in sich bergen. Dennoch bleibt eine nur negative Diagnose allzusehr einer Binnenperspektive verhaftet, weil sie nur die »autonome Frauenbewegung« im Blick hat, hingegen die zur gleichen Zeit einsetzenden Lernprozesse, Anstöße und Auswirkungen oder Reaktionen auf die Frauenbewegung außerhalb der feministischen Alternativszene, zum Beispiel von Frauen in den Gewerkschaften[49] und Parteien oder in den Kirchen, überhaupt nicht wahrgenommen werden.[50] Aber auch das Verhältnis autonomer Politik zu den traditionellen Frauenverbänden, sowie zum Bereich sogenannte Frauenpolitik[51] ist bisher kaum in die Bewegungsanalyse einbezogen worden.[52]

Erst verhältnismäßig spät hat sich die neue Frauenbewegung selbst in die Traditionslinien der »alten« Frauenbewegung gestellt. Abgesehen von einer frühen Anknüpfung an die proletarische Frauenbewegung und die Zielsetzungen der sozialistischen Frauenemanzipationstheorie im Linksfeminismus[53] war ja dieser Neuanfang der neuen Frauenbewegung vor allem durch die Abgrenzung von den etablierten, bürgerlich-»gemäßigten« Frauenorganisationen bestimmt, als deren Nachfolgeorganisation sich der Deutsche Frauenring (seit 1949) bzw. der Deutsche Frauenrat (seit 1969) verstanden. Erst die Beschäftigung mit dem politischen Erbe der sogenannten Radikalen[54], die zum größten Teil als radikale Demokratinnen, Pazifistinnen und Jüdinnen seit 1933 politisch verfolgt wurden und bezeichnenderweise im Nachkriegsdeutschland in Vergessenheit gerieten [mit wenigen Ausnahmen, vgl. zum Beispiel die Fortsetzung der Internationalen Frauenliga für Frieden und Freiheit], erlaubte die Wiederaneignung einer identitätsstiftenden historischen Frauentradition. Die historischen Recherchen brachten darüber hinaus eine politische Praxis zum Vorschein, die unerhört provokant bereits zentrale Themen und Streitpunkte auch des neuen Feminismus auf die politische Tagesordnung gesetzt hatte, etwa die Probleme der Sexualmoral und Sexualpolitik, und die für eine »neue Ethik« sowie für eine internationale Orientierung und Friedensarbeit eintrat. Bei alledem gingen die Radikalen der Jahrhundertwende bereits davon aus, daß die politische Partizipation von Frauen eine grundlegende Veränderung der gesellschaftlichen Verhältnisse und ihrer politischen Verfassung bedeutete.

Obwohl die Frauengeschichte als wichtigster Zweig der neuen Frauenforschung noch vor den Sozialwissenschaften ein breites Spektrum insbesondere aus der Sozialgeschichte entwickelter Fragestellungen erarbeitet und eine Fülle neuen Wissens und historischer Dokumente veröffentlicht hat, blieb jedoch die Beschäftigung mit der Frauenbewegung in historischer Perspektive vorwiegend eine Angelegenheit einiger Expertinnen. Dagegen stieß die Matriarchatsforschung vorübergehend auf um so größeres Interesse, da sie offenbar mehr dazu angetan war, Sinn und Identität zu stiften. Die historischen Analysen zur Bewegungsgeschichte verfolgten zunächst durchaus traditionelle Fragestellungen, denn sie richteten ihr Augenmerk in Anbetracht der Lücken und des großen Nachholbedarfs auf die »alte« Form der Politik. Dabei wurde die Geschichte der Frauenbewegung entweder politikwissenschaftlich, im Sinne einer Organisations- und Vereinsgeschichte mit besonderer Berücksichtigung einzelner Personen, oder sozialgeschichtlich im Hinblick auf die Lebens- und Arbeitsbedingungen der Frauen untersucht.[55]

Aus der Sicht der neuen Frauenbewegung ermöglichte das neue Wissen über die Vorläuferinnen im theoretischen »Vergleich der Emanzipationsstrategien der ersten und zweiten Frauenbewegung ein *Déjà-vu*«[56] und eignete sich insbesondere dazu, das Neue an der neuen Frauenbewegung zu profilieren. So wurde aus der Gegenüberstellung gefolgert, daß die neue Frauenbewegung wie die anderen neuen sozialen Bewegungen in ihrer Frontstellung gegen den Staat, die hergebrachten Formen politischer Partizipation, gegen sogenannte Interessenvertretung in Vereinen oder Parteien[57] alternative Formen politischer Einmischung entwickelt hat. Mit anderen Worten: Gegenüber der alten Frauenbewegung war die neue typischerweise nicht in Vereinen organisiert, hatte kein institutionelles Zentrum und keine »Führerinnen«. Vielmehr bezog sie ihre Stärke (oder auch Schwäche) aus einem Flechtwerk von Frauengruppen, -initiativen und -projekten, lockeren Zusammenschlüssen, Veranstaltungen und Ereignissen, die über persönliche Bekanntschaften / Freundschaften, Szenen und Lebenszusammenhänge, aber auch durch Medien wie Filme, Bücher und Zeitschriften weitergetragen und vermittelt wurden.[58] Dagegen schienen die feste Organisationsstruktur und das nachgerade rigide Vereinswesen sowie die politischen Richtungskämpfe in der Frauenbewegung der Jahrhundertwende mit ihrer parteipolitischen Zuordnung und ihrem Verlauf kaum Ähnlichkeiten mit den neuen sozialen Bewegungen zu haben.

Bei genauem Hinsehen aber sind die gleichen Anlässe und Widerspruchserfahrungen zu erkennen, die Voraussetzung für einen sozialen Protest sind. Die historische Frauenbewegung läßt sich deshalb nach den gleichen Kriterien wie andere soziale Bewegungen untersuchen, und zwar im Hinblick auf Phasen der Mobilisierung und Institutionalisierung, die Gruppe der Trägerinnen, die Kommunikationsstrukturen und Artikulationsformen. Erst in den Studien, die bewußt die traditionellen politischen Konzepte und Abgrenzungen hinter sich ließen, sich für die Grenzgängerinnen zwischen den Fronten und für Frauenpolitik jenseits der Hauptströmungen (etwa bürgerliche oder proletarische Frauenbewegung) interessierten, sind persönliche Beziehungen, die intellektuellen und sozialen Netzwerke und eine Bewegungskultur zutage getreten, die die notwendige praktische und theoretische Grundlage für eine Mobilisierung und den notwendigen Rückhalt für die politischen Auseinandersetzungen bildeten.[59]

Anregung zur Vertiefung dieser Sichtweise bieten zudem vielfältige anglo-amerikanische und niederländische Studien, die die Unterstützungsnetze (*female support networks*), die Kultur einer separaten weiblichen Sphäre sowie Frauenfreundschaften und Frauenbeziehungen sogar auf internationaler Ebene explizit zum Ausgangspunkt ihrer Forschungen über Frauenbewegungen im 19. / 20. Jahrhundert gemacht hatten.[60] Um Mißverständnissen vorzubeugen, sei hinzugefügt, daß mit der besonderen Aufmerksamkeit für »die Beziehungen [auch] innerhalb der Geschlechter« als Kriterium einer Geschlechtergeschichte[61] nicht nur positive Beziehungen, Frauenfreundschaften, gemeint sind, sondern gerade auch die persönlichen Auseinandersetzungen und politischen Differenzen eine Rolle spielen. Zusammenzufassen ist dieser Ansatz in einer Hypothese:[62] Auch unterhalb der traditionellen Form des Politischen, der Organisation in Vereinen, hat schon in der Frauenbewegung des 19. Jahrhunderts ein Netzwerk von Frauenbeziehungen und Frauenfreundschaften die Voraussetzung für ein neues Selbstbewußtsein, für »Selbsterfahrung« geschaffen und die politische Praxis der Bewegung, ihre Erfolge, Auseinandersetzungen und ihr Scheitern bestimmt. Dieses Netzwerk bildete die Grundlage für eine differenzierte Gegen- und Bewegungskultur mit bestimmten Kommunikations- und Verkehrsformen, eigenen Frauenräumen und Ritualen, die die Frauenbewegung erst politisch handlungsfähig machen, und hat ihr auch über Rückschläge und Stillstand hinweg Wirksamkeit und Kontinuität verliehen.[63]

Wenn aber die Perspektive der Bewegungsanalyse erst einmal über die Mobilisierungsphase und die verschiedenen Formen der Institutionalisierung und Organisation hinaus erweitert ist auf die latenten Ursachen, Bewegungsnetze der Akteure, auf gegenkulturelle Milieus und Zyklen des Protests[64], ist es auch möglich, die »langen Wellen« der Bewegungen zwischen den Hoch-Zeiten der Massenmobilisierung und dem »Überleben in der Flaute«[65] zu erkennen. Ein wichtiges Verbindungsstück zwischen alter und neuer Frauenbewegung – das haben Leila Rupp und Verta Taylor auch für die amerikanische Frauenbewegung deutlich gemacht – liefert die historische Untersuchung der Nachkriegszeit.[66] Im besiegten und geteilten Deutschland aber steht diese Zeit für ein spezifisch »deutsches Problem«, das Hannah Arendt als »Flucht vor der Wirklichkeit«[67], andere als die »Unfähigkeit zu trauern«[68] oder auch zu erinnern, gekennzeichnet haben. Spezifisch ist nicht nur der im Nationalsozialismus vollzogene Bruch mit allen kulturellen und demokratischen Traditionen, spezifisch ist auch der bis in die Gegenwart transportierte Geschichtsverlust. Auch die Frauenbewegung und ihre Vertreterinnen[69] sind in die Geschichte des Nationalsozialismus involviert, als Beteiligte und Betroffene, und es fragt sich, warum der Bruch und das Vergessen gerade auch in der deutschen Frauenbewegungsgeschichte so einschneidend und nachhaltig war, warum die Frauenmehrheit der Nachkriegszeit den demokratischen Neubeginn, ihre unentbehrliche »Überlebensarbeit« so wenig für eine emanzipatorische Frauenpolitik zu nutzen verstand. Neuere Arbeiten der Frauengeschichtsforschung sprechen zwar von einem »frauenpolitischen Aufbruch«, der »Stunde der Frauen«[70], doch es fällt schwer, diese Phase der Frauenpolitik so ohne weiteres in die Geschichte der Frauenbewegung einzuordnen – es sei denn indirekt in der Wirkung auf die Töchter.[71]

Tatsächlich haben die Frauen, die 1945 die Initiative zu frauenpolitischer Einmischung ergriffen, in ihrer Selbstbeschreibung den Begriff »Bewegung«, der von der nationalsozialistischen »Bewegung« benutzt und diskreditiert worden war, möglichst vermieden. Die genaueren Analysen der frauenpolitischen Initiativen und Weichenstellungen für die Geschichte der Bundesrepublik zeichnen ein differenziertes, aber auch widersprüchliches Bild.[72] Festzuhalten ist, daß diese Zeit für die Emanzipationsgeschichte der Frauen nicht nur negativ zu Buche schlägt, sondern die »Frauenfrage« oder auch nur einzelne »Frauenfragen«[73] als noch nicht beantwortet aufbewahrt blieben. Der Erfolg bei der Verankerung der Gleichberechtigung im Grundgesetz der Bundesrepublik – eine Ernte, die nicht nur dem »Stürmlein« der Frauenverbände und Gewerkschaften anläßlich der Verhandlungen im Parlamentarischen Rat 1948 / 49, sondern eben auch der Vorarbeit und den Frauenrechtskämpfen vor 1933 zu verdanken war – erwies sich, wie wir im nachhinein wissen, als durchaus zweischneidig und ungesichert. Wie immer angepaßt und machtlos die Frauenverbände im vorparlamentarischen Raum, in ihrem Selbstverständnis als »Lobby für Fraueninteressen« agierten, zumindest als Rechtsfrage blieben die Anliegen der Frauenbewegung präsent und ließen mit der allmählichen Verbesserung der Lebensbedingungen und Gleichheitschancen die Diskrepanz zwischen Gleichberechtigungsversprechen und ungleicher Wirklichkeit immer deutlicher hervortreten. Die Frauenverbände bildeten somit eine Brücke zwischen alter und neuer Frauenbewegung, nicht nur weil sie in ihrem Selbstverständnis an die Forderungen der alten Frauenbewegung anknüpften, sondern weil ihre Organisationen, Medien und Funktionärinnen für die Feministinnen eine Ressource darstellten und im Mobilisierungsprozeß der neuen Frauenbewegung den Nährboden bereiteten, auf dem ein neues Verständnis von Politik und eine alternative Form der politischen Aktion und Einmischung zu praktizieren war.

Die Anliegen und Streitpunkte der Frauenbewegung

Die Zusammenschau und der Überblick über die verschiedenen Phasen der Frauenbewegung, über die Höhepunkte, aber auch über die Rückschläge, redet nicht der Vereinheitlichung ihrer Bestrebungen das Wort, will die Frauenbewegung auch nicht zu einem monolithischen Block oder einem politischen Subjekt stilisieren. Der Vergleich zwischen alter und neuer Frauenbewegung, oder erster und zweiter »Welle«, läßt vielmehr die unerledigten Anliegen, die Gemeinsamkeiten, aber auch die Differenzen deutlicher werden. Unter den verschiedenen möglichen Ebenen der Analyse wähle ich im folgenden, kurz resümierend, die meines Erachtens wichtigsten *issues* oder Streitpunkte aus, an denen sich auch die veränderte Stellung der Frauen in der Gesellschaft und der bereits erreichte gesellschaftliche und kulturelle Wandel ablesen läßt. Nicht zufällig entsprechen diesen Streitpunkten auch Konzepte, mit denen sich die aus der Frauenbewegung hervorgegangene Frauenforschung am meisten beschäftigt hat.

Rechtsgleichheit und Autonomie

Der Ausgangspunkt aller neuzeitlichen Frauenbewegungen und der Emanzipation aus traditionellen Bindungen seit der Französischen Revolution war die Forderung nach gleichen Rechten, die Inanspruchnahme der Menschenrechte auch für Frauen. »Zum Volke gehören auch die Frauen«, lautete der Wahlspruch der Achtundvierzigerinnen, die damit die Verwirklichung einer auch zwischen Männern und Frauen »unteilbaren Freiheit« und ihre »Teilnahme am Staatsleben« einklagten. Ebenso verlangte Lily Braun zum Auftakt der deutschen Stimmrechtsbewegung im Jahr 1895 die »Anwendung der Prinzipien des modernen Staates – der allgemeinen Menschenrechte – auch auf die andere Hälfte der Menschheit, die Frauen«.[74] Bemerkenswert ist, daß sich Lily Braun ausdrücklich auf Olympe de Gouges bezog[75], die schon 100 Jahre früher mit der Formulierung einer »Erklärung der Rechte der Frau und Bürgerin« von 1791 die Freiheits- und Gleichheitsrechte auch für die Frauen gefordert und mit der Einbeziehung der Frauen erst den Gedanken der Demokratie zu Ende geführt hatte. Hier zeigen sich also wichtige Traditionslinien und ein unterhalb des »allgemeinen« Rechtsdiskurses überliefertes Wissen, das den Umschlag der vielen individuellen Unrechtserfahrungen in ein kollektives Unrechtsbewußtsein ermöglichte und der Bewegung Ziel und Richtung gab.

Der Kampf um Rechte berührte alle Lebensbereiche und traf auf unerbittliche Widerstande. Vorrangige Ziele waren das Recht auf Bildung, Ausbildung und Erwerb, auf Zugang zu öffentlichen Ämtern (zum Beispiel in der Wohlfahrtspflege), qualifizierten Berufen und Universitäten, eine Rechtsgleichheit, die insbesondere für die bürgerliche Seite existentiell war, während wegen der Notlage der Proletarierinnen deren Recht auf Arbeit in Frage stand und zur Kompensation für unmenschliche Arbeitsbedingungen soziale Schutzrechte, insbesondere der Mutterschutz, eingeführt wurden. Die Abwertung all dieser Bestrebungen als Nur-Rechte-Bewegung[76] wird der Tragweite und Bedeutung dieser Kämpfe auch für die Gegenwart jedoch nicht gerecht. Denn es ging nicht »nur« um Gleichberechtigung im Sinne einer gerechteren Verteilung der Güter und Lebenschancen oder gar um »Angleichung an die Mannesstellung«[77], sondern vor allem um Befreiung aus persönlicher Abhängigkeit, um Selbstbestimmung in jeder, in politischer und privater Hinsicht. Dennoch hat die Uneinigkeit über Maß und Ziel der Gleichberechtigung zu anscheinend unüberbrückbaren Meinungsunterschieden zwischen den verschiedenen Richtungen der alten Frauenbewegung geführt, vertraten doch die Bürgerlich-Gemäßigten mit der »Kultur weiblicher Eigenart« und dem politischen Programm »organisierter Mütterlichkeit« – im heutigen Jargon – eine Differenzposition, die politisch in einer Sackgasse endete, während die Radikalen, Demokratinnen, Vertreterinnen eines unabdingbaren Rechts auf Gleichheit, gerade auch nach dem Erringen des Stimmrechts in der Weimarer Republik eine Minderheit blieben und weder als Feministinnen und Sexualreformerinnen noch als Pazifistinnen eine maßgebliche politische Kraft bilden konnten.

Charakteristisch speziell für die neue Frauenbewegung in der Bundesrepublik Deutschland[78] ist die Tatsache, daß nicht der Kampf um gleiche Rechte bzw. Gleichberechtigung, sondern *Selbstbestimmung* oder *Autonomie* die ersten politischen Zielbestimmungen ihres Aufbruchs waren. Autonomie meinte dabei ein Doppeltes: individuelle Selbstbestimmung und institutionelle Unabhängigkeit von den bisherigen Formen und Institutionen des Politischen, das heißt, sie bedeutete individuell Befreiung aus männlicher Bevormundung und ökonomischer Abhängigkeit sowie politisch Selbstorganisation, Separation und Ausschluß von Männern aus der neuen Frauenöffentlichkeit. Das anfängliche Desinteresse der neuen Frauenbewegung an Rechtsfragen entsprach ihrer Fundamentalopposition gegen Recht, Staat und traditionelle Frauenpolitik. Doch die Ablehnung jeglicher Gleichberechtigungspolitik enthielt eine verquere Frontstellung, zumal die etablierten Frauenverbände ja recht bescheiden eher »Gleichwertigkeit« forderten, also eine gemäßigte Differenzposition eingenommen hatten. Hingegen hatten die Radikalen der alten Frauenbeweung, die für eine uneingeschränkte, substantielle Gleichheit eingetreten waren, ohnehin im Nachkriegsdeutschland keine Nachfolge gefunden. Abgesehen davon, sind die Positionen über die Zeit aber auch nicht ohne weiteres vergleichbar, weil sich die Frauen nach 1949 auf eine prinzipiell bessere Ausgangsposition, die in der Verfassung verankerte Zusicherung der Rechtsgleichheit, stützen konnten, auch wenn sie weder »vor dem Gesetz« noch in der Rechtswirklichkeit eingelöst war. Aufgrund vielfältiger enttäuschender Erfahrungen war die Kritik an der Nur-Gleichberechtigung daher nur zu berechtigt und wurde nun formuliert: Solange die Definitionsmacht für das, was recht und billig ist, in der Zuständigkeit der Nutznießer der Ungleichheit und Gegner der Gleichberechtigung liegt, ist die Legitimität des geltenden Rechts überhaupt problematisch geworden, ist aber auch der Weg über gesetzliche Reformen des Rechts riskant und im Ergebnis offen. Dieser Zweifel, ja, Protest gegen die Legitimität geltenden Rechts wurde zum Beispiel durch die Selbstbezichtigungskampagne gegen den Paragraphen 218 als frauenspezifische Unrechtserfahrung öffentlich ausgesprochen, die Verständigung darüber wurde zum Motor einer Mobilisierung, die daher auch als Rechtsbewegung zu kennzeichnen ist.

Arbeit

Die deutlichsten Veränderungen im Leben der Frauen seit dem 19. Jahrhundert zeichnen sich in den Arbeitsverhältnissen ab. Arbeit, die Verteilung der Arbeit und ihre gesellschaftliche Anerkennung bzw. Wertigkeit und Entlohnung in Geld sind in einer »Arbeitsgesellschaft«, deren gesellschaftlicher Reichtum auf eben dieser Arbeit beruht, Schlüssel für gesellschaftliche Anerkennung und Machtverhältnisse. Die Veränderungen der Frauenarbeit, die Trennung von Haushalt und Betrieb und die Frauenarbeit in den Fabriken samt ihren verheerenden Folgen waren auch für die Frauenbewegungen im 19. Jahrhundert die einschneidendsten und deutlichsten Kennzeichen der industriellen Revolution, die Bewußtsein und Verhältnisse prägte und die Frauenfrage auch als Brotfrage und soziale Frage von großer Tragweite auf die Tagesordnung setzte. Paragraph 1 der Gründungssatzung des Allgemeinen Deutschen Frauenvereins von 1865 erklärte daher »[...] die Arbeit, welche die Grundlage der ganzen neuen Gesellschaft sei, für eine Pflicht und Ehre des weiblichen Geschlechts«.[79] Mit dieser Forderung war eindeutig der ungehinderte Zugang zum Erwerb als liberales, aber auch sozialistisches Programm der Frauenbefreiung gemeint. Doch die geschlechtsspezifische Arbeitsteilung als solche stand bis zum Ende der ersten Frauenbewegung praktisch nicht zur Debatte. Die Vereinbarkeit von Mutterschaft und Beruf schien, solange es für die Bürgerlichen Dienstboten gab, ein klassenspezifisches Problem zu sein. Aus der Sicht der bürgerlichen Frauenbewegung war die Frauenerwerbstätigkeit der Proletarierinnen daher ein gesellschaftliches Übel, das möglichst zu vermeiden war, denn Mutterschaft hatte in jedem Fall Vorrang.[80] »Mütterlichkeit« war in dieser Sichtweise nicht nur ein spezifisches Arbeitsvermögen, sondern ein weiblicher Gegenentwurf, der – so die Vorsitzende des Bundes Deutscher Frauenvereine 1928 – die Frauen »nicht nur in die Krippen, Kindergärten und Schulen sendet, sondern auch in die Ministerien und Parlamente«.[81] Die Proletarierinnen hingegen hatten keine Wahl. Doch gegen die Zumutung, die »Soldaten für die Revolution« zu gebären, hatten sich die Arbeiterinnen nach der Jahrhundertwende durch die Initiierung der Gebärstreikdebatte zur Wehr gesetzt.[82]

Heute, nachdem Mutterschaft mit den Mitteln zur Empfängnisverhütung nicht mehr unbedingt Schicksal, sondern mögliche Entscheidung ist, nachdem aber auch die »arbeitsgesellschaftliche Utopie« an die Grenzen des Wachstums gestoßen ist, ist die geschlechtsspezifische und -hierarchische Arbeitsteilung als die entscheidende Ursache weltweiter Benachteiligung und Ausbeutung von Frauen in der Frauenbewegung und der von ihr angestoßenen Frauenforschung zu einem Drehpunkt der Debatten und Analysen geworden. Ohne als praktikable Strategie zu überzeugen, hat die international geführte Kampagne »Lohn für Hausarbeit« in den 70er Jahren wesentlich zur Verdeutlichung der Ungerechtigkeit und damit zur Mobilisierung in dieser Frage beigetragen. Hausarbeit, private Alltagsarbeit, »Beziehungsarbeit« wurden als die unbezahlte, unsichtbare und zugleich unentbehrliche Grundlage der Erwerbsarbeit und gesellschaftlicher Reproduktion überhaupt diskutiert, wissenschaftlich belegt und analysiert, ohne doch an der Arbeits- und damit auch Machtverteilung zwischen den Geschlechtern bis heute viel zu ändern. Dennoch hat dieser Streitpunkt im Bewußtsein vieler Frauen, auch derer, die sich nicht selbst als Feministinnen definieren würden, viele Selbstverständlichkeiten grundsätzlich in Frage gestellt und die Alltagspraxis und Lebensplanung von Frauen grundlegend verändert. Auch in den Parteien oder Gewerkschaften geht es nun nicht mehr nur um Vereinbarkeit von Familie und Beruf, sondern um »Gegenmodelle zum männlichen Arbeitsverständnis«[83] und um einen Ausweg aus der »Krise des Normalarbeitsverhältnisses«, indem Männer gerade auch an der Alltags- und Familienarbeit zu beteiligen sind.[84] Deshalb wird die widersprüchliche Realität an diesem Streitpunkt besonders evident: Selbst die inzwischen wesentlich erweiterten Ressourcen der Frauen, höhere Qualifikationen, eindeutigere Erwerbsorientierungen, Geburtenrückgang und veränderte Lebensstile, haben die über die Arbeitsteilung befestigten Herrschaftsverhältnisse in ihrem Kern nicht berührt. Gleichzeitig haben Frauen inzwischen aus individuellen und historischen Erfahrungen gelernt, daß der Weg zur Emanzipation der Frau ganz und gar nicht allein über ihre Integration in den Arbeitsmarkt führt.

Gewalt

»Sexualität bedeutet für den Feminismus, was Arbeit für den Marxismus ist: dasjenige, was am meisten Teil an der eigenen Identität hat und einem doch am häufigsten genommen wird«, heißt es bei einer Theoretikerin des Feminismus.[85] Die Gegenüberstellung ist theoretisch überspitzt, aber sie verweist auf die andere Dimension gesellschaftlicher Herrschaftssicherung, die sie als patriarchale kennzeichnet: den auch für die Gegenwartsgesellschaft noch konstitutiven Zusammenhang zwischen Sexualität und Gewalt oder Liebe und Macht.

Unter dem altmodischen Begriff »Sittlichkeitsfragen« verbirgt sich schon in der Frauenbewegung der Jahrhundertwende ein ganzes Spektrum moderner Frauenfragen und explizit feministischer Anliegen, die die Unterdrückung der Frau als Geschlechtswesen und die spezifisch patriarchalische Form der Verquickung von Liebe und Gewalt im Geschlechterverhältnis, in den Geschlechtsbeziehungen betreffen. Der Aufruhr und das Aufsehen waren beträchtlich, auch wenn anscheinend nur eine kleine Gruppe von Radikalen die Fragen der Sexualpolitik und Sexualreform ins Zentrum des Kampfes um Frauenbefreiung rückte, eine »neue Ethik« und die Umkehrung der Werte forderte. Ausgangspunkt war der Kampf gegen die staatlich konzessionierte Prostitution, der weltweit zur Mobilisierung für ihre Abschaffung, der abolitionistischen Bewegung führte. Doch es ging ebenfalls um bis heute unerledigt gebliebene Anliegen: um die Abschaffung des Paragraphen 218[86], um Eheboykott und die Kritik des Eherechts, um Urteilsschelte bei üblichen Freisprüchen in Vergewaltigungsprozessen, um die Gleichberechtigung nichtehelicher Kinder und die Anerkennung alternativer Lebensformen[87]; alles in allem um Selbstbestimmung gerade auch in der Liebe als wesentliche Voraussetzung für die Anerkennung der Frau als Gleiche und die Achtung ihrer Würde.

Die Frage drängt sich auf, warum dies alles nur eine Generation später völlig vergessen war, warum auch nach der Zeit nationalsozialistischer Herrschaft, nach den Katastrophen zweier Weltkriege im Hinblick auf Ehe und Sexualität eine restaurative Sexualmoral die Frauen erneut in ihre Geschlechtsrolle zwängen konnte mit allen negativen materiellen und praktischen Konsequenzen. Die neue Frauenbewegung hat deshalb das Skandalon sexueller Gewalt, der Ausbeutung der Frau als Geschlechtswesen gerade auch in einer Zeit sogenannter sexueller Liberalisierung ganz neu zur Sprache bringen müssen. Die Einrichtung von Frauenhäusern als Zufluchtsstätten für geschlagene Frauen und ihre Kinder offenbarte das ganze Ausmaß alltäglicher, bisher im Verborgenen geduldeter Gewalt gegen Frauen und war der Anstoß für eine ganze Kette entsprechender Selbsthilfeprojekte, wie der Organisierung von Notrufen für vergewaltigte Frauen, und zur Forderung nach einem Straftatbestand für Vergewaltigung in der Ehe, des Schutzes vor sexuellem Mißbrauch und Belästigung. Die Aufdeckung des Zusammenhangs von »Sexus und Herrschaft«[88] oder des »Kleinen Unterschiedes und seiner großen Folgen«[89] hat aber nicht nur über den Buchmarkt Tabus durchbrochen und Breitenwirkung erzielt, sondern war Ergebnis von Selbsterfahrungsprozessen, eines kollektiven Lernprozesses, der in Frauengruppen und Frauenzentren geübt wurde. Die Verständigung über bisher scheinbar vereinzelte oder individuelle Unrechtserfahrungen gerade auch im Raum der Intimität, über eigene und andere sexuelle Bedürfnisse der Frauen[90], die Rede von der Zwangsheterosexualität und das Bekenntnis zu lesbischer Liebe ermöglichten es nun, Lebensformen und Sexualität sehr viel selbstbestimmter zu leben als normativ und politisch vorgegeben. Die in der praktischen Arbeit in Projekten und Frauengruppen gewonnenen Erkenntnisse zu alltäglicher direkter Gewalt haben die gesellschaftlichen Gewaltstrukturen offengelegt, aber auch die Verstrickung der Frauen in den Liebesbeziehungen, ihre traditionelle »Weiblichkeit« und »Fügsamkeit«, die wesentliche Bedingungen für die Aufrechterhaltung patriarchalischer Verhältnisse sind.[91] In diesen Thematisierungen ist Privates zu einem Politikum geworden, sind die geschlechtsspezifischen Schranken zwischen der Privatsphäre als »rechtsfreiem Raum« und Gewaltverhältnis und den öffentlichen Angelegenheiten nachhaltig verschoben worden. Durch die vervielfältigten Formen der Weigerung von Frauen, weiblichen Rollen zu entsprechen, veränderten sich die Lebensweisen, deuten sich aber auch neue Konflikte und Probleme zwischen den Geschlechtern an.

Geschlechterdifferenz

Einerseits die Rollen tradierter Weiblichkeit zu kritisieren und verändern zu wollen und doch andererseits gerade »Frau-Sein« zum ausschlaggebenden Bezugspunkt einer Befreiungsbewegung, der Frauenbewegung zu machen, scheint ein Widerspruch zu sein, der die Frauenbewegung von ihren Anfängen an begleitet und immer wieder zu Mißverstandnissen geführt hat. Schon die Frauenrechtlerinnen des 19. Jahrhunderts haben sich gegen den Verdacht verteidigt, die Hände nach Männerrechten auszustrecken[92] und ihr »Frauentum zu verleugnen«.[93] »Nein! Nein! Nicht Mann sein wollen, oder wie ein Mann sein wollen, oder mit ihm verwechselt werden können: was sollte uns das helfen!«[94] war eine Antwort, die gewiß dem Selbstverständnis aller beteiligten Frauen entsprach. Auf der anderen Seite kam es schon damals zu erheblichen Meinungsverschiedenheiten über die Frage, ob die »weibliche Eigenart« oder Andersartigkeit, heute sagen wir die Geschlechterdifferenz, der Emanzipationsbewegung der Frauen Richtung und Ziel angebe oder ob die Betonung des »Menschentums«, also des Rechts auf Gleichheit, die Basis aller Bestrebungen sei. Dabei waren die Ansichten über »Wesen« und Rolle der Frau auch innerhalb der Fraktionen und Richtungen durchaus geteilt.[95] Fest steht, daß im Ergebnis die Anerkennung der »intellektuellen Grenzlinien zwischen Mann und Frau«[96] als Ausdruck einer geistigen Differenz, der »kulturellen Eigenart« und eine Politik der »harmonischen Ergänzung«[97] beider Geschlechter mehrheitsfähig wurden und auch von den Gegnern zu vereinnahmen war.

Die besondere Übung in Autonomie, einer Kultur der »Subjektivität« und Politik der ersten Person hat die Widersprüche in der neuen Frauenbewegung noch schärfer konturiert. Auch die neue Frauenbewegung hat zum Aufbegehren gegen die Opferrolle, zur Entdeckung des eigenen und anderen Selbst-Bewußtseins die Besinnung auf weibliche Stärke, die Befreiung aus der Definition als Mindere, Andere[98] gebraucht. Stationen lebhaftester Auseinandersetzung waren die Mütterbewegung[99] und die Diskussion um das Müttermanifest[100], das als »Politik des Unterschiedes« verteidigt wurde.[101] Anzeichen des Wertewandels, der Fragwürdigkeit überkommener Standards und der Aufwertung weiblicher Erfahrungen finden sich auch in der keineswegs nur im universitären Rahmen geführten Kontroverse um eine »weibliche Moral«.[102] Doch die Bezugnahme auf Frau-Sein als historische und moralische Chance und politisches Potential wird da problematisch, wo sie die Differenzen unter Frauen und die Widersprüche im weiblichen Lebenszusammenhang negiert, die Frauenbewegung auf eine Identitätspolitik verpflichtet[103] und über einer Kultur des Separatismus die »Einmischung«[104] versäumt.

Um eine Klärung dieser Widersprüche geht es auch in den philosophischen Theorien zu Geschlechterdifferenz, Weiblichkeit, Geschlechtsidentität und ihrer Dekonstruktion. Denn mit der Decodierung der Geschlechterrollen, der Debatte um eine andere Moral, um neue Maßstäbe und Formen des Rechts, um den Androzentrismus unserer Sprache, Kultur und Erkenntnis, ist »der politische Wortschatz in toto verdächtig«[105], hat die feministische Theorie zu einer Fundamentalkritik angesetzt, die in verschiedenen Disziplinen der Geistes- und Sozialwissenschaften und vor allem auch international geführt wird. Die Frage ist allerdings, ob sich die feministische Theorie damit inzwischen so weit von der sozialen Wirklichkeit, der Not, der Erfahrung und dem Alltag der Frauen entfernt hat, daß sie zwar reputierlicher und akademischer geworden ist, jedoch kaum noch für politische Praxis tauglich erscheint.

Trotz aller Widerstände und Skepsis gehe ich davon aus, daß der Aufbruch zu neuem Selbstbewußtsein und Autonomie, die politischen Erfahrungen in den Bewegungen sowie die Radikalisierung der Kritik an den Konzepten von Recht und Politik auch das Verständnis von Gleichheit, Gleichberechtigung präzisiert haben und juristisch nicht ohne Einfluß geblieben sind.[106] Denn in der politischen Debatte um Gleichheit und Differenz als Problem von Frauenrechten ist noch einmal deutlich geworden, daß es weder um »Angleichung an die Mannesstellung«[107] noch nur um ein Absehen von oder die Nichtberücksichtigung der Differenz, sondern gerade auch um Anerkennung der Geschlechterdifferenz und der Differenzen auch unter Frauen geht. Maß und Hinsicht der Gleichberechtigung sind daher von den Frauen selbst zu bestimmen und müssen – wie die Geschichte der Frauenbewegung lehrt – keineswegs »erst in öffentlichen Diskussionen geklärt werden«.[108] Allerdings ist nach wie vor die gleichberechtigte Teilhabe der Frauen an diesem politischen Prozeß der Selbstbestimmung und Selbst-Gesetzgebung nicht selbstverständlich. Bisher nicht erreichtes Ziel der Bewegung der Frauen bleibt es also, Vorherrschaft und Vorteile in den Geschlechterverhältnissen aufzubrechen, für den Prozeß wechselseitiger Anerkennung zu mobilisieren und in politischen Auseinandersetzungen und Kämpfen immer wieder um neue Maßstäbe für Gleichheit und unaufgebbare Differenzen im Verhältnis der Geschlechter zu ringen, diese aber auch zu Lasten bzw. gegen die Interessen der Bevorrechteten durchzusetzen. Solche Verwirklichung der Gleichberechtigung ist nur auf der Basis von größtmöglicher Freiheit und Autonomie, vor dem Hintergrund selbstbestimmter Entscheidungen und Lebensentwürfe denkbar. Die in der neuen Frauenbewegung geübte Autonomie, im Sinne nicht nur von persönlicher, sondern auch von politischer Selbstbestimmung, sowie eine Frauen- und Gleichstellungspolitik, die sich des Rechts und der Institutionen bedient, schließen sich daher nicht aus, sondern sind im Gegenteil aufeinander angewiesen.

Ausblick

Die Vereinigung der beiden deutschen Staaten hat die politischen und gesellschaftlichen Rahmenbedingungen für die Frauenbewegung grundlegend verändert. Dabei sind die bisher nicht gelösten sozialen und ökonomischen Probleme in diesem staatlichen Angleichungs- und Ausgleichsprozeß für Frauenanliegen keineswegs förderlich, ganz im Gegenteil. Aber auch eine Vereinigung der Fraueninteressen oder eine gemeinsame Frauenbewegung sind nicht einfach zu organisieren, da die Erfahrungen, Lebenslagen, Bedürfnisse und Wünsche von Frauen in Ost und West sehr unterschiedlich sind. Diese Unterschiede haben in den ersten Zusammenkünften zwischen Frauen aus Ost- und Westdeutschland zu mancherlei Mißverständnissen und Enttäuschungen geführt, die nicht als politisches Versagen *der* westdeutschen Frauenbewegung, ebensowenig aus dem angeblichen Defizit an feministischem Bewußtsein unter den ostdeutschen Frauen zu erklären sind. Vielmehr wäre die Achtung und Berücksichtigung auch dieser Differenzen notwendiger Inhalt eines politischen Lernprozesses, der dem Feminismus in Ost und West neue Schubkraft verleihen könnte. In der Schaffung von Räumen für kollektive Lernprozesse und der Entwicklung von neuen Netzwerken gegenseitiger Unterstützung und politischer bzw. wissenschaftlicher Diskussion liegt meines Erachtens gerade in Anbetracht krisenhafter Verhältnisse auch die Chance und die Notwendigkeit für eine neue Bewegung und »Welle« des Feminismus.

Nach wie vor ist die Stellung der Frauen in einer Gesellschaft ein »Barometer der Staaten«, das heißt, die Anerkennung von Gleichheit und Differenz im Geschlechterverhältnis gibt Auskunft über den Grad gesellschaftlicher Entwicklung bzw. ihrer Veränderungen. Im Zuge der zunehmenden Ausdifferenzierung der Lebenslagen und Lebensformen, der sogenannten Individualisierung der Lebensweise *beider* Geschlechter und angesichts einer begründeten Skepsis gegenüber »großen Theorien«, bleiben die Bewegungsanalyse und der Focus »Geschlechterverhältnisse« ein Zugang zur Thematisierung des gesellschaftlichen Gesamtzusammenhangs und seiner Widerspruchsstruktur. Die Widersprüche zeigen sich im Verhältnis von Produktion und Reproduktion, System und Lebenswelt, Politischem und Privatem und ihrer jeweils geschlechtsspezifischen Zuordnung. Die strukturell verankerten Problemlagen und konflikthaften Lebensverhältnisse von Frauen, die sie – über sonstige Unterschiedlichkeiten hinweg – als Gruppe eines Geschlechts betreffen, nötigen Frauen immer wieder zur Verständigung über gemeinsame Interessen. In der Thematisierung dieser Konfliktlinien, in der Aufarbeitung historisch getrennter Erfahrungen, nicht zuletzt im Erinnern und in der kulturellen Überlieferung früherer Kämpfe steckt noch viel Unerledigtes, ein unverzichtbares Potential für Bewegung und Veränderung, das auch die gegenwärtige Flaute überdauern kann. Mindestens hierzu können die Inseln der Frauenforschung einen wichtigen Beitrag leisten.

National oder International: Die internationalen Beziehungen der deutschen bürgerlichen Frauenbewegung

Üblicherweise werden die internationalen Beziehungen und Kooperationen der Frauenbewegungen als Beiwerk betrachtet, als eine gewiß interessante, aber gleichwohl zusätzliche oder ergänzende Fragestellung. Einer der Gründe, warum die internationale Geschichte der Frauenbewegungen zumindest aus der deutschen Perspektive bisher nicht untersucht worden ist, warum die internationalen Verbindungen bisher nicht im Zentrum des historischen und politischen Interesses standen, mag darin liegen, daß ihre Bedeutung für die Mobilisierung der Frauenbewegung kaum beachtet wurde. Hinzu kommt, daß speziell im deutschen Kontext Fragen des Nationalismus und Internationalismus eine komplizierte Vorgeschichte haben, aus der auch die Frauengeschichtsforschung nicht heraustreten oder sich gar mit dem Rekurs auf einen spezifisch weiblichen Pazifismus davonstehlen kann. Schließlich gibt es in Anbetracht zweier verheerender und verlorener Weltkriege besonders nach 1945 einen Bedeutungsverlust, einen Niedergang der deutschen Frauenbewegung selbst und ihrer internationalen Reputation.

Gerade im Hinblick auf die Geschichtsforschung erweisen sich der durch Kriegszerstörung unersetzliche Verlust wichtiger Dokumente, ganzer Nachlässe und Archive, aber auch die Zerstreutheit und bisher nicht systematisierte Aufarbeitung der erhaltenen Materialien als zusätzliche Schwierigkeiten für die Bearbeitung dieses Themas. So bleibt, weil das gerettete Material (Korrespondenzen, Broschüren und Verlautbarungen der internationalen Frauenorganisationen usw.) in alle Kontinente verstreut ist, zur Rekonstruktion dieser Geschichte oft nichts anderes übrig, als den Spuren einiger Emigrantinnen zu folgen oder in amerikanischen Archiven von der frühen Aufmerksamkeit für diesen Teil einer internationalen Frauengeschichte zu profitieren.[1] Dieser Tatbestand erklärt aber auch, warum es bislang eigentlich nur angelsächsische Monographien bzw. Selbstdarstellungen zum Thema gibt, in denen nur wenige Hinweise auf deutsche Beteiligungen zu finden sind.[2] Die einzige Ausnahme und überaus schätzenswerte Vorarbeit ist die leider nicht gedruckte Dissertation von Irmgard Remme aus dem Jahr 1955, die aus der Perspektive der bürgerlichen Frauenbewegung einen sehr gründlichen und informativen Überblick über die internationalen Beziehungen der deutschen Frauenbewegung zwischen 1888 und 1933 gibt.[3] Verfügbar sind darüber hinaus einige neuere Editionen mit ausgewählten Quellen[4], verhältnismäßig wenige Kongreßmaterialien[5] sowie Broschüren, Zeitschriften und nicht erschlossene Korrespondenzen.

Schon ein erster Blick in die bisher aus der deutschen Perspektive nicht aufgearbeitete Geschichte der internationalen Beziehungen und Organisationen der alten Frauenbewegung zeigt, wie vielfältig, intensiv und spannend der Austausch und die Kontakte insbesondere in der Zeit um die Jahrhundertwende bis zum Ersten Weltkrieg waren. Der Aufschwung der nationalen Frauenbewegungen in verschiedenen Ländern am Ende des 19. Jahrhunderts verdankt sich zu einem nicht unwesentlichen Teil dem Wissen um gleiche Problemlagen und dem Anstoß durch übernationale Zusammenschlüsse, also einer »Weltbewegung« der Frauen, um gemeinsam der politischen Unmündigkeit entgegenzutreten und ihren besonderen Anliegen, sei es dem Stimmrecht, der Abschaffung staatlich geregelter Prostitution oder der Verbesserung der sozialen Situation der Frauen mehr Schubkraft zu verleihen.

> »Wir Frauen aller Nationen schließen uns in der Überzeugung, daß das Wohl der Menschheit nur durch eine größere Einheitlichkeit in Gedanken, Gefühlen und Bestrebungen gefördert werden kann und daß eine organisierte Frauenbewegung dem Wohl der Familie und des Staates am besten dienen wird, hiermit zu einem Bunde zusammen [...]«[6],

heißt es sehr allgemein, aber emphatisch in der Präambel der Satzung des 1888 gegründeten Internationalen Frauenbundes (International Council of Women, ICW). Tatsächlich hatten die Amerikanerinnen von Anfang an die Initiative und damit auch die Führung in dieser internationalen Ausrichtung und Organisation übernommen, und – wie in einem 1954 verfaßten Überblick über die »Highlights of the I.C.W.« betont wird – sie kümmerten sich sogar zuerst um die internationale Kooperation, »placing humanity above nationalities«[7], bevor es ihnen gelang, einen nationalen Zusammenschluß der unterschiedlichen, aber auch rivalisierenden amerikanischen Frauenrechtsorganisationen zu erreichen.[8]

Offensichtlich geben die offiziellen Verlautbarungen, Kongreßberichte und Selbstdarstellungen der verschiedenen internationalen Organisationen nur ein sehr einseitiges, unvollständiges und – wegen einer uns heute fremden Rhetorik – allzu abstraktes Bild. Nach allen historischen Erfahrungen, dem Scheitern der besonderen Friedens- und Verständigungsbemühungen gerade auch der Frauen in und nach den beiden Weltkriegen ergreift uns heute eher eine tiefliegende Skepsis gegenüber einer besonderen internationalen Mission der Frauenbewegungen und dem hoffnungsvollen Überschwang ihrer Vertreterinnen. Gleichzeitig genießen sie unsere politische Sympathie im Gegensatz zu den engstirnigen Verteidigerinnen nationaler oder gar nationalistischer Interessen. Jedenfalls sind die Bewertungen und Beurteilungen nicht unabhängig von den politischen Kontexten und Standorten zu fällen, bleibt dieser Teil der Frauenbewegungsgeschichte ganz besonders eng mit der politischen Geschichte des jeweiligen Landes und dem Frieden oder Unfrieden in der Welt verknüpft. Zugleich ist dieser Aspekt und Beweis frauenpolitischen Engagements bisher weder von den zeitgenössischen Politikern[9] noch im nachhinein von der sogenannten allgemeinen Geschichtswissenschaft berücksichtigt oder beachtet worden.

Es interessierte mich, welche Bedeutung die internationalen Organisationen und Kooperationen für die Politik der deutschen Frauenbewegung hatten und wie ihre Rolle von außen, im erweiterten Horizont der internationalen Beziehungen zu beurteilen ist. Im folgenden beschränke ich mich auf die bürgerliche Frauenbewegung und versuche anhand bisher kaum zugänglicher Quellen, die Innenansicht und das Selbstverständnis der beteiligten Frauen zu thematisieren. In den Korrespondenzen der Vertreterinnen der Frauenbewegung mit ihren Partnerinnen auf internationaler Ebene erschließt sich eine neue Perspektive auf die politische Praxis und die unterschiedlichen Orientierungen der nationalen Bewegungen, erweist sich erneut, wie sehr erst das Netzwerk von persönlichen und zugleich politischen Beziehungen unterhalb der organisatorischen Ebene der Bewegung Wirksamkeit und Anschaulichkeit verleiht.[10]

Die von mir durchgesehene Korrespondenz[11] – ein Bruchteil des Möglichen, der sich wegen der verfügbaren Quellen eher zufällig auf bestimmte Beziehungen der bürgerlichen Frauenbewegung und vorrangig auf die Organisation des ICW beschränkt – zeugt von der Vielfalt frauenbewegter Kooperation, von der Erfahrung nationale Grenzen überwindender Gemeinsamkeiten und von einem sich über diese Internationalität konstituierenden feministischen Selbstbewußtsein. Der Umgangsstil wirkt zum größten Teil sehr modern, er ist weltläufig und unkonventionell – die Schreiberinnen benutzen jeweils ihre Muttersprache (also Deutsch, Englisch oder Französisch) und dürfen die Kenntnis bei ihren Adressatinnen voraussetzen, das heißt, jede schreibt in ihrer eigenen Sprache. Dies gilt jedoch uneingeschränkt nur bis zum Ersten Weltkrieg und belegt zugleich, welche privilegierenden gesellschaftlichen Voraussetzungen, Bildung, Sprachkenntnisse und Geldmittel, zur Pflege dieser Art Kontakte notwendig waren. Darüber hinaus dokumentiert das historische Material auch die typischen Mißverständnisse, nationalen Empfindlichkeiten und Fremdheiten und spiegelt so im historischen Verlauf die politische Entwicklung und internationalen Spannungen und Auseinandersetzungen auf eine sehr persönliche Weise wider.

In Anbetracht der Forschungs- und Materiallücken kann eine erste Annäherung nur sehr provisorisch und ebenfalls unvollständig sein. Im folgenden können daher die Entwicklung und die Brüche in den internationalen Beziehungen nur in groben Ausschnitten skizziert werden. Ich möchte die Fülle des Stoffes um die Bruchstellen der deutschen Geschichte organisieren und in vier Teile gliedern: die Zeit vor dem Ersten Weltkrieg, diesen Krieg und seine Folgen, die Zeit des Nationalsozialismus und die Nachkriegszeit ab 1945.

Die Kontakte und neuen Bekanntschaften mit der internationalen Szene des Feminismus waren für den Aufschwung der deutschen Frauenbewegung am Ende des 19. Jahrhunderts nicht nur eine wichtige Anregung und Stütze, sie waren für ihre Organisationsweise geradezu konstitutiv. Nach dem Besuch der 2. Generalversammlung des International Council of Women im Zusammenhang mit der Weltausstellung 1893 in Chicago waren die deutschen Teilnehmerinnen (Anna Simson, Hanna Bieber-Böhm, Auguste Förster und Dr. Käthe Schirrmacher) überhaupt erst auf die Idee gekommen, die seit dem Ende der Bismarck-Ära neuen Initiativen und Frauenvereine zu einem Dachverband, dem Bund Deutscher Frauenvereine (BDF, begründet 1894), zusammenzuschließen. Seit 1897 war der BDF auch Mitglied im International Council of Women.

Anläßlich der Gründung des ICW 1888 hatte der Allgemeine Deutsche Frauenverein (ADF, gegründet 1865) noch abwehrend und um Verständnis bittend auf die Einladung zur Teilnahme mit dem Hinweis auf die politischen Schwierigkeiten geantwortet: »[...] in Germany we have to work with great tact and by conservative methods [...] The difference between our position and that of our American sisters is largely due to the fact that you live in a republic, we in a monarchy [...].«[12] Tatsächlich begünstigte das politische Klima im Wilhelminischen Kaiserreich, das in Konkurrenz zu Frankreich und Großbritannien zur imperialen Weltmacht aufsteigen wollte, die Bestrebungen um Friedenssicherung und internationale Verständigung keineswegs, im Gegenteil: »International« wurde zugleich als »antinational« denunziert. Davon zeugt ein Kommentar von Helene Lange, der Vordenkerin und »Führerin« der bürgerlichen Frauenbewegung jener Zeit, die im Oktober 1900 in ihrer Zeitschrift »Die Frau« schrieb:

> »Und so löst sich die Frage ›National oder International‹ für die Frauenbewegung dahin: Unzweifelhaft vermittelt die internationale Bewegung den deutschen Frauen wertvolle Einblicke und neue Gesichtspunkte; sie zeigt ihnen zum Teil in die Praxis des täglichen Lebens überführt, was bei uns noch graue Theorie ist. Ohne Gefahr ist sie aber doch nur für die, die fest

auf dem Boden des eigenen Volkslebens stehen und die Bedingungen seiner Kultur in Vergangenheit und Gegenwart genügend beherrschen, um kritisch zu sichten, umbilden und anpassen zu können. Bäume brauchen eigenen Boden zum Wurzeln; auf fremden Organismen führen nur Schmarotzer ihr kurzlebiges Dasein.«[13]

In dieser Gegenüberstellung und Entgegensetzung von »national« und »international« nun deutet sich auch in der Frauenbewegung schon sehr früh eine grundlegende Differenz und spezifisch deutsche Entwicklung an, die – um Mißverständnisse zu vermeiden – kurz zu klären ist. Denn die Bezugnahme auf die Nation, die Kennzeichnung nationaler Interessenorganisation ist nicht notwendig mit nationalistischer Politik gleichzusetzen. Kennzeichnete der Begriff Nation seit der Französischen Revolution in der politischen Sprache eine politische Willensgemeinschaft, die sich als allgemeinster Stand oder Staatsvolk gegen den ständischen Privilegienstaat richtete, so waren auch die nationalen Befreiungsbewegungen im 19. Jahrhundert, zum Beispiel in Deutschland die Bestrebungen nach nationaler Einheit um die 1848er Revolution, demokratische Bewegungen, die die Nationenbildung mit dem Prinzip der Volkssouveränität und einer freiheitlichen Verfassung verbanden. Das Scheitern der ersten »National«-Versammlung der Deutschen hatte zur Folge, daß Deutschland ein unvollendeter Nationalstaat blieb, eine »verspätete Nation«[14], die im Vergleich zu den westlichen Industrienationen einen »Sonderweg«[15] beschritt. Als Gründe für diese Negativzuschreibungen werden genannt: Deutschlands undemokratische Verfassung als Bund deutscher Fürsten, die fehlende Gleichberechtigung und politische Beteiligung seiner Bürger und Bürgerinnen (zum Beispiel das Dreiklassenwahlrecht in Preußen, kein Wahlrecht für Frauen), die durch Klassengegensätze gespaltene Nation. Spätestens seit der Reichsgründung 1871 aber machte sich gegen die Einlösung der nationaldemokratischen Zielsetzungen ein »organisierter Nationalismus« von rechts breit, der mit dem Begriff »deutsch« = »volksdeutsch« / »deutsch-national« nicht mehr nationale Integration, sondern ethnische Ausgrenzung verband und sich nicht nur durch einen neubegründeten Antisemitismus, sondern auch durch einen ebenso militanten Antifeminismus hervortat.[16]

Trotzdem ist auch nach 1890 auf den Aufschwung des Vereinswesens und auf außerparlamentarische Bewegungen hinzuweisen, die für die demokratische Reform der deutschen Monarchie, für die Emanzipation und Gleichberechtigung aller Mitglieder, für ein gleiches Staatsbürgertum eintraten. Sie kamen aus dem Lager der Linksliberalen, der Gewerkschaften, umfaßten auch Teile der sich zur Reformpartei entwickelnden SPD und nicht zuletzt die seit 1890 erstarkende Frauenbewegung. Diese hatte schließlich schon 1865, vor der Reichsgründung, mit der Gründung des Allgemeinen Deutschen Frauenvereins in Leipzig eine nationale Organisationsform gefunden, ohne doch nationalistisch zu sein. Der Bund Deutscher Frauenvereine (1894), ja, auch der radikalere Deutsche Verein für Frauenstimmrecht (1902) verstanden sich als Vertreter eines politischen Liberalismus, dessen Ideale erst noch zu verwirklichen seien.[17] Sie kämpften um die Erweiterung der Rechte von Frauen in diesem Staat, um Zulassungen und staatliche Berechtigungen, damit aber auch um grundlegende Veränderungen dieses Staatswesens. In der Frauenbewegung strittig war, wie diese Gesellschaftsreform zu verwirklichen war, inwieweit die universalen Prinzipien der Freiheit und Gleichheit und allgemeiner Menschenrechte auch in diesem Kaiserreich Gültigkeit beanspruchen konnten.[18] Die Antwort auf diese Fragen war ausschlaggebend auch für die Bereitschaft zu internationaler Kooperation und bestimmte die Differenzen zwischen den Gemäßigten und Radikalen, aber auch die Abgrenzung zu den mehr international orientierten Sozialistinnen.

In Helene Langes Kommentar ist die Entgegensetzung von Nationalismus und Internationalismus in vielen assoziativen und polemischen Formulierungen vorgezeichnet. Nicht nur die Beschwörung einer Gefahr, die vom Internationalismus ausgehe, das Bild vom »eigenen Boden« sind Sprachregelungen, die auf die Ausgrenzung der anderen, »fremden« zielen und die nationale Volksgemeinschaft nicht nur als bewahrenswerte, sondern höherwertige klassifizieren. Kein Klischee ist im gleichen Kommentar zu billig, um das so gestärkte »Nationalgefühl« auch der Frauen zu charakterisieren: »der Erdgeruch der heimischen Scholle, das Rauschen des deutschen Waldes, das Bewußtsein einer eigenen Stammesindividualität« usf.[19]

Dagegen beklagte Marie Stritt, die sich zwischen 1899 und 1910 als Vorsitzende des BDF persönlich sehr für den internationalen

Austausch engagierte und die Beziehungen mit einer ausgedehnten Korrespondenz pflegte, das nur vereinzelte Eintreten der Frauen für internationale, insbesondere pazifistische Ziele. Sie suchte nach den Gründen für diesen bornierten und reaktionären Nationalismus gerade in Deutschland:

»Vielleicht liegt es daran, daß seit dem Kriege 1870/71 im deutschen Volksempfinden – also auch im Empfinden der Frauen – alle Vorstellungen von nationaler Größe und Wohlfahrt an den Militarismus geknüpft sind, und daß man demzufolge den Gedanken des Internationalismus, auf dem alle Friedensbestrebungen basieren, selbst in aufgeklärten Kreisen als Utopie betrachtet [...].«[20]

Ohne Zweifel haben der programmatische Internationalismus der Arbeiterbewegung, die Sozialistische Internationale und die klassenkämpferisch auch in der Frauenbewegung betonte »reinliche Scheidung«[21] im bürgerlichen Lager zusätzlich zur Skepsis und Denunziation internationaler Bestrebungen als »antinational« oder »vaterlandslos« beigetragen. Doch auch die Proletarierinnen haben schließlich auf der 1. Internationalen Frauenkonferenz in Stuttgart 1907 »das volle Bürgerrecht, die volle politische Gleichberechtigung des weiblichen Geschlechts« auf nationaler Ebene gefordert, auch wenn sie im Unterschied zu den Frauen des ICW Frauenrechte, insbesondere das Frauenwahlrecht, ohne Rücksicht auf die politischen Verhältnisse in den einzelnen Gesellschaften beanspruchten.[22] Wie ernsthaft sich dennoch seit der Jahrhundertwende führende Feministinnen an dem internationalen Gedankenaustausch und der Übung in Frauensolidarität zu beteiligen suchten, ist an ihrer regen Korrespondenz und der eifrigen Teilnahme, ja, bravourösen Organisation verschiedener internationaler Kongresse – 1896, 1904, 1912, in Berlin – abzulesen. Im Vergleich zu den Briefen der Amerikanerinnen wirken die ersten Antworten der deutschen Korrespondentinnen reservierter, steifer, ziemlich nüchtern. Da werden die Formalien streng beachtet, die Auswahl der Delegierten und die Redezeiten ausgehandelt, Anträge und Resolutionen sorgfältig vorbereitet. Bemerkenswert ist, wie empfindlich die stellvertretende Vorsitzende des BDF, Anna Simson, 1899 im Vorfeld des Londoner Kongresses auf das Ersuchen der britischen und amerikanischen Schwestern reagierte, Lady Aberdeen, eine Aristokratin, erneut für die Präsidentschaft im ICW vorzuschlagen. Die Antwort ist nur aus dem Selbstverständnis der deutschen Frauenbewegung als »bürgerliche«, liberale, den Prinzipien der Aufklärung und Demokratie verpflichtete zu erklären, die gerade weil sie noch in einer Monarchie mit feudalen Privilegien und Strukturen zu kämpfen hatte, in der Frage der Präsidentschaft so reagierte:

»Die deutsche Frauenbewegung ist eben eine durch und durch bürgerliche und steht als Frauenbewegung allen aristokratischen, konservativen und kirchlichen Wohltätigkeitsbestrebungen [ablehnend] gegenüber [...], und bezogen auf eine andere adlige Kandidatin, die Finnin Alexandra Baronin Gripenberg [...], die ich persönlich sehr hoch schätze, so möchte ich noch hinzufügen, daß *dieser* Adel, als Adel, in Deutschland absolut nichts bedeutet.«[23]

Auch in diesem Brief kommt zur Sprache, daß »internationales« Engagement gerade in den konservativen Kreisen immer zugleich als »antinational« gedeutet wurde, was für den BDF ein Grund mehr war, sich nicht durch »diesen« Adel vertreten zu lassen. Ja, die Hoffnung der deutschen Bürgerlichen auf Rückenstärkung in demokratischer Absicht ging offenbar noch weiter. In einer Notiz der ehemaligen Vorsitzenden des BDF an die Nachfolgerin Marie Stritt spricht Auguste Schmidt ihre Enttäuschung über die bisherige Zusammenarbeit im ICW sehr nüchtern aus. Die erneute Präsidentschaft einer Engländerin wie Lady Aberdeen würde ihrer Meinung nach das für den Weltbund angemessene »Prinzip der Wechselherrschaft zwischen den verschiedenen Nationen« verletzen und die Vorherrschaft Englands stärken. Da Deutschland sich bereit erklärt hatte, die nächste Generalversammlung in Berlin im Jahr 1904 zu veranstalten, hätte es nahegelegen, Deutschland für die nächsten fünf Jahre die Präsidentschaft anzutragen. Doch Auguste Schmidt war realistisch genug anzunehmen, »dass bei der jetzigen Weltlage keine der stimmberechtigten Damen ihre Stimme Deutschland geben wird«.[24] Mit den Stimmen der Deutschen wurde darum 1899 in London die Amerikanerin May Wright Sewall zur Präsidentin für fünf Jahre gewählt, um dieses Amt von 1904 bis 1936 – nur mit einer kurzen Unterbrechung zwischen 1920 und 1922 – doch der Marquise Isabel of Aberdeen and Temair, zu übertragen, die damit über alle Zeiten und Dramen hinweg bis 1936 den ICW anführte.

Neben der sehr allgemeinen und unverfänglichen »Goldenen Regel«, die in allen Briefen der Präsidentin als Motto zu lesen war: »Do unto others as ye would that others should do unto you«, sah die Verfassung des ICW vor:

»1. Der Internationale Frauenbund wurde nicht im Interesse einer bestimmten Propaganda gegründet und schließt aus seinem Programm alle politischen und religiösen Streitfragen aus, die die Beziehungen zweier oder mehrerer Länder untereinander berühren.
2. Der Internationale Frauenbund hat keinerlei Machtbefugnisse gegenüber seinen Mitgliedern. Er kann nur Anregungen geben und freundschaftliche Beziehungen pflegen [...].«[25]

Diese Verpflichtung des ICW zu Nichteinmischung und absoluter Neutralität in allen politischen Fragen aber bedeutete Handlungsfähigkeit nur auf dem kleinsten gemeinsamen Nenner. Doch weil mit dem Eintreten für mehr Rechte, insbesondere das Wahlrecht, politische Forderungen auf der Tagesordnung standen, drängten die radikalen Demokratinnen auch auf internationaler Ebene zunehmend auf eine entschiedenere Politik, um vorbehaltlos für die Rechte der Frauen einzutreten. Deshalb wurde 1904 – im engen Zusammenhang mit dem Weltkongreß des ICW in Berlin, aber nicht ohne Konflikte – mit der 84jährigen Susan B. Anthony in der Führung und der sehr aktiven Beteiligung der deutschen Stimmrechtlerinnen die »International Woman Suffrage Alliance«, später »International Alliance of Women for Suffrage and Equal Citizenship« (IAW), mit Carry Chapman Catt als Präsidentin ins Leben gerufen.[26] Der internationalen Stimmrechtsbewegung gehörten 1909 bereits ebenso viele nationale Verbände wie dem ICW an, nämlich Frauenorganisationen aus 21 Staaten.[27]

Deutlich wird in diesem Aufbau internationaler Beziehungen bis 1914 ein Lerneffekt. Die Zusammenarbeit und das persönliche Kennenlernen werden auf allen Seiten als Gewinn verbucht. Die »Universalität« der Frauenbewegung, die »Einheitlichkeit der modernen Frauenbestrebungen« wird zur »Gewißheit«, die das eigene Tun bestärkt.[28] Der Glanz internationaler Konferenzen hat eine mobilisierende Wirkung und wird gezielt eingesetzt, »to teach women of different countries how to concentrate their efforts on a common object«.[29] Der zum Teil überschwengliche Ton der Amerikanerinnen wird auch von den Deutschen zunehmend herzlicher, nicht mehr so förmlich beantwortet. »Although nearly strangers, we are friends«, schreibt May Wright Sewall an Marie Stritt.[30] Diese antwortet ungezwungen und warmherzig: »Zunächst möchte ich Ihnen herzlich für Ihre freundlichen Zeilen danken, die dem Gefühl der Zusammengehörigkeit und Solidarität, das uns alle erfüllt, in so liebenswürdiger Weise Ausdruck geben. Ihre freundschaftliche Gesinnung findet bei mir einen starken Widerhall, und es ist mir eine große Freude, mit Ihnen zusammenarbeiten zu dürfen.«[31]

Interessant sind manche Nebenbemerkungen, Urteile über die Besonderheiten und Einschätzungen der Frauenbewegung, die sich in Stritts Briefwechsel finden, so etwa wenn sie differenzierend auf eine der vielen Umfragen für den internationalen Geschäftsbericht antwortet und die deutschen Verhältnisse beschreibt:

> »Von den vielen Tausenden, die heute schon an den verschiedenen Bestrebungen der Frauenbewegung beteiligt sind, dürfte allerdings nur ein verhältnismäßig kleiner Teil zu den eigentlichen Feministen zu rechnen sein, das heißt zu denjenigen, die alle Consequenzen aus dem Prinzip der Gleichberechtigung der Geschlechter ziehen und sich bewußt sind, dass dies Prinzip eine völlig veränderte Gesellschaftsordnung involviert.«[32]

Geradezu missionarisch aber mutet der Eifer an, mit dem die Amerikanerinnen immer wieder ihre deutschen Kolleginnen über Internationalismus belehren, zum Beispiel May Wright Sewall in einem Brief an Anna Simson aus dem Jahr 1899: »I certainly do believe in International amity [...] We must learn to feel that our humanity is above our nationality; we must not love the latter less, but we must learn to love the former more.«[33]

Auf die Bewährungsprobe gestellt wurde der politische Gehalt solcher Frauenfreundschaften und Freundinnenkultur[34] mit dem Ausbruch des Ersten Weltkrieges. Nun gewannen diejenigen die Überhand, für die das »Zugehörigkeitsgefühl der Frau zur eigenen Nation« ohnehin im Vordergrund stand.

> »Wenn es zum Wesen der deutschen Frauenbewegung gehört, daß sie sehr gründlich arbeitet [...], so liegt es schon in dieser unserer Arbeitsweise begründet, daß die unvermeidliche Flachheit solcher internationalen Arbeit uns bedrückt und widerstrebt.«[35]

Mit scharfer Zunge hatte Helene Lange ja schon früher die »Oberflächlichkeit« und das »Phrasentum« der internationalen Kongresse gerügt.[36] Noch vor Ausbruch des Weltkrieges gemahnte auch Gertrud Bäumer ihre Gefolgschaft an die nationale Verpflichtung der deutschen Frauenbewegung in der aus- und abgrenzenden, für den rechten Nationalismus typischen Diktion:

> »Eine Bewegung, die nicht nur große schematische wirtschaftliche Forderungen, sondern ein Kulturideal aufstellt, ist schon dadurch in ihrer Verkörperung an den nationalen Charakter gebunden. Soweit die Frauenbewegung sich in leibhafter Gestalt, sich in weiblichen Typen neuer Art und Kraft ausdrücken will [...], ist sie *notwendig* national, baut sie sich auf vom Blut und Leben des eigenen Volkes.«[37]

Bewährungsprobe und Scheitern der Frauensolidarität

Nicht nur die Politik der internationalen Frauenorganisationen hat 1914 versagt und mögliche Chancen verspielt. Die vielfältigen Ursachen der katastrophalen Machtpolitiken, die zum Weltkrieg führten, sind untersucht und bekannt. Belegt ist die patriotische Begeisterung, die »seelische Mobilmachung« gerade auch von Frauen, die diese Zeit als »große Zeit« erlebten, in der es darum ging, alle »Sonderinteressen« zurückzustellen und ihre Leistungsfähigkeit und nationale Zuverlässigkeit zu beweisen. Praktisch umgesetzt wurde dieses Aufgehen im »Volkskörper« in der Arbeit im Nationalen Frauendienst. Für das Erreichen der Kriegsziele war das Durchhaltevermögen der Frauen an der »Heimatfront« unentbehrlich.[38]

Grundsätzlich zu erörtern ist natürlich die Frage, welche Macht- oder gar Rechtsmittel Frauen als nicht stimmberechtigte und von politischer Partizipation Ausgeschlossene überhaupt hatten, um dem Krieg zu wehren, seiner Ausdehnung und Verlängerung entgegenzutreten. Boten nicht wenigstens die internationalen Organisationen ein Forum oder Medien für Widerstand und Gegenöffentlichkeit? – Zu berücksichtigen ist, daß der Ausbruch eines solchen Krieges gerade den internationalen Kontakt durch Zensur und Propaganda, die Schließung der Grenzen, zunehmende Verfolgung und Schikanen gegenüber allen Friedenssuchern und Pazifisten verhindert bzw. unendlich erschwert hat. Hatte noch im Sommer 1914 kurz vor Kriegsausbruch die Generalversammlung des ICW in Rom die Frauen aus 21 Mitgliedsstaaten zu Festbanketten und der Demonstration von Frauensolidarität vereinigt, ohne daß die Teilnehmerinnen geahnt oder diskutiert hätten, »daß die Weltkatastrophe so nahe bevorstehen könnte«[39], so sah sich Marie Stritt als Vorsitzende des »Deutschen Verbandes für Frauenstimmrecht« schon im September 1914 gezwungen, die für 1915 in Berlin zum Weltkongreß eingeladenen Gäste wieder auszuladen. Auch die Präsidentin des Weltbundes für Frauenstimmrecht Carry Chapman Catt glaubte nach einer Umfrage in den Mitgliedsverbänden, einen internationalen Kongreß unter Kriegsbedingungen nicht veranstalten zu können. Noch im Juli 1914 hatte sie in einem Manifest an das Britische Außenministerium und verschiedene Botschafter in London appelliert: »We, the women of the world [...] appeal to you to leave untried no method of conciliation or arbitration which may help to avert deluging half the civilized world in blood.«[40] Immerhin versuchte die Geschäftsstelle der IAW, auch während des Weltkrieges die Kommunikation aufrechtzuerhalten. »It is for us to prove that which binds us is stronger than that which separates«, schrieb die britische Vizepräsidentin Millicent G. Fawcett in der auch im Krieg weltweit verbreiteten Verbandszeitschrift »Jus Suffragii«.[41] Doch erst der besonderen Initiative und Hartnäckigkeit von Aletta Jacobs und Anita Augspurg war es zu verdanken, daß im April 1915 in Den Haag ohne die Beteiligung der IAW und seiner Präsidentin Chapman Catt, doch getragen von vielen Stimmrechtlerinnen eine außerordentliche Konferenz für den Frieden unter Beteiligung von 1200 Delegiertinnen zustande kam.[42]

Es entstand im Anschluß an den Haager Kongreß eine dritte, radikalere Frauengemeinschaft, die sich offiziell jedoch erst 1919, nach dem Ende des Krieges, konstituieren konnte: die Internationale Frauenliga für Frieden und Freiheit (IFFF, englisch: WILPF = Women's International League for Peace and Freedom), bei der auf amerikanischer Seite die Women's Peace Party unter der Führung von Jane Addams beteiligt war. Kennzeichnend für den Kongreß war die Ernsthaftigkeit und Grundsätzlichkeit der hier verabschiedeten Resolutionen, in denen die Forderung nach dem Stimmrecht und der Beteiligung von Frauen an der Politik mit dem Eintreten für eine übernational zu organisierende Schiedsgerichtsbarkeit zur Beilegung internationaler Streitigkeiten verknüpft wurde. Ungewöhnlich war auch der Versuch, durch die Entsendung einer Frauendelegation die Regierungen von vierzehn Nationen unmittelbar zu überzeugen und für die Beendigung des Krieges zu gewinnen.[43]

Die internationalen Korrespondenzen in dieser Zeit sind zwangsläufig rar. Da findet sich etwa ein kurzer, hellsichtiger Brief Anna Edingers (langjährige Schatzmeisterin des BDF, Jüdin und später Emigrantin) an May Wright Sewall schon aus dem Jahr 1912, in dem sie die Lage sehr realistisch einschätzte:

> »[...] Bei uns in Deutschland ist die Propaganda für den Frieden recht schwierig; leider ist in manchen Kreisen der Begriff der Vaterlandsliebe noch zu eng mit dem der Kampfbereitschaft verbunden, so daß denjenigen, die den Krieg verabscheuen, leicht Mangel an Vaterlandsliebe vorgeworfen wird. Es gilt also, in der jungen Generation die Schar derer zu mehren, die auch anders denkenden Kameraden gegenüber an der Überzeugung festhalten, dass der Krieg eine zu überwindende Barbarei ist, die es ernst nehmen mit dem Gebot: Du sollst nicht töten.«[44]

Während der internationale Stimmrechtsbund durch seine Publikation »Jus Suffragii« zumindest außerhalb Deutschlands für Zusammenhalt und Informationen sorgte, legte der ICW mit dem Ausbruch des Krieges seine internationalen Beziehungen auf Eis. Lady Aberdeen schrieb im April 1915 an die Vorsitzende des BDF, Gertrud Bäumer:

> »Ich bin gewiß, daß alle Mitglieder des Internationalen Bundes an dem Kummer teilnehmen, der uns alle betroffen hat, und der uns zwingt, unsere gemeinsame Arbeit und den Verkehr miteinander zu unterbrechen [...] Wir alle sind froh darüber, daß die Frauen überall in der Welt dem Ruf der Pflicht und der Opferbereitschaft in so wunderbarer Weise gefolgt sind, und daß sie bewiesen haben, wie sehr sie für jede Art von Hilfs- und Notstandsarbeit [...] fähig und bereit waren.«[45]

Mit dieser anscheinend wieder selbstverständlichen Übernahme weiblicher Pflichten und Opferbereitschaft aber war der Gegensatz bezeichnet, der sich nun zwischen der Minderheit der Radikalen und Kriegsgegnerinnen und der Masse der Frauen auftat. Die radikalen Pazifistinnen wollten »keine Arbeit für direkte Kriegsziele leisten«, auch nicht im Hospitaldienst »halbtot geschundene Menschen wieder lebendig und gesund machen, um sie abermals den gleichen oder schlimmeren Qualen auszusetzen«.[46] Die deutschen Teilnehmerinnen des Haager Friedenskongresses wurden nicht nur von der Staatsgewalt verfolgt und überwacht, die zum Beispiel ihre Briefe zensierte, auch der BDF-Vorstand kam zu der Überzeugung, daß dieses internationale Engagement mit »vaterländischer Gesinnung« unvereinbar sei.[47] Ebenso erging es den radikalen Sozialistinnen wie Rosa Luxemburg oder Clara Zetkin, die sich nicht dem »Burgfrieden« zwischen Kaiserreich und Sozialdemokratie anschlossen, sondern – fast zeitgleich mit dem Haager Frauenkongreß – eine Internationale Friedenskonferenz sozialistischer Frauen in Bern organisierten und wegen ihrer Antikriegspropaganda verhaftet und von Staats wegen verfolgt wurden.

Mit der Niederlage Deutschlands, der Ausrufung der Republik durch den Rat der Volksbeauftragten und damit dem Zusammenbruch der alten Weltordnung sollte man meinen, die politischen Vorzeichen wären verändert und endlich die alten Fronten und Streitfragen obsolet geworden. Tatsächlich wurden die Karten neu gemischt, doch auch nach dem Erreichen des Stimmrechts für die Frauen wurden die Stimmrechtlerinnen sowie die linken und radikalen Pazifistinnen keineswegs politisch rehabilitiert. So erscheint es zwar widersinnig, ist aber Teil dieser Geschichte, daß in Deutschland eher die konservativen Frauen, die noch bis zuletzt das allgemeine und gleiche Frauenstimmrecht vehement abgelehnt hatten, zu den ersten gewählten Volksvertreterinnen gehörten (zum Beispiel Paula Müller-Otfried), während es keine der radikalen Feministinnen schaffte, über die von Männern dominierten Listen und Parteien in den Reichstag zu kommen. Die drei großen internationalen Organisationen, der ICW, die IAW und die Internationale Frauenliga, hatten nach 1918 nicht nur ihre Zielsetzungen neu zu formulieren, auch personell fanden speziell in der deutschen Szene Umbesetzungen und Verschiebungen statt, die auf den ersten Blick durchaus verwirrend sind.

Mit der Erlangung des Frauenwahlrechts vor allem in den in der

Stimmrechtsbewegung führenden Ländern (nach Skandinavien vor allem in den USA, in Kanada, Großbritannien, in den Niederlanden, in Dänemark, Deutschland, Österreich, Ungarn etc.) war das Hauptziel des Stimmrechtsbundes erreicht, und es stellte sich die Frage seiner Weiterexistenz. Auf dem 1920 in Genf erstmals nach dem Krieg veranstalteten Kongreß aber kamen die Delegiertinnen überein, daß es noch genug zu tun gab, um zum einen das Stimmrecht der Frauen *aller* Nationen zu sichern und zum anderen alle die Reformen durchzusetzen, die notwendig seien, um die tatsächliche Gleichheit im Hinblick auf Freiheit, Status und Chancen zwischen Männern und Frauen zu erreichen.[48] Da sich die deutschen Stimmrechtsvereine aber bereits 1918 aufgelöst hatten, übernahm nun der Staatsbürgerinnenverband, der die Nachfolge des Allgemeinen Deutschen Frauenvereins angetreten hatte, die Ämter und Vertretung der Deutschen in der IAW. So kam es, daß »der älteste und konservativste Verein der deutschen Frauenbewegung international das Erbe ihres jüngsten und radikalsten Zweiges [der Stimmrechtsbewegung] antrat«[49], und damit Gertrud Bäumer bei der internationalen Vertretung der Stimmrechtlerinnen in die Fußstapfen von Anita Augspurg trat. Mit der Umbenennung der »International Women Suffrage Alliance« in »International Alliance of Women for Suffrage and Equal Citizenship« im Jahr 1926 fand zugleich eine Annäherung an die Arbeitsweise und allgemeineren Zielsetzungen des ICW statt, fanden immer häufiger gemeinsame Treffen statt, wurde zur besseren Vertretung im Völkerbund sogar ein »Gemeinsamer Ausschuß für internationale Frauenorganisationen« gegründet.

Dabei hatte es der BDF nach dem Weltkrieg noch 1920 Alice Salomon, der langjährigen Schriftführerin des ICW, untersagt, an der ersten Generalversammlung des ICW nach dem Krieg in Norwegen teilzunehmen. Und dies, obwohl der ICW als eine der ersten internationalen Organisationen für eine völlig gleichberechtigte Teilnahme Deutschlands eingetreten war. »For our ICW there has been no war [...] All of our councils are allied; each equally with all the others«, hatte May Wright Sewall schon 1919 in einem persönlichen Brief an den BDF betont.[50] In der Ausschaltung der Person Alice Salomons durch die BDF-Führung, unter besonderer Beteiligung von Getrud Bäumer, wurde zum erstenmal deren jüdische

Abstammung zur Sprache gebracht.[51] Offiziell aber lautete die Begründung, daß auf der Un-Rechtsbasis des Versailler Vertrages und des Ausschlusses Deutschlands vom Völkerbund »eine freie und unbefangene Zusammenarbeit der Frauen verschiedener Lander« noch nicht möglich sei.[52] 1925 nahm erstmals wieder eine achtköpfige deutsche Delegation an der Generalversammlung des ICW in Washington teil. Immer noch bestimmte die Nichtanerkennung der Kriegsschuld und des Versailler Friedensvertrages die Handlungsweise der deutschen Frauen. Bei der Abstimmung eines Antrages zur Abrüstung und ihrer Kontrolle enthielten sich die deutschen Frauen, weil sie in der Forderung nach Einschränkung der Rüstungen eine Ungerechtigkeit sahen gegenüber den Ländern, die (wie Deutschland) ohnehin zu einer völligen Abrüstung gezwungen worden waren. »Alle Länder sollten ihrer Meinung nach den gleichen Abrüstungsbedingungen unterliegen und nicht einige nach Belieben den Grad der Sicherheit bestimmen.«[53] Eine große Presse im In- und Ausland fand daher der erste öffentliche Auftritt einer deutschen Delegation des »Staatsbürgerinnenverbandes« auf dem Internationalen Stimmrechtskongreß der IAW 1926 in Paris, da Gertrud Bäumer hier, an die Französinnen gewandt, versöhnliche Worte fand, woraufhin die französische Vorsitzende der Allianz Bäumer demonstrativ umarmte.

Die Pazifistinnen, auch die in der Zeit der Weimarer Republik so rührige »Internationale Frauenliga für Frieden und Freiheit« blieben weltweit eine Minderheit. In Deutschland waren sie trotz vielfältiger Aktivitäten für eine »Völkerversöhnende Frauenarbeit«[54], einer eigenen Presse (zum Beispiel der Zeitschrift »Die Frau im Staat«) sowie bedeutender Kongresse zur Abrüstung und gegen den Gaskrieg und die sogenannten »modernen Kriegsmethoden« (1929 und 1932), aber auch zum Beispiel schon 1924 mit der Einrichtung einer »Kommission zur Bekämpfung des Antisemitismus« in Deutschland zunehmend isoliert. Hierzu hat gerade mit dem sich zunehmend manifestierenden Nationalismus ohne Zweifel auch der oberste Grundsatz der IFFF beigetragen, der forderte, dem Internationalismus Vorrang vor dem Nationalismus zu geben.[55] Die unermüdlichen »women workers«, wie sich die Protagonistinnen im internationalen Jargon nannten, aber schienen zumindest in den zwanziger

Jahren trotz aller Enttäuschungen nicht resigniert zu haben. Aus einem Brief Lida Gustava Heymanns an Rosika Schwimmer in den USA war unter anderem zu erfahren:

> »Unsere Liga-Arbeit in Deutschland macht trotz schlechter wirtschaftlicher Verhältnisse, in unserer Kasse herrscht ewig Ebbe, gute Fortschritte. Unsere radikale Art Pazifismus zu vertreten, fordert selbst die Achtung unserer Gegner heraus. [...] Außer der Arbeit brachte 1927 uns auch viel Schönes, wir reisten 10 Wochen, waren in Egypten, Palästina, Griechenland und Jugoslawien. In Palästina und Jugoslawien hatten wir Gelegenheit für unsere Liga zu arbeiten [...].«[56]

Beeindruckend bleibt der dramatische Appell, den Lida Gustava Heymann in der Zeitschrift »Die Frau im Staat« 1932 an die Welt richtete, die vielfältigen Friedens- und Verständigungsbemühungen ihrer Liga resümierend: »S.O.S. Der Zeiger steht auf zwölf, entsagt der Gewalt auf ganzer Linie! Soll Frauenruf abermals ungehört verhallen?«[57]

Im Überblick über diesen Zeitabschnitt ist bemerkenswert, daß die deutsche Frauenbewegung auf der internationalen Bühne seit dem Ende des Ersten Weltkrieges ihren mitgestaltenden Einfluß verloren hatte und in den Gremien nicht nur in sehr viel geringerer Zahl als vor dem Krieg vertreten war, sondern sich auch mit unbedeutenden Ämtern zufriedengeben mußte. Eigentlich war es dann auch in beiden internationalen Organisationen, dem ICW und der IAW, eine Handvoll führender Frauen, immer die gleichen Funktionärinnen, die dieses eher lästige Geschäft vor allem in dem Bemühen betrieben, vor der deutschen Öffentlichkeit »auf ihrem nationalen Standpunkt zu beharren«[58]. Diese politische Rückschrittlichkeit und die Nachwuchssorgen der Frauenbewegung zeigten daher zugleich eine Schwäche des Feminismus an, dem es in dieser Zeit offenbar auch über die internationalen Beziehungen und auch in den anderen Ländern nicht mehr gelang, eine einigende oder gemeinsame Plattform zu finden.

Die nationalsozialistische Machtergreifung bedeutete den einseitigen Abbruch internationaler Beziehungen und das Ende des Feminismus in Deutschland. Der »Bund Deutscher Frauenvereine« war der Gleichschaltung durch das NS-Regime durch Selbstauflösung zuvorgekommen, damit auch als Vertretung im ICW und in der IAW ausgeschieden. Auf den internationalen Zusammenkünften waren die deutschen Frauen von nun an grundsätzlich nicht mehr vertreten (nur ausnahmsweise noch als Privatpersonen, zum Beispiel Dorothee von Velsen 1934 auf der Generalversammlung des ICW in Istanbul[59]). Die NS-Frauenschaft hatte die Dreistigkeit besessen, sich um Aufnahme in den ICW zu bemühen, war aber von Lady Aberdeen abgelehnt worden mit dem Hinweis auf Verletzung der Goldenen Regel durch die Nazis.[60] In den Berichten über internationale Kongresse wird die Abwesenheit der Deutschen meines Wissens in jener Zeit nicht einmal kommentiert, geschweige denn zum Nationalsozialismus Stellung bezogen.

Die führenden Vertreterinnen der IFFF sowie die Sozialistinnen waren, um der Verfolgung zu entgehen, zur Emigration gezwungen, zumal wenn sie Jüdinnen waren. Von dem zentralen Büro in Genf aus – wo sich die IFFF mit ihrem »Maison Internationale« eine Stätte der Begegnung und der Frauenkultur geschaffen hatte – entstand ein wirkungsvolles Netz internationaler Solidarität, das viele Einzelschicksale auffing. Wie die noch kaum ausgewerteten Dokumente zeigen, spielte insbesondere Gertrud Baer während des Zweiten Weltkrieges als Verbindungsperson in den USA eine bewundernswerte Rolle. In ihren »International Circular Letters« gelang es ihr, die IFFF durch gründliche und zuverlässige Informationen zusammenzuhalten und im kritischen Umgang mit den nationalen Begrenzungen und Egoismen, insbesondere auch der Amerikanerinnen, für die Emigrantinnen aus Europa viel Gutes zu stiften.[61] Anrührend und beklemmend sind hingegen die zahlreichen Bittsteller-Briefe zum Beispiel im Nachlaß der Rosika Schwimmer von ehemals so selbstbewußten und ungewöhnlichen Frauen, die nun als Emigrantinnen meistens mittellos zur Einreise ein Affidavit, das heißt die Bürgschaft von zwei Amerikanerinnen, benötigten[62] – eine erneute Bewährungsprobe internationaler Schwesternschaft, die bisher viel zu wenig untersucht wurde.

In Genf spielten auch die in die Schweiz emigrierten Feministinnen Anita Augspurg und Lida Gustava Heymann als Ehrenpräsidentinnen der Frauenliga noch eine gewisse Rolle. So wird zum Beispiel die 80jährige Augspurg geschildert als »one of the founders of the WILPF [who] did not miss any opportunity of reminding especially the younger women, that peace without freedom is a shame, and that a just and permanent peace can only be established on a basis of freedom fully acquired and in safe possession«[63]. Aus den Briefen an Rosika Schwimmer ist auch zum erstenmal etwas über die Haltung und Überzeugungen von Anita Augspurg und Lida Gustava Heymann in der Emigration zu erfahren. Die Schreiberin ist jeweils Heymann, doch wie selbstverständlich sie auch für Augspurg spricht, wird verschiedentlich an der Unterschrift mit zusammengezogenen Vornamen »Anilid« deutlich. Wie auch in den Lebenserinnerungen der beiden Freundinnen zum Ausdruck kommt[64], sind sie sich selbst und ihren pazifistischen und radikalfeministischen Überzeugungen treu geblieben. Doch ihr Entsetzen über den Zustand der Welt wirkt in den Briefen noch unmittelbarer und authentischer:

> »Das Jahr 1938 hat wahrlich schlimm begonnen! Diese Verbrecher: Mussolini, Hitler und Stalin können sich alles erlauben! Das Weltgewissen schläft weiter. Die männlichen Politiker sind mit unbegreiflicher Blindheit geschlagen. Was hier in Europa vorgeht, ist katastrophal. Man staunt [...], daß alles so weitergeht. Augspurg und ich haben unsere Gesinnung, was Pazifismus betrifft, nicht geändert. Wir sind heute wie 1915 der Ansicht, daß durch Gewalt weder in der Erziehung,noch zwischen Menschen und Völkern Gutes geschaffen werden kann.«[65]

Beachtlich ist, daß die Pazifistin im Krieg, und zwar im Jahr 1942, ihre Meinung zum absoluten Gewaltverzicht deutlich modifiziert hat. Wiederum ist die Sprache direkt und schonungslos:

> »Meine Erfahrung hat mich aber gelehrt, daß die Völker – von den Regierungen ganz zu schweigen – noch *lange nicht* diesen Grad [überlegener Ruhe und Vernunft, der Gewalt zu begegnen] [...] erreicht haben. Ein A. H. [Adolf Hitler] und Genossen ist unter solchen Umständen nicht durch

Gewaltlosigkeit zu erledigen. [Späterer Einschub am Briefrand: Glauben Sie mir, wir, die wir seinen Aufstieg erlebten, können uns wohl ein Urteil erlauben.] Ein auf allen Gebieten allgemeiner Boykott gegen jeden Angreifer ist heute nicht zu erreichen. Das ist leider eine Tatsache, die wir nicht leugnen können. Es scheint mir, daß die Menschheit erst durch eine harte Schule gehen muß – wie dieser wahnsinnige, ruchlose, teuflische, totale Krieg ist – um endlich zu Vernunft und einer guten Gemeinschaft der Völker zu gelangen.«[66]

1945: Die Folgen für Westdeutschland

Die Unterbrechung der internationalen Beziehungen von Feministinnen aus Deutschland dauerte wesentlich länger als die Zeit nationalsozialistischer Herrschaft. Verdrängen und Vergessen trafen zusammen mit dem Verlust der nationalen Identität und der Teilung Deutschlands zwischen den in der Nachkriegszeit dominierenden Blocksystemen in Ost und West. Obwohl die für die »Überlebensarbeit« unentbehrliche Rolle der Frauen in der ersten Nachkriegszeit immer wieder betont wurde, bedeutete dies doch keinen Machtzuwachs für die Mehrheit der Frauen.[67]

Eine der ersten, die als Vertreterin der »alten« Frauenbewegung wieder eine Einladung auf die internationale Bühne erhielt, war Agnes von Zahn-Harnack, die letzte Vorsitzende des »Bundes Deutscher Frauenvereine«, die der Gleichschaltung zur NS-Organisation 1933 durch Selbstauflösung des Bundes klug zuvorgekommen war. Sie hatte bereits im Frühsommer 1945 den »Berliner Frauenbund« gegründet und damit versucht, an die Tradition des »Staatsbürgerinnenverbandes«, des früheren »Allgemeinen Deutschen Frauenverbandes«, anzuknüpfen.[68] Die Wiederaufnahme alter Verbindungen und Organisationsweisen wurde im Nachkriegsdeutschland aber vor allem durch die Teilung Deutschlands erschwert, die auch auf der Ebene der Frauenpolitik zunehmend durch die ideologischen Verdächtigungen und Abgrenzungen des »Kalten Krieges« belastet wurde.[69]

Der Weg von den ersten Fraueninitiativen nach 1945 bis zu einer neuen westdeutschen Frauenorganisation und ihrer Vertretung auf internationaler Ebene war noch weit. Dabei war die Friedenssehnsucht aller Menschen wohl niemals größer, waren die Frauen nach dem Zweiten Weltkrieg überzeugt davon, ihr Teil zu einer besseren, friedlichen Welt beitragen zu müssen. Zahlreiche Friedensinitiativen und Friedenskongresse in Ost und West, die schnelle Reorganisation der »Internationalen Frauenliga für Frieden und Freiheit« oder die »Weltbewegung der Mütter«, die 1947 eine »Charta der Mütter« auf den Weg brachte, schließlich die von Dorothy Thompson initiierte »Weltorganisation der Mütter aller Nationen« (W.O.M.A.N.) scheinen zu belegen, welche Öffentlichkeit ein speziell »weiblicher Pazifismus« in dieser Zeit hatte. Und doch errang die radikale pazifistische Tradition der Frauenbewegung keine Geltung und keine Basis, im Gegenteil. Die Pazifistinnen, insbesondere auch aus der IFFF wurden sehr bald ausgebootet, der Kollaboration mit dem Kommunismus verdächtigt und in der Frontstellung des Kalten Krieges aufgerieben.

Der schließlich 1949 aus dem Zusammenschluß der Westdeutschen staatsbürgerlichen Frauenverbände begründete »Deutsche Frauenring« (DFR) verstand sich selbst als Nachfolgeorganisation des »Bundes Deutscher Frauenvereine« (BDF), und doch ist diese Kennzeichnung unangemessen. Denn er war eine verhältnismäßig kleine Gruppierung von Funktionärinnen, die die Aufgabe staatsbürgerlicher Bildung mit einer Lobbypolitik im vorparlamentarischen Raum verbanden. Doch dies genügte, um wenigstens international die westdeutschen Frauenorganisationen zu vertreten und 1951 zum Beispiel in den ICW aufgenommen zu werden. Zu welcher Bedeutungslosigkeit die deutschen Frauenorganisationen im internationalen Zusammenhang inzwischen abgesunken waren, wurde den Beteiligten selbst schmerzlich bewußt, als im Jahr 1954 ohne große Vordiskussion in einer Satzungsänderung stillschweigend die bisherigen drei offiziellen Sprachen für Verhandlungen und Schriftwechsel, Englisch, Französisch und Deutsch, nur noch auf zwei offizielle Sprachen reduziert wurden.

Auf der Generalversammlung des ICW in Helsinki 1954 versuchte die Vorsitzende des DFR, Else Ulich-Beil, vergeblich, diese symbolische Abwertung und Demütigung rückgängig zu machen.

In aller Freundlichkeit und Bestimmtheit gab ihr die schweizerische Präsidentin des ICW zu verstehen: »Realisieren Sie doch, daß es eben viele Menschen auf der Welt und im ICW gibt, die Deutsch nicht mehr hören können und wollen!«[70]

»Fern von jedem Suffragettentum« – Frauenpolitik nach 1945, eine Bewegung von Frauen?

Die Frauengeschichtsforschung über die Nachkriegszeit ist nicht nur von historischem, sondern auch von politischem Interesse. Wie in anderen Epochen auch hatte es erst der besonderen Aufmerksamkeit eines frauenbewußten Geschichtsinteresses bedurft, bis in den Studien zur Geschichte der frühen Bundesrepublik überhaupt die besondere Rolle der Frauen nachgefragt und recherchiert wurde. Und gerade weil der Umgang mit der unmittelbaren Vergangenheit, der Geschichte unserer Mütter, schon Teil der eigenen Geschichte ist, ist die Auseinandersetzung komplizierter, haben die Einschätzungen viel mit uns selbst und unseren politischen Zielsetzungen und Hoffnungen zu tun.

Waren einige sozialhistorische, biographische und politikwissenschaftliche Befunde durch die Entdeckung gekennzeichnet, daß zumindest die ersten Jahre nach 1945 als »frauenpolitischer Aufbruch« zu bewerten sind[1], so macht sich in anderen Arbeiten eher die Ernüchterung darüber breit, daß die Frauen nach 1945 leider ihre Chance zu politischer Einmischung vertan haben[2] bzw. auf die übliche patriarchalische Weise daran gehindert wurden, an der politischen Macht teilzuhaben.[3] Eine dritte Variante versucht zu begründen, warum den Frauen nach der Beseitigung der »Trümmer« und nach der anstrengenden »Überlebensarbeit« zunächst nichts anderes übrigblieb, als in der Familie zu wirken. Refamilialisierung als Form weiblicher Politik, nennen es die einen.[4] Andere sehen in der Erfahrung der »Frauennotgemeinschaft« ein Potential für die Politisierung der Töchter.[5] Vielfältig sind auch die Befunde aus Lokalstudien[6], die zunehmend durchgeführt werden, nicht zuletzt aufgrund der Tatsache, daß wir uns eilen müssen, letzte Zeitzeuginnen zu finden, um ihre Erinnerungen zu dokumentieren.

Die historische Beurteilung und politische Bedeutung der Nachkriegsgeschichte spielt schließlich auch in der sogenannten Historikerinnendebatte eine Rolle, die bemerkenswerterweise nicht von Historikerinnen, sondern von Sozialwissenschaftlerinnen entfacht wurde. Der moralische Vorwurf, daß die feministische Forschung in dem Bemühen, eine »positive her-story« zu entdecken, zur Verharmlosung des Nationalsozialismus beigetragen und verhindert habe, »einen Teil des ›negativen Eigentums‹ Deutschlands auch für Frauen in und aus Deutschland in Anspruch zu nehmen«[7], ist mit dem Hinweis auf die bisherige Unabgesichertheit und Unabgeschlossenheit der historischen Frauenforschung differenziert und zurückgewiesen worden.[8] Die schematische Alternative Opfer oder Täterin erweist sich als zu grob, um die Handlungsspielräume und die Last der Verantwortung von Frauen im Nationalsozialismus abzumessen. Nicht »zu bewältigen«, erst recht nicht »wieder gut zu machen«, allenfalls »zu wissen und auszuhalten«, ist – so Hannah Arendt – »das Höchste, was man erreichen kann«[9] im Umgang mit dieser Vergangenheit. Gleichwohl und gerade darum ist bei der Aufarbeitung der Nachkriegsgeschichte zu fragen, welche Konsequenzen die politisch aktiven Frauen nach 1945 zogen, inwieweit das Leben »nach Auschwitz« ihr Denken und Handeln bestimmte.

Der folgende Beitrag[10] will versuchen, exemplarisch die Initiativen der hessischen Nachkriegspolitikerinnen in die frauenpolitischen Zusammenhänge der Nachkriegszeit zu stellen und ihre Bedeutung zu reflektieren. Vorrangig ist dabei nicht nur das Interesse, dem bisherigen lückenhaften Bild einen neuen Mosaikstein hinzuzufügen, sondern gerade auch die Frage, welche Bedeutung diese Zeit aus frauenpolitischer Perspektive für die Geschichte der Frauenbewegung in Deutschland hat. Untersucht werden soll, welche Kontinuitätslinien zu zeichnen sind oder welche besonderen Schwierigkeiten die Brüche und nicht bearbeiteten Katastrophen für das politische Selbst- und Geschichtsbewußtsein darstellen.

Frauenbewegung, was heißt das? –
»Flaute« oder Brückenzeit

Da der Begriff »Bewegung« von der nationalsozialistischen »Bewegung« benutzt und diskreditiert worden war, ist es nicht verwunderlich, daß die Frauen nach 1945 Probleme mit der Zuordnung zu einer »Bewegung« hatten. Denn die Frauenbewegung vor 1933 war von Hitler und auch den Nationalsozialistinnen [11] einerseits als »intellektualistisch«, »feministisch« und »jüdisch« denunziert worden, andererseits war die Bezeichnung auch auf die nationalsozialistischen Frauenorganisationen übertragen worden – zum Beispiel in dem Diktum: »Das Programm unserer deutschen Frauenbewegung [enthält] eigentlich nur einen einzigen Punkt, und dieser heißt das Kind.«[12] Deshalb haben die Frauen, die nach Kriegsende die Initiative zu einem frauenpolitischen Aufbruch ergriffen, möglichst jede Anknüpfung vermieden. In den ersten Aufrufen und Mobilisierungsversuchen war die Rede von der notwendigen »Bildung einer machtvollen Frauenorganisation«[13], wurden immer wieder die Abgrenzung und der Neuanfang betont. Gleichwohl gibt es auch Belege dafür, daß die Frauen sich selbst als Verwalterinnen und Erbinnen der alten Frauenbewegung verstanden. Aber sie wollten »eine neue Frauenbewegung ins Leben rufen«[14] oder »eine Frauenbewegung schaffen, die der Zeit entsprach«.[15] Die Frage ist, warum uns heute der Gedanke, daß es in der Nachkriegszeit eine Frauenbewegung gegeben habe, so fern liegt. Ist es die übliche historische Borniertheit, die schon manchmal, zum Beispiel im Hinblick auf die Radikalität einiger Vorgängerinnen, in der Geschichte der Frauen und insbesondere in der Frauenbewegung seit 1970 zu Revisionen des Selbst- und Geschichtsbewußtseins Anlaß gab? Oder bilden die Zeit zwischen 1945 und 1949 und die Anfangsjahre der Bundesrepublik möglicherweise eine Brücke zwischen erster und zweiter Frauenbewegung, zwischen denen in Deutschland üblicherweise scharf getrennt wird?

Um das spezifisch »deutsche Problem«[16], den durch den Nationalsozialismus verursachten Bruch mit kulturellen Traditionen und den damit zusammenhängenden Geschichtsverlust, in seiner Bedeutung für die Frauenbewegung beurteilen zu können, ist der Vergleich mit der Geschichte anderer Frauenbewegungen, gerade auch der amerikanischen, hilfreich. In ihrem Buch »Survival in the Doldrums« haben Leila J. Rupp und Verta Taylor die amerikanische Frauenrechtsbewegung in der Zeit zwischen 1945 und 1960 untersucht und kennzeichnen deren Zustand als »Überleben in der Flaute«.[17] Mit dieser Metapher ist gemeint, daß es auch um die amerikanische Frauenbewegung in jener Zeit still geworden war. Die Berücksichtigung möglicher Verbindungen zwischen alten und neuen »Wellen« der Frauenbewegung aber läßt erkennen, daß soziale Bewegungen unterschiedliche Phasen der Mobilisierung durchlaufen, daß Zeiten einer politischen »Windstille« nicht unbedingt das Ende oder Scheitern einer Bewegung bedeuten müssen. Zugleich wird deutlich, daß anhaltende Benachteiligung oder ungerechte Verhältnisse allein nicht ausreichen, um einer Bewegung neue Schubkraft zu verleihen. Vielmehr sind neue politische Konstellationen, aber auch bereits bestehende und neue Organisationen sowie Netzwerke und das Wissen engagierter oder erfahrener Akteurinnen eine wichtige Ressource für neue Mobilisierungen und die politischen Einflußmöglichkeiten der Beteiligten.[18]

Trotz sehr unterschiedlicher Rahmenbedingungen ähnelten sich die strukturellen Ungleichheiten im Geschlechterverhältnis und die Einflußlosigkeit der Frauenbewegungen in den USA und im besiegten Deutschland nach dem Zweiten Weltkrieg durchaus. Auch die Amerikanerinnen, die sich als politische Missionarinnen für die Erziehung der Deutschen zur Demokratie verstanden, waren in ihrem eigenen Land seit den 20er Jahren nicht sehr erfolgreich gewesen in dem Bemühen, nach der Erlangung des Wahlrechts auch die Gleichberechtigung in allen anderen Rechtsbereichen als Verfassungsgrundsatz zu verankern. In der Frauenrechtsbewegung der USA klaffte ein tiefer Riß zwischen der 1921 gegründeten Nationalen Frauenpartei (National Women's Party), die seither für ein Equal Rights Amendment (ERA) focht, und sogenannten Reformerinnen, die auf staatsbürgerliche Bewährung setzten und sich in Berufsverbänden oder den Gewerkschaften für einzelne Rechtsverbesserungen, zum Beispiel auch für einen besonderen Mutterschutz einsetzten, der von den anglo-amerikanischen Feministinnen vorher abgelehnt worden war.[19]

Obwohl Rupp und Taylor in ihrer Analyse die Zeit zwischen 1945 und 1960 im Hinblick auf die Frauenbewegung als »Flaute« (Doldrum) kennzeichnen, kommen sie dennoch zu dem Ergebnis, daß der verhältnismäßig kleine Kreis von Frauenrechtlerinnen und Expertinnen mit seiner Frauenpolitik quasi den Boden für den neuen Feminismus bereitete.[20] Diese vergleichende Sicht auf die in jener Zeit als Vorbild genommene amerikanische Frauenbewegung kann somit unser Verständnis und unsere Aufmerksamkeit schärfen für die Möglichkeiten und Schwierigkeiten von Frauenbewegung und Frauenpolitik in Deutschland, wo die Welt in Trümmern lag und es kein Rezept für einen Neubeginn gab.

Motive und Trägerinnen der Bewegung: Die »alte Garde«

»Die Frauen haben begonnen, an der Neugestaltung des deutschen Lebens mitzuwirken. Sie wollen mit ihren fraulichen Kräften helfen, daß nicht nur Neues, sondern Besseres entsteht, und haben auch organisatorische Formen gefunden, um den weiblichen Einfluß im öffentlichen Leben zu verbreitern.« So stand es in der »Rheinischen Post« vom 20. April 1946.[21] Die Motive und Begründungen für die Beteiligung, den notwendigen »Aufbruch« der Frauen waren überall die gleichen: »Zwölf Jahre Diktatur und politischer Entrechtung [...] insbesondere der Frauen«[22]; das Ende und Versagen männlicher Politik; ein neues Selbstbewußtsein, das aus Not und Alleinverantwortung für das Überleben gespeist war, mit dem Tenor »Wir Frauen müssen es machen«[23]; gegründet auf die Überzeugung von der besonderen Eignung der Frauen, der Welt ein »menschlicheres« Gesicht zu geben; schließlich die Tatsache, daß die Frauen in der Bevölkerung die Mehrheit bilden. Es scheint so, als ob diese immer wieder zitierte demographische Größe von 60 Prozent unter den Zeitgenossen das überzeugendste Argument für eine demokratische Beteiligung der Frauen war. Daneben gab es moralische Argumente, Appelle, Mitverantwortung zu tragen für Vergangenheit und Zukunft, »Frauenpflichten«, nicht nur Rechte, zu übernehmen, sowie den Versuch, Politik neu zu definieren und zu gestalten.

Die Form dieser ersten Initiativen war unabhängig voneinander überall die gleiche: In allen vier Besatzungszonen, in fast allen großen und kleineren Städten, wurden Frauen-Ausschüsse gebildet, die den demokratischen Aufbau von unten umsichtig und tatkräftig in die Hand nahmen mit dem Ziel: »kurzfristig die Linderung der wirtschaftlichen und sozialen Not breiter Bevölkerungskreise, langfristig der Wiederaufbau einer friedlichen, demokratischen und sozialen Gesellschaft sowie die Durchsetzung des Grundsatzes der Gleichberechtigung beider Geschlechter in Wirtschaft, Gesellschaft und Politik« zu bewirken.[24]

Ihre Motive, die Art und Weise der Zusammenschlüsse und die weiterreichenden politischen Ziele charakterisieren diese Mobilisierung als Bewegung, wer aber waren ihre Trägerinnen und wie breit war ihre Basis?

Die Initiatorinnen der »ersten Stunde« waren mehrheitlich Vertreterinnen der alten Frauenbewegung und ihrer Organisationen bzw. der Frauenbewegung verbundene Politikerinnen von vor 1933 sowie Frauen aus der Arbeiterbewegung, SPD und KPD, die unter Verfolgung und KZ-Haft gelitten hatten. Die Namen aus dieser letzten Gruppe tauchen allenfalls in der Parteiengeschichte auf, aber nur, wenn sich diese Frauen auch nach 1945 vorrangig der Parteiarbeit gewidmet haben. Doch überparteiliche Zusammenarbeit oder Profilierung in Frauenangelegenheiten haben ihre Anerkennung und Würdigung eher verhindert als befördert.

Zu der ersten Gruppe der Frauenbewegten gehörte allen voran Agnes von Zahn-Harnack, die letzte Vorsitzende des »Bundes Deutscher Frauenvereine«. Politisch integer und widerständig gegenüber dem Nationalsozialismus, eine anerkannte Wissenschaftlerin und Publizistin zum Thema Frauenbewegung und als Biographin ihres Vaters, des evangelischen Theologen Adolf von Harnack, geachtet und geehrt, war sie von den vier Besatzungsmächten Berlins würdig befunden worden, die deutschen Frauen, ja, die Frauenbewegung anläßlich einer Einladung nach England im Jahr 1946 im Ausland zu vertreten. Bereits im Frühjahr 1945 hatte Zahn-Harnack, »entschlossen, am sittlichen, sozialen und wirtschaftlichen Wiederaufbau

Deutschlands mitzuwirken«, den »Wilmersdorfer«, später »Berliner Frauenbund« gegründet[25], »um die Frauen zu neuer Besinnung und Tat zu sammeln«.[26]

Andere Weggefährtinnen wie Dorothee von Velsen, Emmy Beckmann, Marie-Elisabeth Lüders, auch Gertrud Bäumer oder die etwas jüngere Else Ulich-Beil versuchten ebenfalls, an ihre gemeinsame Vorgeschichte, die politische Tradition und die persönlichen Verbindungen aus der Frauenbewegung anzuknüpfen. Sie nahmen trotz aller Beschwernisse sehr bald wieder Verbindung untereinander auf, reisten zu Vorträgen durch die zerstörten Städte und Zonen, trafen sich zum Beispiel im Stuttgarter Friedenskreis um Freda Wuesthoff oder auf den ersten interzonalen Frauentreffen beispielsweise 1947 in Bad Boll. Hier – so merkt die Chronistin Dorothee von Velsen ein wenig überrascht an – sanken parlamentarische Gegnerinnen von einst, »Dr. Lüders und Kathinka von Kardorff [...] einander in die Arme [...], fand Agnes von Zahn-Harnack die richtigen Worte für unser Schicksal, unsere Schuld und unsere Aufgaben«.[27]

Einige der alten Mitstreiterinnen waren auf die östliche Seite geraten und sind damit bis jetzt der westlichen Geschichtsschreibung entgangen: Else Lüders zum Beispiel, die den Radikalen in der alten Frauenbewegung mit ihrer frühen Schrift »Der ›linke Flügel‹« eines der wenigen Denkmäler gesetzt hat.[28] Sie war Sozialpolitikerin, in der Weimarer Zeit als Oberregierungsrätin im Reichsarbeitsministerium tätig. Eine andere war Frieda Radel, bekannt als Mitstreiterin in der Stimmrechtsbewegung.[29] Beide sind nach dem Zweiten Weltkrieg im »Demokratischen Frauenbund Deutschlands« (DFD), der Dachorganisation der später nur ostdeutschen Frauenverbände, als Ehrenpräsidentinnen gewürdigt worden. Else Lüders hatte als »Alterspräsidentin« den Gründungskongreß des DFD im März 1947 in Berlin mit »herzbewegenden« Worten eröffnet und wenig später in der Zeitschrift »Der Silberstreifen« noch einmal in der zunehmenden Ost-West-Spannung zu vermitteln versucht mit dem Hinweis, daß es sich bei diesem Zusammenschluß um eine »unabhängige demokratische Frauenbewegung« handele.[30]

Ganz aus dem Blickfeld gerückt waren in dieser Zeit die Emigrantinnen: Linke, Pazifistinnen und Radikale von ehemals, wie Helene

Stöcker, Anita Augspurg und Lida Gustava Heymann. Für Heymann, die wie ihre Freundin Anita Augspurg im Schweizer Exil gestorben war, veranstaltete die »Internationale Frauenliga für Frieden und Freiheit« (IFFF), eine der wenigen Frauenorganisationen mit Kontinuität seit 1919, 1946 in Hamburg eine Gedächtnisfeier. Magda Hoppstock-Huth, die seit 1928 die Gruppe Hamburg geleitet und nach Verfolgung, KZ und Todesurteil noch einmal »davongekommen« war, hielt in ihrer Rede das Andenken an die Gründerinnen dieser Friedensorganisation wach. Sie betonte, wie wichtig der private Briefwechsel mit den Emigrantinnen für die Kontinuität der Organisation gewesen sei, weil damit wenigstens Informationen, von der Gestapo unbemerkt, ausgetauscht worden waren.[31]

Darüber hinaus werden die Emigrantinnen in keiner der biographischen oder autobiographischen Veröffentlichungen der 40er oder beginnenden 50er Jahre erwähnt.[32] Alice Salomon, der großen Wegbereiterin der sozialen Frauenberufe in Deutschland, Aktivistin der internationalen Zusammenarbeit, Jüdin, widmete Agnes von Zahn-Harnack in ihrer kleinen Schrift über die Frauenbewegung ein kurzes, einfühlsames Porträt. Salomon war erst 1948 in New York im Exil gestorben. Doch in Zahn-Harnacks Schrift aus dem Jahr 1951 findet sich kein Wort über ihre erzwungene Emigration.[33]

Die gemeinsame Botschaft der Älteren, die von den Jüngeren offensichtlich mit Befremden aufgenommen wurde, war die Selbstverständlichkeit im Frauenrechtlerischen. In ihrem Bericht über das Interzonale Frauentreffen vom 20. bis 23. Mai 1947 in Bad Boll bemerkt Lisbet Pfeiffer, »daß ihr Ton [...] hin und wieder einen etwas kämpferischen und männerfeindlichen Klang hatte«. Doch sie erwähnt, daß »gerade einige Vertreterinnen dieser älteren Generation bewundernswert im Auftreten und in der Form der Rede waren«.[34] Es ist bezeichnend, daß diese Frauen in demselben Bericht noch »Führerinnen« genannt werden und daß die Jüngeren auf diese Weise tatsächlich zum erstenmal von der Arbeit der alten Frauenverbände gehört haben.

Als ein Jahr später 1948 ein weiterer Interzonaler Kongreß in der Frankfurter Paulskirche stattfand und sich wiederum die Honoratiorinnen und die Veteraninnen ein Stelldichein gaben[35], von der großen Zahl jüngerer Gäste bewundert und geehrt, da deuteten sich schon freundliche Abgrenzungen und generationsspezifische Unterschiede an. Während Helli Knoll als Vorsitzende des Frankfurter Frauen-Ausschusses in ihrer Festrede einen ausführlichen Überblick über die Geschichte der Frauenbewegung vortrug – der Zeitungsbericht vermerkt: »vielleicht etwas zu ausführlich« – und es noch als große Ehre ansah, möglicherweise als »Frauenrechtlerin« tituliert zu werden, ging es der Berichterstatterin Lisbet Pfeiffer bereits darum, den Eindruck vom »Aufleben einer verschrobenen ›Frauenrechtlerei‹« in jedem Fall zu vermeiden.[36] Und eine andere Rednerin, Anna Mosolf, Mitbegründerin eines Frauen-Ausschusses in Hannover, des »Clubs deutscher Frauen«[37], betonte: »Uns fehlt das Ethos der alten Frauenbewegung. Wir wollen uns nicht auf unser Recht stützen, die Leistung allein berechtigt uns zu fordern.«[38]

Die »neuen« Frauen

Neben der alten Garde war da die Führungsriege der »neuen« Frauen, es waren – wie Gabriele Strecker in der Selbstbeschreibung kommentiert – »bisher unbekannte Frauen, die einfach als Menschen fühlten, daß die Zeit ihnen eine Chance bot und daß sie etwas tun müßten«.[39] Dazu gehörte sie selbst, deren führende ideologische Rolle als Leiterin des Frauenfunks beim Hessischen Rundfunk und Unterstützerin des Frankfurter Frauen-Ausschusses für die Nachwelt durch die Tatsache unterstrichen wird, daß sie zugleich eine der wenigen Chronistinnen dieser Zeit war.[40]

Eine andere führende Persönlichkeit war Theanolte Bähnisch. Sie hat als Regierungspräsidentin und Initiatorin des »Clubs deutscher Frauen« in Hannover von dort den Zusammenschluß der Frauenausschüsse in den Westzonen betrieben und wurde 1949 Begründerin und erste Vorsitzende des Deutschen Frauenrings.[41] Zu den »neuen« gehörten auch die Initiatorinnen und führenden Frauen im Frankfurter Frauen-Ausschuß wie Helli Knoll und bedingt, aber dennoch typisch Fini Pfannes.[42] Auch sie waren zum Teil vorher schon in Frauenzusammenhängen aktiv gewesen, hatten zumindest eine politische Sozialisation vor 1933 erfahren. Doch sie vertraten mehrheitlich eine neue Generation. Es waren Frauen mittleren Alters, die politisch unbelastet – von den Besatzungsbehörden überprüft und protegiert – sich oftmals gleichzeitig oder sehr bald auch parteipolitisch engagierten. Gegenüber den älteren zeichnen sie sich durch Nüchternheit und Pragmatismus aus, sie waren zupackend, lebenstüchtig und zu Kompromissen bereit, gerade auch gegenüber Männern und gemeinsam mit Männern. »Schlicht, praktisch, ›patent‹ und human« – dies waren offenbar die wichtigsten Eigenschaften, die die »Wiederaufbaugemeinschaft«[43] von den Frauen erwartete und die für Vertrauen und politische Durchsetzungsfähigkeit bürgten.

In einer Würdigung einer der wenigen Stadträtinnen Frankfurts, der SPD-Politikerin Elli Horeni, sind diese Eigenschaften gebündelt auf den Begriff gebracht: »Die neue 43jährige Frankfurter Stadträtin entspricht ganz dem heutigen Typ der Frau: sachlich und aufgeschlossen, energisch, tatkräftig und zielbewußt, dabei warmherzig und mütterlich.«[44] Und sie selbst erzählt in einem Interview, wie man sie dennoch scherzhaft in jener Zeit »als einzigen Mann im Magistrat« karikiert habe.[45]

Durch die Umstände und durch persönliche und politische Kontakte vor neue verantwortungsvolle Aufgaben gestellt und mit ihnen wachsend, orientierten sich die »neuen« Frauen an der alten Frauenbewegung, um sich zugleich um so deutlicher von ihr abzugrenzen. Ein sehr verständlicher und notwendiger Vorgang, doch es ist nicht unerheblich, welche Traditionen in Anspruch genommen, welche Zerrbilder gezeichnet und wie die Abweichungen begründet wurden. Die Hinweise auf die alte Frauenbewegung von Gabriele Strecker, die sonst in ihren Schriften nüchtern die Brücke zu schlagen versucht, sind gerade in ihrer Polemik entlarvend, so der Seitenhieb auf »das trübe Rinnsal von aufmüpfig-riskanten ›radikalen‹ Ideen«, das »schon immer neben dem breiten Strom der Ideen der Frauenbewegung« herlief. Sie meinte die Kontroverse um die »neue Ethik« Helene Stöckers, die sie in fünf Sätzen und in einem Atemzug mit der in den »Zwanziger Jahren entfesselten [...] sexuellen Freiheitswoge« und dem im Nationalsozialismus als »radikale Eugenik« institutionalisierten Lebensborn abhandelt.[46]

»Fern von jedem Suffragettentum!« Das war auch die Leitlinie, an der entlang Theanolte Bähnisch die Alltagsprobleme der Frauen aufgriff, um »Wohnungssorgen«, den »Kochtopf« und den »Berufsweg des Kindes« als »politische Angelegenheiten« zu behandeln.[47] Denn – so Bähnisch, und das ist ebenso Taktik wie Rezept für den partiellen Erfolg – »wir wollen nicht – um in der männlichen Sprache zu reden – zu einem Machtfaktor des öffentlichen Lebens werden, sondern zu einem ›ordnenden Faktor‹.«[48]

Wenn die »Frauen der ersten Stunde« nicht müde wurden zu betonen, daß es ihnen nicht um »Parteipolitik, sondern eine Brot- und Kartoffelpolitik«[49] ging, daß Frauen in dieser Zeit gebraucht wurden, um Ordnung in den »öffentlichen Angelegenheiten« zu schaffen »wie in einem Haushalt«[50], so ist auch die politische Karriere von Fini Pfannes, ehemalige Aktivistin des »Deutschen Reichsverbandes der Hausfrauen« (vor 1933 der Rechtsaußen des »Bundes Deutscher Frauenvereine«[51]) und nach 1945 als »oberste deutsche Hausfrau« bezeichnet[52], eher typisch und symptomatisch.

Somit knüpfen die Aktiven der Nachkriegsbewegung sehr bewußt an eine große Tradition an, doch das Erbe wird unvollständig, einseitig verwaltet und weitergegeben. Nur die bürgerlich gemäßigte und konservative Frauenpolitik der Weimarer Zeit ist im Westen weiter repräsentiert, steht fürs Ganze der Frauenbewegung. Damit wird auch ein Frauenbild übernommen, das der traditionellen Frauenrolle entspricht und auf harmonische Ergänzung der Geschlechter setzt, auch in der Politik. Verlorengegangen sind die spannenden Diskussionen darüber, was jenseits männlicher Normen Maß und Ziel der Rechtsgleichheit sein kann, vergessen sind die bereits ausgefochtenen Kontroversen über die Frage, wie nicht nur die Frauen, sondern die Verhältnisse zu ändern sind und was weibliche Eigenart und Kulturleistung bedeuten können im Hinblick auf Selbstbestimmung und Sexualität, Frieden und Sozialpolitik usf. Der Geschichtsverlust betraf nicht nur diese Ideen, sondern vor allem, was aus den Auseinandersetzungen darüber zu folgern und was daraus für die Zukunft zu lernen war. Ein Beispiel ist die Diskussion um Sexualität, Sexualreform, deren aufklärerisches Potential in den 50er Jahren und bis in die 60er Jahre hinein in kleinbürgerlicher Sexualmoral und Prüderie erstickt wurde.[53] Der mühsame Weg von

Pro Familia zeigt, wie tief der Bruch war, wie weit die Gesellschaft und damit auch die Frauen hinter Verständigungsprozesse zurückgefallen waren, die in der Frauenbewegung schon vor dem Ersten Weltkrieg über das »gemeinsame Geschlechtsschicksal« stattgefunden hatten.[54]

Ein anderes Beispiel ist die Friedenspolitik: Trotz großer Friedenssehnsucht nach allem, was geschehen war, trotz zahlreicher Friedensinitiativen und Friedenskongresse in Ost und West[55], erringt doch die radikale pazifistische Tradition der Frauenbewegung keine Geltung und keine Basis, im Gegenteil, die Pazifistinnen, insbesondere auch aus der Frauenliga IFFF, werden sehr bald ausgebootet, der Kollaboration mit dem Kommunismus verdächtigt. Das gilt für Madga Hoppstock-Huth[56] wie für Anna Haag, die alte und neue Vorsitzende der IFFF in Stuttgart, oder auch für eine Friedenskämpferin wie die Pädagogikprofessorin Klara Marie Faßbinder, die die »Charta der Mütter« 1947[57] unterzeichnet hatte und in der »Westdeutschen Frauenfriedensbewegung« (WFFB) der fünfziger Jahre trotz Berufsverbots seit 1953 eine zentrale Rolle spielte.[58]

»Das Wort Frieden«, so Leonore Mayer-Katz, Initiatorin eines Frauengesprächskreises in Baden-Baden und spätere Begründerin des badischen »Frauenrings«, »war zu einem Tarnnamen für Kommunismus geworden.«[59] Das Scheitern der Friedensbemühungen nur immer wieder mit der Verschärfung des Ost-West-Konflikts zu erklären, gegen den die Frauen keine Macht hatten, greift meines Erachtens jedoch zu kurz. Hier wird die Wirkung zur Ursache erklärt. Clara Ragaz, seit 1919 Präsidentin und schließlich Ehrenpräsidentin der Schweizer Frauenliga für Frieden und Freiheit, hatte auf der Basis der immer wieder gescheiterten Friedensbemühungen zwischen den Kriegen nüchterne Schlußfolgerungen gezogen, ohne sich von ihrer Friedensarbeit abbringen zu lassen. Sie stellte fest: Frauen sind gerade auch als Mütter »von ihrer eigenen Wesensart her« keine Pazifistinnen. »(Aber)... man vergesse nicht, daß weder unser mütterliches Empfinden noch unsere Erziehungskünste aufkommen gegen eine Welt, die wie die heutige abgestellt ist auf Macht und Gewalt.« Es ging ihr darum, »zu den Grundursachen der heutigen furchtbaren nationalen und internationalen Nöte vorzudringen«. Zu dieser Arbeit aber, die nicht nur »blinde Versöhnungspolitik« wäre, sei »der Frau der Atemraum zu schaffen, damit sie nicht in den täglichen Sorgen um das Allernächste und die Allernächsten ersticken muß«.[60]

Neue und alte Politik

Auffällig ist, daß die unterschiedliche Zusammensetzung der Frauenausschüsse, je nachdem, welche Gruppe der Aktivistinnen mehr repräsentiert war, auch eine unterschiedliche politische Ausrichtung bedeutete. Die Geschichte der »Frauenöffentlichkeit in Stuttgart nach 1945« ist ein sehr anschauliches Beispiel für die beiden Generationen und unterschiedlichen Strömungen in der Frauenpolitik der Nachkriegszeit. Trotz einer großen Tradition und einer breiten Basis für die Gruppe der IFFF, die unter dem Vorsitz von Anna Haag (bis 1950 für die SPD im baden-württembergischen Landtag) gleich nach dem Krieg eine rege Aktivität gegen »uneingeschränkte Männerwirtschaft« entfaltete und um Integration der beiden Richtungen im Stuttgarter Frauen-Ausschuß bemüht war, wurde schon 1947 ein Kurswechsel zugunsten des »Stuttgarter Frauendienstes« vollzogen, der – offensichlich mit dem Rücktritt Anna Haags – nun wieder »ungebrochene Kontinuität zur bürgerlichen Frauenbewegung« herstellte.[61]

Der Bremer Frauen-Ausschuß dagegen setzte sich mehrheitlich aus Frauen mit langer politischer Erfahrung zusammen, die ein breites eher linkspolitisches Spektrum repräsentierten: Die Initiative kam von Irmgard Enderle, die aus der Arbeiterbewegung stammte und aus dem schwedischen Exil nach Bremen kam. Bestimmend waren ferner die Sozialdemokratin Anna Stiegler, die Liberalen Elisabeth Lürßen und Agnes Heineken, letztere schon in der Frauenbewegung vor dem Ersten Weltkrieg aktiv[62], sowie die Kommunistin Käthe Popall, die immerhin als erste Frau in Bremen 1945 Senatorin wurde[63], und die aus der Mäßigkeits- und Abstinenzbewegung kommende Anna Klara Fischer. Aus der Vorgeschichte der Beteiligten folgte eine sehr deutliche antifaschistische und antimilitaristische Ausrichtung. Im Vergleich zu anderen Frauenausschüssen gelang es den Bremerinnen, trotz der eigenen parteilichen Gebundenheit verhältnismäßig lange mit ihrer überparteilichen Arbeit – die Themen reichten von der Lebensmittelrationierung und Wohnraumbewirtschaftung, über die Chancengleichheit im Bildungswesen bis zur Prostitution und Einrichtung einer Mütterschule – im Gemeinwesen wirksam zu sein, auch wenn, um den Frauenzusammenhalt zu wahren, politische Grundsatzfragen zunehmend ausgespart wurden. Nur zögerlich trat der Bremer Frauen-Ausschuß im Juli 1950 dem »Deutschen Frauenring« bei.[64]

Demgegenüber steht der Frankfurter Frauen-Ausschuß als Prototyp für eine Wachablösung und eine »neue« Frauenpolitik. Er hatte nicht nur eine Leitbildfunktion für die Gründung anderer Frauenausschüsse, sondern wurde 1947 mit dem nahtlosen Übergang zu einem hessenweiten Frauenverband auch Vorreiter der sich zum Ende der 40er Jahre abzeichnenden Frauenverbandspolitik. Arbeitsweise und Struktur, die Bedeutung von Unter- oder Fachausschüssen, staatsbürgerliche Bildung als eigentliche, zentrale Aufgabe u. ä. sind hier bereits angelegt. Für viele Beteiligte, insbesondere die führenden Frauen, war die Mitwirkung im Frauen-Ausschuß oder -Verband oft Durchgangsstation für andere gesellschaftliche, soziale oder politische Aufgaben in den Parteien, Kirchen etc. Nicht zuletzt die Protektion, sprich finanzielle Unterstützung, und der Einfluß der amerikanischen Besatzungsmacht auf personelle Rekrutierung[65] und politische Ausrichtung haben für die Umsetzung dieses Modells in der amerikanischen Zone eine große Rolle gespielt. Die Bereitstellung der Mittel reichte von der Finanzierung des ersten Aufrufs 1946 durch die Militärregierung bis zur Einrichtung des Büros für Frauenfragen 1950 in Wiesbaden, formell getragen von der »Gesellschaft zur Gestaltung des öffentlichen Lebens«, hinter der die zivile Hohe Kommission (HICOG) stand.[66] Daß die Beziehungen nicht immer unproblematisch waren, geht aus Briefen und Protokollen zu Besprechungen zwischen Referentinnen des Frauenbüros und Vertreterinnen der Hessischen Frauenverbände hervor, in denen sich die letzteren über die Undurchsichtigkeit der Mittelvergabe beklagten. Das Problem, so resümierte eine Teilnehmerin, bestehe darin, daß »die Gesellschaft Geld habe und der Frauenverband habe keines«.[67] Wie eng und persönlich die politischen Verbindungen und Verpflichtungen waren, ist in einem Bündel von überschwenglichen und teilweise ergebenen Dankesbriefen nachzulesen, die der im Jahr 1952 aktive Kreis von Frauenpolitikerinnen zum Abschied an Betsy Knapp, die mehr als drei Jahre lang für Hessen zuständige Frauenreferentin der amerikanischen Besatzungsbehörden, schrieb.[68]

Ähnliche Unterstützung erfuhr auch die erfolgreiche Regierungspräsidentin von Hannover, Theanolte Bähnisch, die schneller als der noch schmalen Basis lieb war, den Zusammenschluß der Frauenausschüsse in der britischen Zone betrieb und durch die britische Besatzungspolitk auch die nötige Schubkraft zur Gründung des Deutschen Frauenrings erhielt.[69]

Die politischen Zielsetzungen des Frankfurter Frauen-Ausschusses waren bereits 1946 im »Ruf an die Frauen!« sachlich und umsetzbar formuliert. Er enthielt alle Programmpunkte, die auch in den 50er Jahren frauenpolitisch auf der Tagesordnung blieben: die Verwirklichung der Gleichberechtigung auf allen Gebieten, insbesondere im Familienrecht, das Recht auf Arbeit, stärkere Mitarbeit auf sozialem Gebiet und im Erziehungswesen und die »Höhere Wertschätzung der Hausfrauenarbeit«.[70] Das war nichts Umstürzlerisches, auch keine mit Pathos vorgetragene Weltanschauung, sondern das, was anstand, sozusagen Überhang aus staatsbürgerlicher Gleichberechtigung seit 1919 und nun schrittweise, durch einzelne Reformen, zu verwirklichen. Der lebensnotwendige Pragmatismus, eine neue Nüchternheit und ein neues Selbstbewußtsein drückten sich auch in dem Bestreben aus, es anders und besser zu machen als die Vorgängerinnen:

> »Von den alten Frauenorganisationen unterschied er sich [der Frauen-Ausschuß], weil er nicht mehr an eine Tradition anknüpfen konnte, da Menschen und Zeit sich völlig gewandelt hatten, weil die Führerinnen fehlten, weil er viel stärker politisch betont war und vor allem, weil hier die Trennung von bürgerlicher und sozialistischer Frauenbewegung aufgehoben war zugunsten einer einheitlichen, keine Klassen mehr kennenden Interessenvertretung der Frau. Hier wurde der Versuch gemacht, eine Frauenbewegung zu schaffen, die der Zeit entsprach.«[71]

Trotzdem sind auch in diesem Kommentar von Gabriele Strecker zugleich die Problempunkte genannt. Das Prinzip der Überparteilichkeit, die Öffnung hin zu den Arbeiterparteien, zur SPD und zunächst auch zur KPD wurde sehr bald durch die neue Frontstellung gegenüber dem »real werdenden Sozialismus« in Ostdeutschland und den Kommunistischen Parteien auch in Westdeutschland abgelöst. Der in den hessischen Frauenverbänden 1950 in einem förmlichen Verfahren durchgesetzte Unvereinbarkeitsbeschluß, der zum Ausschluß der KPD- und DFD-Frauen führte, bezeichnet den rigorosen und klärenden Endpunkt dieser Überparteilichkeit. Gleichzeitig wurde die überparteiliche Zusammenarbeit unter Frauen auch von den anderen Parteien, insbesondere auch seitens der SPD, derartig erschwert, daß überparteiliche Politik sich immer mehr auf den Auftrag zu staatsbürgerlicher Bildung reduzierte. Wirklich »politische« Arbeit – so auch die um Frauenrechte in der Bundesrepublik Deutschland so verdiente Elisabeth Selbert 1946 – sollte nur innerhalb der Parteien möglich, mit Parteiarbeit identisch sein.

Angesichts dieser Entwicklung scheint die Geschichte nachträglich dem kühnen und für kurze Zeit vielbeachteten Projekt zur Gründung einer Frauenpartei der damals 31 Jahre jungen Journalistin Ulla Illing Recht zu geben. In Anbetracht der politischen Machtverhältnisse und der Differenzen unter Frauen verwundert es nicht, daß dieses Vorhaben offensichtlich über das Stadium der Vorbereitung und Zulassung durch die Militärbehörden nicht hinausgekommen ist. Was jedoch an diesem Plan verblüffend und erinnernswert erscheint, ist das Politikverständnis, das alte und neue Forderungen hinsichtlich einer frauengemäßen Politik zu integrieren versuchte und noch aus heutiger Sicht unerhört modern erscheint. Es wäre vorschnell, Illings Ansatz, »eine eigene, eine frauliche Form« der politischen Partizipation zu finden, als traditionelle Geschlechterrollenphilosophie abzutun. Denn ihr Entschluß, eine Frauenpartei zu gründen, ist »aus den Erfahrungen, die wir gemacht, und aus den Konsequenzen, die wir daraus gezogen haben«, entstanden. Es ist die Erfahrung, daß Politik, »durch die das Gleichgewicht in der Welt empfindlich gestört ist«, bisher »zu einseitig männlich« war, und die Erkenntnis, daß die Arbeit in überparteilichen Frauenorganisationen nicht genügt. »Wir müssen ins Parlament hinein.« – »Wir müssen ein politischer Machtfaktor werden.«[72] Und weil es Illing »nicht nur um eine Verwirklichung spezieller fraulicher

Interessen« ging, enthielt ihr Parteiprogramm nicht nur soziale und kulturelle, sondern auch wirtschaftliche Forderungen bis hin zu »einer Weltplanung«, die zur Garantie und Verwirklichung eines neuen Friedens entsprechend der Atlantik-Charta auch »die Aufgabe der Souveränität des einzelnen Nationalstaates« enthalten sollte.[73]

Ulla Illing war offensichtlich ihrer Zeit weit voraus. Im Wissen um die Geschlechterdifferenz – so wäre der heutige Sprachgebrauch – beharrte sie auf der gleichberechtigten Teilhabe der Frauen und damit auf der »Umgestaltung« der Verhältnisse. Sie hat sich später als SPD-Mitglied und seit 1950 als Leiterin des »Seminars für Politik«[74] große Verdienste um neue Formen der politischen Bildung erworben. Was das Seminar für Politik vor anderen ähnlichen Einrichtungen auszeichnete, war die Tatsache, daß die Bearbeitung der nationalsozialistischen Vergangenheit ein wesentlicher Bestandteil des politischen Lehrplans war.[75]

Bruch oder Kontinuität?
Schwierigkeiten mit der »Bewältigung« der Vergangenheit

Die Aufgabe, mit der nationalsozialistischen Vergangenheit zu leben und sie zu bearbeiten, wurde sehr unterschiedlich gehandhabt. In den ersten Presseveröffentlichungen ist die Thematik präsent, wird die Notwendigkeit zu politischer Einmischung gerade auch von Frauen mit ihrer zweideutigen Rolle in der NS-Vergangenheit begründet, wird versucht, insbesondere die Politikverdrossenheit der jüngeren, enttäuschten, »skeptischen« Generation zu überwinden.

»Über uns allen schwebt das mea culpa, mea maxima culpa, die bittere Erkentnis der Schuld des deutschen Volkes, auf der ganzen Linie versagt zu haben«, so schreibt zum Beispiel die Journalistin Mila Ketterer, Mitglied der IFFF in Stuttgart, in »Der Silberstreifen«. Und Helli Knoll, die schon vor 1933 zusammen mit Dr. jur. Elisabeth Schwarzhaupt, der späteren ersten bundesdeutschen Ministerin, »eine heftige Presse- und Redekampagne [gegen den Nationalsozialismus, U.G.] geführt« hatte, ist in ihrer Stellungnahme sehr überzeugend, so wenn sie in der Frankfurter Rundschau vom 6. Oktober 1945 schreibt: »Wir werden der Welt zeigen, daß wir fähig und willens sind, unsere Schuld zu sühnen und für das künftige Wohlergehen der gesamten Menschheit unseren Teil beizutragen.«[76]

Gewiß drückt sich in dem zunehmenden Schweigen und Verdrängen auch ein Generationenwechsel aus. Die wachsende Ausschaltung der Linken, der KPD-Frauen, und, spätestens am Beginn der fünfziger Jahre mit der Adenauerpolitik der Wiederaufrüstung, auch der Pazifistinnen wurde bereits angedeutet. Und die »neuen« Frauen waren ja deshalb zum Zuge gekommen, weil sie »unbelastet« waren. Hätten sie nicht zur Tagesordnung übergehen sollen? Sollten sie zu Anklägerinnen der älteren werden? Deshalb interessieren um so mehr die Kronzeuginnen oder diejenigen, die ihr Mitwissen, ihre Irrtümer bzw. ihre politische Einsicht hätten an die Jüngeren weitergeben können und für den doppelten Bruch, 1933 und 1945, oder aber für die Kontinuität der Emanzipationsideale und Ziele der Frauenbewegung standen.

Beispielsweise Marie-Elisabeth Lüders: Sie hat in jener Zeit offenbar eine große Faszination und politische Überzeugungskraft auf die jüngere Generation der Frauen ausgeübt. Gerade Ulla Illing widmete ihr 1947 zu ihrem 69. Geburtstag in »Der Silberstreifen« einen emphatischen Geburtstagsgruß. Es war »die Sprache des klaren Menschenverstandes, in der sich der Geist der Menschlichkeit ausdrückt«, die sie so begeisterte.

> [Die Gegenwart,] »stellt solch eine Fülle von Anforderungen an jeden von uns, daß wir uns sinnlos verlieren würden, wollten wir unentwegt wie Loth's Weib in die Vergangenheit starren. Wir sehen nicht hoffnungslos verzweifelt in Gräber und wir sehen nicht hoffnungsvoll in die Sterne. Unser Blick ist unabwendbar auf die Not unseres Volkes gerichtet. Die Ruinen unserer Städte, der Hunger unserer Kinder und das Leid, das die ganze Welt erfüllt, ist Erfahrung, Verpflichtung und Zielsetzung zugleich.«[77]

Marie-Elisabeth Lüders, frühere Reichstagsabgeordnete der DDP und Vorstandsmitglied des »Bundes Deutscher Frauenvereine«, die sich schon während des Ersten Weltkrieges ihre Sporen im von der Frauenbewegung organisierten »Nationalen Frauendienst« verdient hatte, war eine der wenigen, die in der frühen Bundesrepublik als

FDP-Abgeordnete und Alterspräsidentin des Bundestages nicht nur ein Comeback erlebte, sondern politisch Karriere machte. Ihre packende Autobiographie »Fürchte Dich nicht« aus dem Jahr 1963, die für Leserinnen in der Zwischenzeit eine wesentliche Lücke historischer Überlieferung schloß[78], verschweigt jedoch eine ihrer Veröffentlichungen aus der NS-Zeit. Der Titel »Das unbekannte Heer«, publiziert im Jahr 1936, irritiert, weil er nicht nur die Kriegsarbeit und den vaterländischen Hilfsdienst der Frauen im Ersten Weltkrieg verherrlicht, sondern durch ein Geleitwort des Reichskriegsministers offensichtlich die nationalsozialistische Propaganda unterstützte. Auch der nur mögliche Verdacht aber hätte der Aufklärung bedurft. Daß diese Tatsache in ihrer Leidensgeschichte als von der Gestapo Verhörte und Inhaftierte vergessen oder verschwiegen wurde, ist eine symptomatische Ungenauigkeit.

Schließlich sind da nach dem Krieg die zunehmend peinlichen Auftritte von Gertrud Bäumer, gegen die von vielen Seiten Protest erhoben wurde.[79] Sie sind deshalb nicht unwesentlich, weil Bäumer in der politischen Geschichte Deutschlands und in der Rezeption bis in die neue Frauenbewegung hinein eine tragende, ja, meistbeschriebene Rolle spielt. Dies kann hier im einzelnen nicht ausgeführt werden, wäre aber eine systematischere Untersuchung wert, um der »Unfähigkeit zu trauern« (Alexander und Margarete Mitscherlich) in Deutschland auf die Spur zu kommen. Doch zur Frauenpolitik der Nachkriegszeit gehört die Frage, wie die Zeitgenossinnen mit der politischen Geschichte Bäumers umgegangen sind: Lüders, von Velsen und von Zahn-Harnack[80] hatten Bäumer übelgenommen, daß sie die Zeitschrift »Die Frau«, das repräsentative Aushängeschild der bürgerlichen Frauenbewegung, unter NS-Herrschaft hatte weiter erscheinen lassen. Bäumers Gegenargumente gegen den Vorwurf der Kollaboration nach 1945 waren äußerst schwach und in eine unklare, dunkle Sprache gefaßt, die Tiefsinnigkeit und höchste Bildung verrät, doch wegen der Abstraktheit des Stils nicht zu greifen ist. So schlingert sie in der Schrift »Der neue Weg der deutschen Frau« (1946 die in der Reihe »Der Deutschenspiegel. Schriften zur Erkenntnis und Erneuerung« erschienen) von Andeutung zu Andeutung. Die Schrift enthält unter anderem den Versuch, die Frauen von der maßgeblichen Schuld reinzuwaschen – Bäumer nennt es eine »Tragikomödie«, »daß man ihnen nun gleichzeitig die Zugehörigkeit zum Nationalsozialismus, in dem sie nichts bedeuteten, als Schuld anrechnet« – begleitet von glorifizierenden Geschichten über die Schicksale einzelner »Frauengestalten«. Sie enthält den nicht neuen Hinweis, daß der »neue Weg der deutschen Frau« als »Weg zu den ›Müttern‹ im Sinne des Faust wieder freigelegt werden« muß, und gipfelt schließlich in der Anweisung:

> »Es lohnt sich wirklich nicht, den geistigen Kampf mit dem Nationalsozialismus noch einmal wieder aufzunehmen. Man soll ihm nicht ausweichen, selbstverständlich, wo er noch einen Verteidiger findet, und ihr Bedürfnis nach Auseinandersetzung wird die Jugend schon selbst anmelden. Aber im übrigen: Guarda e passa!« (Ein Blick darauf und weiter!)[81]

Es ist nicht anzunehmen, daß diese abstrusen Ausführungen von den Zeitgenossinnen der Kommentierung nicht für wert befunden wurden, doch es fehlt meines Wissens eine öffentliche Auseinandersetzung darüber. Unbegreiflich aber, daß Bäumers Schriften als Klassiker der Frauenbewegung ohne jegliche Problematisierung und quasi ohne Unterbrechung seit dem Ende der 40er Jahre wieder erscheinen konnten.[82] Zu denken gibt auch, wie locker, ja, belustigt Ilse Reicke in kurzen Biographien über »Die großen Frauen der Weimarer Republik« aus dem Jahr 1984 das »Nachspiel« der Entnazifizierung für die Herausgeberinnen der Zeitschrift »Die Frau« beschreibt.[83]

Schließlich gerät auch der Umgang mit der NS-Vergangenheit in die Fronten des Kalten Krieges, gerade auch unter den organisierten Frauen. Wie das Wort »Frieden« werden Begriffe wie »Antifaschismus«, »Antimilitarismus« oder die »alleinige Kriegsschuld Deutschlands« zu Kennmarken kommunistischer Propaganda.[84] Schon auf dem interzonalen Frauentreffen 1947 in Bad Boll war eine Kontroverse über den Antrag entbrannt, für die vorzeitige Entlassung von belasteten Frauen aus den Internierungslagern zu plädieren. »Eine Sprecherin protestierte gegen diese Entschließung im Namen derer, die gegen den Faschismus gekämpft haben.« Ihr wurde unter großem Beifall entgegnet: »Hier handele es sich um eine spezifisch weibliche Angelegenheit. Endlich Schluß zu machen und zu verzeihen, sei der Frauen vornehmstes Gebot.«[85] Dies war eine Haltung und Einschätzung, die offenbar einen breiten Konsens gerade unter den Frauen fand und ihrem Bild von Weiblichkeit, Christentum und Humanität entsprach. Selbst Verfolgte des Naziregimes, Antifaschistinnen, versuchten, sich wieder einzurichten, »hatte[n] keine Lust, sich mit den Nazis rumzuschlagen«. Die Sozialdemokratin Hermine Berthold erzählt: »Ich war froh, daß wir die los waren. Und wir hatten genug zu tun, unseren neuen Staat wieder aufzubauen.«[86] Anders die Bremer Kommunistin und Widerstandskämpferin Käthe Popall, sie stellt am Ende ihres Lebens – Anfang der achtziger Jahre – resignierend fest: »Dies ist nicht das Deutschland, für das wir gekämpft haben.«[87]

Der »Deutsche Frauenring«: »Ein gehobenes Gesellschaftsspiel?«

Die Kritik an der »westdeutschen Restauration«[88] auch in bezug auf ihre Frauenpolitik war von Anbeginn am härtesten von Antifaschisten, Linken und den Vertreterinnen Ostdeutschlands formuliert worden. Diese Koalition aber war es, die alle Argumente zunehmend verdächtig machte, aushebelte und diskreditierte. Es war das sich immer weiter verhärtende Ergebnis eines Eisernen Vorhangs auch in den Köpfen der Frauen. Ein Resümee zu ziehen wäre erst dann möglich, wenn die andere Seite, die Entwicklung in der Sowjetischen Besatzungszone (SBZ) oder die Frauenpolitik des DFD und sein Anteil an der Spaltung der Fraueninteressen in Ost und West, entsprechend analysiert würde. Dies ist mir an dieser Stelle jedoch nicht möglich. Aber die typische Kritik einer östlichen Vertreterin an der interzonalen Zusammenkunft in Bad Boll verdeutlicht die Probleme und Verständigungsschwierigkeiten. In einer Pressemeldung wird sie wie folgt zitiert:

> »Die Probleme seien im alten Stil behandelt worden. Weder zur Einheit Deutschlands noch zur Entnazifizierung, zur Bestrafung der Kriegsverbrecher oder zur Bodenreform sei etwas Positives gesagt worden […] Der Kongreß habe ein hohes Niveau gehabt. Eine Frauentagung, die das deut-

sche Volk repräsentieren sollte, hätte jedoch anders zusammengesetzt sein müssen. Weder Arbeiterinnen und Angestellte noch typische Hausfrauen und Bäuerinnen seien anwesend gewesen.«[89]

Vieles an dieser Kritik trifft den Kern: Mit der Konstituierung des »Deutschen Frauenrings« (DFR) im Jahr 1949 wurde der Zusammenschluß der westdeutschen staatsbürgerlichen Frauenverbände vollzogen, waren zugleich die Weichen für die nächsten Jahrzehnte und eine von der Masse der Frauen abgehobene Verbandsarbeit gestellt. Der DFR verstand sich selbst als Nachfolgeorganisation des »Bundes Deutscher Frauenvereine« (BDF)[90], und doch ist die Frage, inwiefern der DFR, der mit einer zunehmenden Reihe von Frauenverbänden nur kooperativ zusammenarbeitete, tatsächlich die deutschen Frauenorganisationen repräsentierte, eher negativ zu beantworten. Denn fast gleichzeitig hatte sich mit dem »Informationsdienst für Frauenfragen« ein Trägerverein für die »Informationen für die Frau« konstituiert, der das aus dem Wiesbadener Frauenbüro übernommene Mitteilungsblatt aller Frauenverbände herausgab. Dieser Informationsdienst, ursprünglich nur ein Kommunikationsnetz zur gegenseitigen Unterrichtung und Berichterstattung über die »Entwicklung der Frauenarbeit auf wirtschaftlichem, sozialem, kulturellem und politischem Gebiet«, änderte seine Struktur und Zielsetzung mehrfach, bis 1969 aus dem »Informationsdienst und Aktionskreis« der »Deutsche Frauenrat« als »Bundesvereinigung deutscher Frauenverbände und Frauengruppen gemischter Verbände e.V.« entstand. Erst damit war der Wandel von der bloßen Informationsaufgabe zu möglichem gemeinsamen Handeln – wegen der erforderlichen Einstimmigkeit auf kleinstem gemeinsamen Nenner – vollzogen[91], wurde aber auch der Führungsanspruch des DFR obsolet.

Aus der Fülle der satzungsgemäßen Aufgaben des DFR sind resümierend zwei Zielsetzungen hervorzuheben:

1. *Die Schulung von Führungskräften.* Die Frauenverbandsarbeit galt für »diejenigen, die den Eintritt in das öffentliche Leben in irgendeiner Form erwägen«, als Vorschule oder »Übungsplatz«[92] für den politischen Einstieg. Daß diese Chance von einzelnen immer wieder genutzt wurde, ist an manchen Karrieren abzulesen. Zu dieser Einübung gehörte die Mitarbeit in den diversen Ausschüssen, die Erarbeitung von Stellungnahmen oder Eingaben zu Ge-

setzesvorhaben, die Einladung zu Fachkonferenzen und der Kontakt zu Politikern und parlamentarischen Vorzimmern: Tätigkeiten, die honorig sind, aber für die Mitglieder dieser Vereinigung undurchsichtig blieben und in einer parlamentarischen Demokratie, die auf Verbandsinteressen Rücksicht nehmen will, kurz unter dem Begriff Lobbyismus zusammengefaßt werden. Ein anderes attraktives Betätigungsfeld war die Mitarbeit in den internationalen Organisationen, doch davon gelangte bis zum Internationalen Jahr der Frau 1975 so gut wie nichts an die Öffentlichkeit. So zeigte sich, daß diese Organisation, der es um die Mitarbeit der Frau im öffentlichen Leben ging, selbst kein richtiges Verhältnis zu dieser Öffentlichkeit herstellen konnte und bis zum Beginn einer neuen Frauenbewegung in dieser Öffentlichkeit kaum präsent war. Strecker zitiert in ihrem Rückblick auf die Nachkriegszeit einen vernichtenden Artikel über die amerikanischen Frauenverbände der Nachkriegszeit. Er gipfelt in der Frage: »Ist das Ganze nur eine Selbstbeschäftigung, eine Selbstdarstellung? Ein gehobenes Gesellschaftsspiel?«[93] Die Anspielung auf die deutschen Verbände war deutlich genug.

2. *Die staatsbürgerliche Bildung als wichtigster Verbandszweck für das Fußvolk der Frauen.* Diese Zielsetzung, die an dem Noch-nicht, den Defiziten der Frauen ansetzte, war quasi ein Residuum, auf das Frauenpolitik in der Konkurrenz zu Parteien im Zuge der Konsolidierung der politischen Verhältnisse in der Bundesrepublik zurechtgestutzt und verkürzt wurde. Denn wer wäre auf die Idee gekommen, männlichen Staatsbürgern diese Vorübung anzuraten, bevor ihnen Ämter und Posten angedient wurden, so gut sie ihnen getan hätte? Wesentlicher Bestandteil dieser staatsbürgerlichen Ausrichtung zumindest in den ersten Jahren der Bundesrepublik war die Propaganda gegen den Kommunismus. Noch in den 70er Jahren wurden in manchen Ortsringen regelmäßig die »Zonenpakete« gepackt. Doch das Ergebnis war Mitte der 60er Jahre eine zunehmende Überalterung der Mitglieder. Die Jüngeren blieben fern. Die Einübung in Bescheidenheit, die immer wieder betonte Aufhebung der »Frontstellung gegen den Mann« hatte somit nicht einmal für Nachwuchs gesorgt.

Nur für sehr kurze Zeit scheinen die neuen Erfahrungen von Frauensolidarität und die Demonstration von Vielfalt und Gemeinsamkeit auf den interzonalen Frauenkongressen den Beteiligten Mut oder Hoffnung auf eine Bewegung der Frauen gemacht zu haben, so etwa wenn Mila Ketterer anläßlich der ersten Treffen der Frauenverbände der Westzonen in Bad Pyrmont im Jahr 1947 euphorisch schreibt:

> »Die deutsche Frauenbewegung ist jetzt in ein neues Stadium getreten. Sie ist sozusagen endgültig salonfähig geworden. Sie ist auf einer Entwicklungsstufe angelangt, von welcher sie auch von den Männern als ernster Faktor – gern oder ungern – anerkannt und in Rechnung gestellt werden muß [...] Wenn unsere deutschen Frauen und Mädchen erst einmal eingesehen haben, daß sie eine Macht darstellen, eine unabwendbar ernst zu nehmende Macht, sobald sie sich zusammenschließen und ihren staats-bürgerlichen Aufgaben mit Freudigkeit, Hingebung und Gewissenhaftigkeit widmen, dann wird der Tag kommen, an dem die Früchte einer solch hingebenden Arbeit dem ganzen Volke zugute kommen werden.«[94]

Doch schon 1954 bedarf es eher der Ermunterung, sich doch nicht zu »scheuen, das Bemühen der Frauen, die Dinge in ihren Zusammenhängen zu erkennen und klarzulegen und zu konstruktiven Vorschlägen zu kommen, ›Frauenbewegung‹ zu nennen«.[95] Welche Selbstbescheidung und Verkleinerung des Anliegens der Frauenbewegung in diesen Worten zum Ausdruck kommt, wurde offenbar nicht mehr gesehen.

Mit einem kritischen Resümee über die Frauenpolitik der Nachkriegszeit soll nicht gesagt werden, daß diese Zeit zwischen 1945 und 1955 – eigentlich bis zur Mitte der 60er Jahre, wenn wir sie in »langen Wellen« betrachten – in der Emanzipationsgeschichte der Frauen keine Bedeutung hatte. Der größere Abstand läßt erkennen, was bewahrt und gewonnen wurde oder was die Rückschläge überdauert hat. Bewahrt wurde das Anliegen, die »Frauenfrage«, deren Beantwortung insbesondere die Männer schuldig bleiben, weshalb wir sie heute als Geschlechterproblem thematisieren. Sehr genau und hartnäckig haben die Expertinnen in Frauenfragen, Juristinnen,

Gewerkschafterinnen und Funktionärinnen aller Frauenverbände in der Zeit zwischen Kriegsende und neuer Frauenbewegung die Frauenfrage als Rechtsfrage gestellt und auf »kleiner Flamme« Rechtsfälle aufgewärmt und vor den höchsten Gerichten Rechtsverbesserungen erfochten. Damit ist die Tatsache, daß die Gleichberechtigung, trotz der Verankerung im Grundgesetz, bis heute nicht verwirklicht ist, in der Öffentlichkeit präsent geblieben. Die immer deutlichere Diskrepanz zwischen Rechtsnorm und Rechtswirklichkeit und die Virulenz dieser Probleme waren zum Beispiel der Anlaß für die Erstellung eines ersten »Berichts der Bundesregierung über die Situation der Frauen im Beruf, Familie und Gesellschaft« aus dem Jahr 1966, der in der Folge die Grundlage und Legitimationsbasis für viele Reformvorhaben bot.[96]

Den Hintergrund für diesen Erfolg bildete ein Verbindungsnetz von Expertinnen, Verbands- und Vereinsvorsitzenden sowie den Ausnahme- und Alibifrauen in Wissenschaft, Wirtschaft und Politik, die über Veröffentlichungen, Tagungen und Gremienarbeit – gerade weil sie so wenige waren – voneinander wußten, sich stützten oder miteinander konkurrierten. So sind in den Veranstaltungsreihen, Seminaren und Verbandstagungen des DFR immer wieder wichtige Namen zu finden, die den Nachgeborenen nur noch aus der Literatur, aus Politik und Wissenschaft bekannt sind. Das verbindende Medium von beeindruckender Kontinuität und Solidität sind die »Informationen für die Frau«, die mittlerweile fast 50 Jahre bundesrepublikanischer Frauenverbandsarbeit dokumentieren. Doch Zielsetzung und Stil der staatsbürgerlichen Bildungsarbeit haben spätestens seit der Mitte der 60er Jahre fast niemanden mehr zum Mitmachen bewegt. Die üblichen Formen dieser Veranstaltungen, eine Mischung aus Fortbildungsseminar und Kaffeekränzchen, mußten erst gröblich verletzt werden und durch lauten Protest, spontane Einmischung, Selbsterfahrungsgruppen und neue Netzwerke ersetzt werden, ehe von einer neuen »Bewegung« gesprochen werden konnte.

Weil die nun älteren Vertreterinnen der etablierten Frauenverbände jedoch dem neuen Feminismus zunächst so ablehnend gegenüberstanden, ist fraglich, ob eine bestimmte politische Kultur aus der Frauenbewegung weitergegeben wurde. Im Verdrängungsprozeß der deutschen Geschichte ist gerade auch die unbequeme Frauengeschichte nicht weitererzählt worden. Widerständiges, Kritik, das Eingeständnis von politischer Schuld galten als destruktiv – ein Sakrileg in einer Wiederaufbaugemeinschaft. Die nicht geachtete[97], mindere Stellung der Frau in unserer Gesellschaft aber zeigt sich nicht zuletzt darin, daß es immer noch üblich und besser für das eigene Fortkommen ist, das »Erbe der Mütter« auszuschlagen. Aber wer weiß, wie es den Feministinnen von heute ergehen wird? Das Suffragettentum ist nicht mehr unser Problem. Doch in den neueren »Informationen für die Frau« wird über den Lebensentwurf einer 15jährigen berichtet, deren Mutter und Großmutter sich als Feministinnen bezeichnen. Die Überschrift lautet: »Bloß nicht Emanze sein!«

»Halbe Demokraten« – halbierte Demokratie? – Frauenbewegung und Demokratie von 1848 bis heute[1]

Die Rolle der Frauen, so war anläßlich des 150jährigen Jubiläums der Revolution 1848/49 in einer Rundfunkdiskussion zu erfahren, ist für die Geschichte dieser Revolution »nicht zentral«. Gewiß, Frauen waren dabei, »sie unterstützen und flankieren, sie stehen an den Fenstern, sie helfen beim Barrikadenbau, aber sie kämpfen nicht. Sie sticken Fahnen [...]« Kurz, als Frauen-Geschichte ließe sie sich beim besten Willen nicht schreiben.[2]

Nun sind solche in jedem Frauenleben bis zum Überdruß erfahrenen Belehrungen nicht nur amüsant, im Gegenteil, die Besserwisserei und beharrliche Ignoranz schmerzt, gerade weil wir uns am Ende des 20. Jahrhunderts selbstsicherer wähnten im neuen Wissen um eine Frauen- und Geschlechtergeschichte, die unverzichtbarer Teil einer sogenannten allgemeinen Geschichtsschreibung sein wollte. Mir geht es im Nachdenken über die Revolution von 1848 und ihre Bedeutung als Erbe und Anspruch an die Gegenwart demokratischer Verhältnisse nicht um Heroisierung oder gar Beschönigung unzulänglicher Geschlechterverhältnisse. Aber es ist auch nicht damit getan, im Gedenken an die Ereignisse vor und um 1848 die Frauen- und Geschlechterthematik lediglich als schmückendes Beiwerk zu betrachten oder als Alibiveranstaltung zu inszenieren, weil wieder einmal in den Feierlichkeiten, Festreden und Präsentationen die Revolution vornehmlich und ausdrücklich als eine Männergeschichte entfaltet wird. Der Ansatz einer frauenbewußten oder feministischen Geschichtswissenschaft handelt vielmehr von der Geschichte von Männern *und* Frauen und zielt auf eine Politik, die beide Geschlechter umfaßt, die aber auch die Geschlechterdifferenz sichtbar und bedeutsam werden läßt.

Doch es sind genau die gleichen Zumutungen und spezifischen

Erfahrungen eines nicht notwendig expliziten, aber selbstverständlichen Ausschlusses der Frauen aus den entscheidenden Bereichen der Öffentlichkeit, die uns Heutige mit den Frauen der Revolution von 1848 verbinden. Bereits Louise Otto, der Wegbereiterin der ersten Frauenbewegung in Deutschland um 1848, erging es so. Ihre Schlußfolgerung lautete: »Die Geschichte aller Zeiten, und die heutige ganz besonders lehrt, *daß diejenigen auch vergessen werden, die an sich selbst zu denken vergaßen.*«[3] Am Anfang dieser politischen und sozialen Bewegung von Frauen stand somit die Aufforderung, jegliche Bescheidenheit abzustreifen, dem »Indifferentismus« – so ein Schlüsselbegriff der 48erinnen, der auf die breite Masse der Zeitgenossinnen zielte –, das heißt der Gleichgültigkeit, aber auch der Resignation zu entsagen. Denn, dies ist die Erkenntnis, die moderne soziale Bewegungen als Agenten des sozialen Wandels und der Veränderbarkeit der Verhältnisse trägt: Wir, auch wir Frauen, machen unsere Geschichte selbst.

Leitmotiv dieses Beitrags soll ein Zitat aus der bereits zitierten Frauen-Zeitung von Louise Otto sein und zwar aus einem Grundsatzartikel der ersten Nummer vom 29. April 1849. Diese Zeitung, eine der ersten politischen Frauenzeitschriften unter dem ebenso pathetischen wie zeitgemäßen Motto »Dem Reich der Freiheit werb' ich Bürgerinnen«, war bereits die Antwort auf die spezifische moderne Erfahrung der Frauen, trotz gleicher Erwartungen als Menschen, die frei und gleich geboren sind, und gleicher vielfältiger Beteiligung in der bürgerlichen Revolution dennoch nicht als Gleiche anerkannt, als Bürgerin mitgemeint zu sein.

Der Titel dieses Grundsatzartikels lautet: »Die Freiheit ist unteilbar.« Er richtete sich an die Freiheitskämpfer und engagierten Demokraten, also die Genossen aus den eigenen Reihen. Da heißt es unter anderem:

> »Die Freiheit ist unteilbar! – Das ist ein so einfacher Lehrsatz, daß er der erste Artikel in jedem Glaubensbekenntnis sein sollte. Gleichwohl müssen wir es täglich erfahren, daß er noch nicht überall Eingang gefunden hat, vielmehr nur bei gar wenigen Fleisch und Blut geworden ist ...
> Und nun laßt uns einmal fragen, wie viel Männer gibt es denn, welche wenn sie durchdrungen sind von dem Gedanken, für die Freiheit zu leben und zu sterben, diese eben für *alles* Volk und *alle* Menschen erkämpfen

wollen? Sie antworten gar leicht zu Tausenden mit *Ja!* aber sie denken bei all ihren endlichen Bestrebungen nur an *eine* Hälfte des Menschengeschlechts – nur an die Männer. Wo sie das Volk meinen, da zählen die Frauen nicht mit.

Aber die Freiheit ist unteilbar! Also freie Männer dürfen keine Sklaven neben sich dulden – also auch keine Sklavinnen. Wir müssen den redlichen Willen oder die Geisteskräfte aller Freiheitskämpfer in Frage stellen, welche nur die Rechte der Männer, aber nicht zugleich auch die der Frauen vertreten. Wir können so wenig, wie sie uns selbst zu Bundesgenossinnen haben wollen, sie die Bundesgenossen der Fahnenträger der Freiheit nennen! Sie werden ewig zu den ›Halben‹ gehören, und wenn sie noch so stolz auf ihre entschiedene Gesinnung sein sollten.«[4]

Es ist dieser Hinweis auf die »halben Demokraten« – die Inkonsequenz ihres Verständnisses von Demokratie –, der die Aktualität der Erfahrungen von 1848 aus der Frauenperspektive begründet. Allein deswegen lohnt sich meines Erachtens die Erinnerung und die Auseinandersetzung mit dem Erbe und den Konsequenzen dieser Revolution. Meine Überlegungen konzentrieren sich auf drei Fragen:

1. Was sagt uns das Geschehen um 1848 in der Perspektive auf die Geschlechterdifferenz?
2. Welche Stationen und Barrieren waren seither zu überwinden auf dem Weg der Frauen zu gleichem Recht und ihrer Anerkennung als Staatsbürgerinnen?
3. Was bewegt uns heute, wenn wir das Projekt Demokratie vollenden, das in Deutschland 1848 geschichtsmächtig gewordene Versprechen der Freiheit einlösen oder auch nur verteidigen wollen?

1848 in der Perspektive der Geschlechterdifferenz

In der Bewertung der Ereignisse von 1848/49 überwiegen neuerdings Sichtweisen und Ansätze, die die »Revolution« nicht nur als herausragendes historisches Ereignis und Beginn einer neuen Zeit bewerten und damit je nachdem am Maßstab ihres Erfolgs oder ihres Scheiterns messen, sondern die den Blick weg von den Ereignissen der »großen Politik« auf die Wahrnehmungen und die vielfältigen Beteiligungen, Bewegungen und das Handeln unterschiedlicher Akteure in unterschiedlichen Regionen richten. Für diese Art der Geschichtsschreibung, die auch als »neue Kulturgeschichte« bezeichnet wird[5], eignet sich die Geschichte der Revolution um 1848/49 in besonderer Weise, weil sie von einer breiten Mobilisierung in der Bevölkerung begleitet war und nicht nur in Deutschland, das heißt in den 39 Staaten des Deutschen Bundes, sondern im gesamteuropäischen Kontext als »Aufbruch zur Freiheit«[6] verstanden wurde und unterschiedlichste Formen der Mitwirkung ermöglichte. Insofern teilten die aktiven Frauen der Revolution mit den Männern zunächst einmal die Erfahrung der Niederlage ihrer Einheits- und Freiheitsbestrebungen. Und doch hat ihre vielfältige Beteiligung als eine Erfahrung des Möglichen und anderer Formen von Politik wie auch der unmittelbar erfolgte Ausschluß die politischen Orientierungen mehr als einer Frauengeneration bestimmt. Mit dieser Wahrnehmung der neuen politischen Bedeutsamkeit der Geschlechterdifferenz – und zwar nicht nur in den deutschen Verhältnissen – sind die Geschehnisse um 1848 und ihre Deutungen als Anfang und Weichenstellung auf dem europäischen Weg in die Moderne zu verstehen. Modern waren die Erfahrungen der Frauen, weil sie die immer noch aktuellen Widersprüche und Ambivalenzen der Moderne widerspiegeln, und zwar in vielerlei Hinsicht.[7]

Der Aufbruch um 1848 ist der Anfang einer sozialen Bewegung auch der Frauen: Auf verschiedenen Wegen waren die Frauen in den Strom der Vormärz-Bewegung hineingeraten, unter dem Diktat der Zensur und des Versammlungsverbots zunächst versteckt in anonymen Leserzuschriften, in Liederkränzen und Museumsgesellschaften sowie als Gefährtinnen einer Festkultur des Vormärz. Auch Poesie und Literatur waren Ausdrucksmittel, mit denen sich Frauen zu Wort meldeten. Da war die Rede von »Märzveilchen«, die nur schüchtern zum Vorschein kamen (Kathinka Zitz) oder von »Wilden Rosen [...] in der Freiheit wilder Pracht« (Louise Aston), von »wirbelnden Lerchen« und »Lenzbegeisterungsglut« (Louise Otto). Ottos Gedichtsammlung, die »Lieder eines deutschen Mädchens«, war 1847 erschienen und hatte sie im Vormärz als »Lerche des Völkerfrühlings« berühmt gemacht.

Hatte man in der Zeit des Hambacher Festes die demonstrative Beteiligung »der deutschen Frauen und Jungfrauen« noch als bloßes Dekor interpretiert (»Kommet und schmücket die Versammlung durch eure Gegenwart!«), so beschränkte sich die Teilnahme von Frauen in den Kämpfen der Revolution keineswegs auf die Zuschauerrolle oder auf typisch weibliche Fürsorge- und Hilfsdienste. »Da ist es nicht getan mit Charpie-Zupfen, Verwundete pflegen, Kleidernähen und Kochen für das Heer«, lesen wir in der Frauen-Zeitung vom 21. Juli 1849[8] über die aktive Beteiligung der Frauen im Volksaufstand in Ungarn. In zahlreichen Zeugnissen der neuen Pressefreiheit wird darüber berichtet, wie Frauen Hand anlegen, Barrikaden bauen, auch gelegentlich zu den Waffen greifen. Und doch waren diese aktiven Kämpferinnen oder so prominente Freischärlerinnen wie Emma Herwegh, Amalie Struve oder Mathilde Franziska Anneke Ausnahmeerscheinungen, die besondere Aufmerksamkeit erlangten, in vielfältigen Karikaturen und Kommentierungen denunziert und der Lächerlichkeit preisgegeben wurden. Solche Grenzüberschreitungen mußten unverzüglich geahndet werden, wie das exemplarisch harte Urteil über die Barrikadenkämpferin Pauline Wunderlich zeigt.[9] Jahrhundertelang hatte die Fehdeunfähigkeit der Frauen zur Begründung für ihre Bevormundung und das Rechtsinstitut der Geschlechtsvormundschaft gedient. Wehrhaftigkeit oder Vaterlandsverteidigung waren eng mit der Anerkennung einer Staatsbürgerrolle verknüpft, eine Aufgabe, die Frauen offensichtlich auch in der neu zu schaffenden deutschen Nation nicht zugestanden werden sollte?

Die »Erziehung«, vor allem »die Redensart von der weiblichen Bestimmung« war nach Ansicht der 48erinnen schuld daran, daß die Frauen »nur bei verschlossenen Türen« von der Freiheit »flüstern«.[10] Überzeugungsarbeit war insbesondere auch unter den eigenen Geschlechtsgenossinnen zu leisten. Dabei war der Bildungsstand desolat, soziale Not und Elend breitester Bevölkerungsschichten Nährboden sozialen Protests, doch ebenso eine Behinderung politischer Handlungsfähigkeit. Ein anderer, wichtiger Anlaß für Frauen, hinauszutreten in die sich neu formierenden Öffentlichkeiten, waren das Engagement und die hohe Beteiligung von Frauen in der religiösen Oppositionsbewegung. In den sogenannten freireligiösen

Gemeinden, die seit dem Beginn der 1840er Jahre gegen Dogmen, Priestertum und römisches Papsttum opponierten und zu denen sowohl Deutschkatholiken wie Protestanten zählten, stellten die Frauen fast die Hälfte der Mitglieder. Gerade weil Religion traditionell das Frauenleben bestimmte, spielten Religionskritik sowie die Erfahrung gleichberechtigter Mitwirkung und Anerkennung in dieser Reformbewegung für die Selbstbewußtwerdung und schließlich auch für die Frauenbewegung eine bedeutsame Rolle.[11]

Die Frage stellt sich, ob die Frauen europaweit nicht bereits den Kampf um politische Gleichberechtigung verloren hatten[12], als Louise Otto im April 1849 ihre erste Frauen-Zeitung herausgab, um die Geschlechterdifferenz als demokratische Frage ins Zentrum zu stellen. Überall, in Paris, Wien, Prag oder Budapest ebenso wie in Frankfurt, aber auch in den einzelstaatlichen Länderparlamenten und Märzregierungen, die im Märzsturm 1848 einberufen worden waren, hatten sich die Parlamente und politischen Gremien als Männer-Räume und -Machtspiel etabliert, war nachgerade selbstverständlich das aktive und passive Wahlrecht Männern vorbehalten worden. »Es wäre falsch, das Stimmrecht allgemein zu nennen, wenn von dessen Ausübung wenigstens die Hälfte der Untertanen ausgeschlossen ist«, monierten die Wienerinnen in einer vierseitigen Flugschrift »Die Frauen als Wähler, Deputierte und Volksvertreter« im Juni 1848. Erst allmählich wurde vielen Beteiligten klar, daß sie sich als Frauen gemeinsam, also als Gruppe organisieren müßten. Nun wurde der Austausch geschlechtsspezifischer Erfahrungen durch eigene Presseorgane als notwendig erachtet. Es entstand aus den Netzwerken der Schreiberinnen und Zeitungsleserinnen, aus Flugblattaktionen, Petitionen und Demonstrationen, nicht zuletzt durch den Andrang neugieriger Zuhörerinnen auf den Tribünen der Paulskirche, die ihre Eindrücke in regen Korrespondenzen an Freunde und Freundinnen in alle Welt berichteten, eine neue Öffentlichkeit für die Anliegen von Frauen und zum erstenmal auch eine politische Frauenöffentlichkeit.

Schon seit Herbst 1848 waren in Berlin und Wien besondere Frauenvereine zur Organisation von Fraueninteressen gegründet worden. Im Gegensatz zum traditionellen Engagement von Frauen in Wohltätigkeitsvereinen hatten die Hilfsvereine zur Unterstützung hilfsbedürftiger Familien Partei ergriffen für die Freiheitskämpfer und später die Flüchtlinge und politisch Verfolgten, ohne jedoch eigene Fraueninteressen zu verfolgen. Explizit frauenpolitische Zielsetzungen aber motivierten die sogenannten demokratischen Frauenvereine, die mit den Zielsetzungen der Revolution sympathisierten, jedoch zu dem Schluß kamen, daß die Interessen der Frauen nicht unbedingt mit denen der Männer identisch seien. Daneben wurde eine Reihe von Erziehungs- und Fortbildungsvereinen gegründet, welche die Frauen befähigen sollten, »nicht nur ihre Pflichten als Hausfrau zu erkennen und zu erfüllen, sondern auch die als Welt- und Staatsbürgerin«.[13] Bildung als eine wesentliche Voraussetzung für die Demokratisierung der Gesellschaft war auch das Konzept der Fröbelschen Kindergarten-Bewegung, die sehr bald über das Land verteilt Herde weiblicher Opposition bildete. Die von Emilie Wüstenfeld zusammen mit Karl Fröbel, dem Neffen des Gründers der Kindergärten Friedrich Fröbel, gegründete »Hochschule für das weibliche Geschlecht« in Hamburg versuchte, wissenschaftliche Ausbildung mit pädagogischer Praxis zu verbinden. Sie wurde ebenso wie die Fröbelschen Kindergärten »wegen destructiver Tendenzen auf dem Gebiet der Religion und der Politik« verboten. Schließlich wurden unter der Losung »Selbsthilfe« und dem Zauberwort »Assoziation für alle« auch Arbeiterinnen-Vereine gebildet, die jedoch wie alle anderen Vereine sehr schnell der Reaktion zum Opfer fielen.[14]

Diese politische Bewegung der Frauen, die zugleich die Anfänge einer autonomen Frauenbewegung in Deutschland darstellt, war somit bereits Antwort auf die Erfahrungen des Ausschlusses und der Nichtanerkennung als gleiche Staatsbürgerin. Auslöser war eine für Feministinnen in der Moderne typische widersprüchliche Erfahrung: einerseits die Einbindung in eine demokratische Bewegung, die politische Allianz mit Linken und Demokraten, andererseits und zugleich die Erfahrung und Enttäuschung, dennoch von gleichberechtigter Teilhabe und von universellen Rechten, Staats- und Menschenrechten, ausgeschlossen zu sein. Die Grundrechte der Paulskirchenverfassung sahen das Wahlrecht nur der über 25jährigen männlichen Deutschen vor. Wichtig zu betonen ist aber, daß dieser Ausschluß von Anbeginn auch von der Kritik und dem Widerstand der Frauen begleitet war. Dies genau ist die andere Seite und Geschichte der Revolution von 1848, die, gerade weil sie offensichtlich für die männlichen Akteure bedrohlich wurde, lediglich in der Karikatur überliefert (man denke an die zahlreichen Karikaturen von H. Daumier aus jener Zeit) oder in Allegorien und Symbolisierungen von Weiblichkeit (zu erwähnen sind die vielfältigen Abbildungen der Germania) national überhöht wird.

> »Ihr wollt uns nicht hören, weil ihr uns zu fürchten beginnt, und es euch einfacher erscheint zu unterdrücken, als Gerechtigkeit zu üben. Unter eurem Hohngelächter zeigt sich der Despotismus«, kommentierte Eugénie Niboyet das Verbot des »Club des femmes« 1848 in Paris.[15]

Wie ernst die Reaktionäre und Obrigkeiten das politische Engagement der Frauen nahmen, welche politische Bedeutung dieser Frühphase der Frauenbewegung zukam, ist entgegen aller männlichen und unvollständigen Geschichtsschreibung gleichwohl an den scharfen staatlichen Repressionen und deren Nachhaltigkeit abzulesen: an den Pressegesetzen, die Frauen ausdrücklich verboten, eine Zeitschrift herauszugeben (zum Beispiel das sächsische Pressegesetz, deshalb »Lex Otto« genannt), vor allem aber an den Vereinsgesetzen, die in den meisten Staaten des Deutschen Bundes »Frauen« wie »Minderjährigen« verboten, politische Vereine zu gründen oder auch nur an Vereinsversammlungen teilzunehmen (in Preußen und auch anderswo in Geltung bis 1908). Dieses politische Handlungsverbot, das mehr als zwei Frauengenerationen wirksam war, hat die deutsche Frauenbewegung in ganz besonderer Weise behindert und geprägt.

Noch eine andere Weichenstellung ist mit dem Ausgang dieser Revolution als Beschwernis einer Entwicklung der Demokratie in Deutschland fixiert worden: die Institutionalisierung einer hierarchischen Geschlechterordnung in der bürgerlichen Familie durch Recht, Staat und Sozialpolitik. Dieser insbesondere durch ein spezifisch bürgerliches und patriarchalisches Eherecht organisierte Einschluß der Frauen in die Privatsphäre korrespondiert mit den Behinderungen und Entmündigungen im öffentlichen Bereich. Dabei war eines der Hauptanliegen, das auf persönlichen Unrechtserfahrungen beruhte, die »Reform der Familie« gewesen, die Aufhebung des monarchischen Prinzips auch in der Ehe.[16] Andernfalls »hätten wir ja nur den Herrn gewechselt und wahrlich bei dem Tausche *nichts* gewonnen«, folgerte eine Schreiberin der Frauen-Zeitung.[17] Die Möglichkeit, diese privaten Unrechtserfahrungen zur Sprache zu bringen, war durch die Skandale und Provokationen vieler einzelner, der sogenannten »femmes scandaleuses« vorbereitet: Zu ihnen gehörten, nachdem der Boden durch die Saint-Simonisten und Frühsozialisten bereitet war, Flora Tristan, George Sand oder ihr deutsches Pendant Louise Aston. Astons selbstbewußtes und provokantes Auftreten und vor allem ihr »freies Liebesleben«, das in Preußen zu einer Staatsaffäre hochgespielt wurde, mag hier als Beispiel dienen. Sie wurde 1846 aus Preußen ausgewiesen und antwortete mit der Kampfschrift »Meine Emancipation, Verweisung und Rechtfertigung«, in der sie diesen polizeistaatlichen Akt wie auch ihr privates Schicksal als politisch behandelt wissen wollte:

> »Ich kann ein Institut [die Ehe, U.G.] nicht billigen, das mit der Anmaßung auftritt, das freie Recht der Persönlichkeit zu heiligen, [...] während nirgends gerade das Recht mehr mit Füßen getreten und im Innersten verletzt wird; – ein Institut, das mit der höchsten Sittlichkeit prahlt, während es der Unsittlichkeit Tür und Tor öffnet [...] Ich verwerfe die Ehe, weil sie zum Eigentum macht, was nimmer *Eigentum* sein kann: die *freie Persönlichkeit*; weil sie ein Recht gibt auf *Liebe*, auf die es kein Recht geben kann; bei der jedes Recht zu brutalem Unrecht wird.«[18]

Aston betonte, daß sie den Mut zu solchem Bekenntnis nur habe, weil es nicht nur *ihre* Sache sei, sondern die Erfahrung vieler Frauen.

Rechtspraktisch setzte die Reaktion – übrigens ganz ähnlich wie in Frankreich nach 1789 – schon in der Revolution, endgültig dann 1850/51 bei der Einschränkung der Scheidungsfreiheit ein und bei der Verschlechterung der rechtlichen Ansprüche nicht verheirateter Mütter und ihrer Kinder. Die Bevormundung der Frau in der Ehe, ein eklatanter Widerspruch zur Parole der Freiheit und Gleichheit aller Menschen, aber zunehmend auch zur grundsätzlichen Gleichberechtigung der unverheirateten Frau, kulminiert in dem um 1900 verabschiedeten Bürgerlichen Gesetzbuch (BGB). In welcher Weise und warum dieser Widerspruch der bürgerlichen Gesellschaft systematisch eingewebt ist, wird durch die Anwort eines Liberalen und Demokraten der Revolution von 1848 erhellt, der sich der gesellschaftlichen Umbruchsituation und ihrer Bedeutung im Geschlechterverhältnis sehr bewußt zu sein schien. Unter dem Stichwort »Geschlechterverhältnis« heißt es in dem meistgelesenen »Staatslexikon« von Rotteck und Welcker (1847) unter anderem:

> »Soll eine weiter fortschreitende Civilisation uns wirklich dahin führen, die Unterordnung der Frau unter den Mann, und somit auch alle Festigkeit des Ehebandes und das wahre Familienleben aufzugeben, dahin, daß wir, statt der Weiblichkeit, Keuschheit und Schamhaftigkeit der Frauen, ihre unmittelbare Theilnahme an unseren öffentlichen Wahl- und Parlamentsversammlungen und an den Staatsämtern, überhaupt an allen männlichen Bestrebungen und Kämpfen, auch den kriegerischen, als ihre höchsten Ehren und Güter ansehen sollten? [...]
> Klar ist wohl fürs Erste, daß wirklich ein dauerndes würdiges, ein friedliches eheliches und Familienleben mit solchen unweiblichen Mannweibern unmöglich wäre, welche den Mann als das Haupt der Familie nicht anerkennen und neben ihm und gegen ihn unmittelbare Stimm- und Entscheidungsrechte über die gemeinschaftlichen gesellschaftlichen Angelegenheiten geltend machen [...].«[19]

Stationen und Barrieren nach 1848 aus der Geschichte der Frauenbewegung

Die Erfahrungen aus der Revolution von 1848 setzten die Vorzeichen für die sich anschließende Geschichte der Frauenbewegung und ihren Kampf um den Staatsbürgerstatus, um gleiche Rechte und die Selbstbestimmung der Frau. Wegen des Verbots politischer Betätigung standen beim organisatorischen Neuanfang der Frauenbewegung um 1865, der von den 48erinnen getragen wurde, vor allem wirtschaftliche und soziale Rechte auf dem Programm, insbesondere das »Recht der Frauen auf Erwerb«[20] und das Recht auf Bildung und Ausbildung. Dagegen waren alle anderen politischen Einmischungen verwehrt. Im Klima der Reaktion vollzog sich auch eine zunehmende Entfremdung zwischen der bürgerlichen und der proletarischen Frauenbewegung. Während es der bürgerlichen gelang, durch ein Netzwerk von Lokalvereinen eine solide Organisationsbasis aufzubauen, hatten die Initiativen der Arbeiterinnenvereine seit 1878 und bis 1890 ganz besonders unter der Verfolgung durch die Sozialistengesetze zu leiden.[21] Dabei wurde der Kampf der Proletarierinnen gegen die »Beschränkung der Frauenarbeit« von den eigenen Genossen vor allem als »Arbeiterinnenschutz«, tatsächlich als Schutz vor Frauenarbeit diskutiert.[22] Dies zeigt, wie ungeklärt es auch damals war, ob sich die Klassen- oder die Geschlechtssolidarität als politisch tragfähiger erweisen würde.

Unter »politischen Gegenständen«, so bestätigte 1887 im Zusammenhang der Sozialistengesetze noch einmal das Reichsgericht, »wird man alle Angelegenheiten zu verstehen haben, welche Verfassung, Verwaltung, Gesetzgebung des Staates, die staatsbürgerlichen Rechte der Untertanen und die internationalen Beziehungen der Staaten zueinander zu verstehen haben«.[23] Das hieß, eigentlich alles, was zur Verbesserung der Rechtslage beitragen konnte und als Rechtsanspruch formulierbar war, fiel unter das Verbot politischer Betätigung von Frauen.

Die Krisenerscheinungen der Moderne am Ende des 19. Jahrhunderts und die verschärfte Wahrnehmung der Widersprüche zwischen traditioneller Frauenrolle und wirtschaftlicher, industriekapitalistischer Entwicklung bildeten den Hintergrund für einen großen Aufschwung der Frauenbewegung um 1890. Zu jener Zeit verfügte die Frauenbewegung bereits in der zweiten Generation über Netzwerke, Organisationen und Medien und hatte die Verständigung über ihre Unrechtserfahrungen und die gesellschaftlichen Widersprüche weit vorangetrieben. Sie war sich der Anfänge um 1848 wohl bewußt, aber inszenierte sich selbst auch in deutlicher Abgrenzung als neue Frauengeneration, die an die Stelle allgemeiner Menschenrechte und der Betonung von Rechten überhaupt nun die Bereitschaft zur Übernahme von Pflichten setzte. Neue Ansprüche und Erwartungen erwuchsen aus der zunehmend in die Erwerbstätigkeit bzw. den Frauenberuf drängenden Frauengeneration. Nicht zuletzt die Einbindung in eine international organisierte Frauenbewegung mit ihren verschiedenen Richtungen hat auch national den Anstoß zur Bildung einer festgefügten Organisationsstruktur gegeben – so 1894 zur Gründung des »Bundes Deutscher Frauenvereine«, der als Dachverband aller »gemeinnützigen Frauenvereine« gegründet wurde, »um ihre Arbeit erfolgreich in den Dienst des Familien- und Volkswohls zu stellen, um der Unwissenheit und Ungerechtigkeit entgegenzuwirken und um eine sittliche Grundlage der Lebensführung für die Gesamtheit zu erstreben« (Paragraph 2 der Satzung).[24] Diese Gründung spiegelte zugleich die Klassengegensätze, weil die Vertreterinnen der proletarischen Frauenbewegung aus Furcht vor der Verfolgung durch die Vereinsgesetze ausgeschlossen wurden.

Die Hauptanliegen hatten die Führerinnen der beiden Richtungen, der bürgerlichen und proletarischen, unabhängig voneinander vor 1890 auf die politische Tagesordnung gebracht: Helene Lange hatte 1887 in der sogenannten »Gelben Broschüre«[25], einer Petition an das preußische Unterrichtsministerium, pointiert die preußische Schulpolitik und den Grundsatz der Mädchen- und Frauenbildung »um des Mannes willen« kritisiert und als durchaus bürgerliches Emanzipationskonzept – »Wissen ist Macht« – das Eigenrecht der Frau auf Bildung eingeklagt. Sie verband ihre Kritik überaus geschickt mit der Forderung nach Partizipation und Gestaltung der gesellschaftlichen Verhältnisse durch die Frauen, um – wie es im Programm des »Allgemeinen Deutschen Frauenvereins« hieß – »den Kultureinfluß der Frau« (auf allen gesellschaftlichen Gebieten) »zu voller innerer Entfaltung und freier sozialer Wirksamkeit zu bringen«. In nuce enthielt die Petition bereits das Programm eines auf die Geschlechterdifferenz gegründeten Konzepts »geistiger« und »organisierter Mütterlichkeit«.[26]

Clara Zetkin hielt auf dem Gründungskongreß der »Zweiten Internationale« 1889 in Paris vor einer Weltöffentlichkeit ihre große, vielbeachtete Rede über den notwendigen Zusammenhang von Sozialismus und Frauenfrage, in der sie die Emanzipation der Arbeiterin an das Schicksal der Arbeiterklasse band und das politische Programm für die Umsetzung ihrer sozialistischen Frauenemanzipationstheorie begründete.[27]

Trotz aller Meinungsverschiedenheiten ging es in beiden Konzepten um die Eigenrechte der Frau und um die Veränderung des Status quo in den Geschlechterverhältnissen als Teil gesellschaftlicher Reform oder gar Revolution. Denn die traditionelle Frauenrolle mit der dreifachen Bestimmung zur Gattin, Hausfrau und Mutter war für die Arbeiterin ohnehin, aber auch für die bürgerliche Frau am

Ende des 19. Jahrhunderts kein identitätsstiftendes Angebot mehr. Weder war die materielle Versorgung der Frauen durch die Orientierung auf Ehe und Familie weiterhin gewährleistet, noch vertrug sich die ökonomische und persönliche Abhängigkeit und Bevormundung in der Ehe mit dem Selbstverständnis der modernen Frau. Das 1900 in Kraft getretene Bürgerliche Gesetzbuch wurde von den Vertreterinnen beider Richtungen der Frauenbewegung einmütig als »unwürdig, als unzeitgemäß und kulturhemmend« verworfen.[28] Erst mit dem Auftreten einer Bewegung für das Stimmrecht aber wurde die Einlösung der Versprechen bürgerlicher Freiheiten und Gleichberechtigung gefordert, bezeichnenderweise nicht nur »um ihrer selbst« (der Frauen), sondern – wie Lily Braun in einer ersten öffentlichen und politischen Versammlung im Kampf um das Stimmrecht im Jahr 1894 erklärte – »um der leidenden Menschheit willen«. Dort hieß es unter anderem:

> »Wir verlangen die Anwendung der Prinzipien des modernen Staates – der allgemeinen Menschenrechte – auch auf die Hälfte der Menschheit, die Frauen.
> Wir, eine Armee von Millionen und Abermillionen Frauen, die wir unsere Kräfte in den Dienst der Allgemeinheit stellen so gut wie der Mann, verlangen unser Recht, an der Gestaltung der Allgemeinheit mitzuarbeiten.«[29]

Tatsächlich stellten die Aktivistinnen der Frauenbewegung nicht nur Forderungen, sondern eröffneten und bestellten nun in der neuen Ära der Sozialpolitik, die durch das Erstarken der Sozialdemokratie und den Einfluß des Kathedersozialismus vorbereitet war, ganz neue Arbeitsfelder. Soziale Arbeit war für die bürgerliche Frauenbewegung mehr als ein Programm zur Selbstverwirklichung, vielmehr der Ansatzpunkt, mit dem die Weichen gestellt werden sollten zu gesellschaftlich notwendiger Reform und einer neuen Form gesellschaftlicher Solidarität zwischen den Geschlechtern und zwischen den Klassen. Tatsächlich haben die Frauen ihr Engagement auf dem Feld sozialer Reform, in gemeinnütziger, von der Frauenbewegung organisierter sozialer Arbeit, aber auch ihre Mitwirkung als »Spezialistinnen« bei den ersten sozialwissenschaftlichen Enquêten dazu genutzt[30], um quasi »durch die Hintertür« in den ihnen verwehrten Bereich der Sozialpolitik, der Wissenschaften und der Öffentlichkeit zu schlüpfen. Dabei war die Grenzziehung zwischen privater Sphäre und öffentlichem Handeln bereits verschoben worden, ohne doch an der Grundstruktur der bürgerlichen Gesellschaft, der konstitutiven Trennung von Staat, Gesellschaft und der Privatheit der Familie und damit der Doppelbödigkeit von Gesellschaftsvertrag und Ehevertrag etwas zu ändern. Denn das Ehe- und Familienrecht des BGB bewahrte das Entscheidungsrecht des Ehemanns in allen ehelichen Angelegenheiten. Das heißt, die staatsbürgerliche Gleichberechtigung wurde durch die Bevormundung im Privaten alltäglich und praktisch untergraben.

Erst nach dem Zweiten Weltkrieg, nach dem Grauen nationalsozialistischer Herrschaft und unter dem Schutz der westlichen Demokratien ist es einer kurzfristig mobilisierten Frauenöffentlichkeit gelungen, im Grundgesetz verfassungsmäßig auch die privatrechtliche Gleichberechtigung zu verankern. Wir wissen alle, welche Verzögerungen und Schwierigkeiten auch dieser Umsetzungsprozeß erfahren hat. Gewiß war es ein Mißverständnis zu glauben, daß mit dieser juristischen Beantwortung der Frauenfrage alle Frauenprobleme gelöst seien.

In einer ersten großen Frauenversammlung in der Paulskirche, die vom 22. bis 24. Mai 1948 im Rahmen der Jahrhundertfeier der Ersten Deutschen Nationalversammlung unter reger Beteiligung aller westzonalen Frauenverbände stattfand, haben sich die Rednerinnen – zum Teil die »alte Garde« der Frauenbewegung vor 1933, aber auch jüngere Frauen einer neuen, selbstbewußten Generation – in die Tradition der Pionierinnen der Frauenbewegung gestellt und ein »Bekenntnis der deutschen Frauen zur Demokratie« abgelegt.[31] Kein Rederecht aber erhielten bereits die Vertreterinnen der Sowjetischen Besatzungszone, die sich im »Demokratischen Frauenbund Deutschlands« (DFD) zusammengeschlossen hatten und im Vorgefecht des kalten Krieges der kommunistischen Unterwanderung bezichtigt wurden, weshalb auch die Sozialdemokratinnen ihre Kongreßteilnahme abgesagt hatten. Das heißt aber auch: Bis 1989, bis zur Vereinigung der beiden deutschen Staaten blieb die in Verbänden organisierte Frauenpolitik ebenso wie die neue westdeutsche Frauenbewegung eingebunden in den Ost-West-Konflikt, ohne die Möglichkeit oder Fähigkeit, eine gemeinsame Brücke zu bilden.

Im Ergebnis waren die Entschließungen des interzonalen Frauenkongresses in der Paulskirche sehr verhalten und wirken trotz aller symbolischen Bedeutung heute eher bescheiden: Im Bemühen um die Sicherung des Friedens sahen sie wieder einmal – wie schon nach dem Scheitern der Revolution von 1848 mit dem tröstlichen Versprechen: »Die Freiheit, wir ziehen sie groß zu Haus'«[32] – ihre Aufgabe in der Erziehung zur Demokratie. Staatsbürgerliche Bildung war die Zauberformel, mit der die Frauen auch mit Hilfe der Besatzungsmächte im westdeutschen Demokratisierungsprozeß beschäftigt und stillgestellt wurden (»Bringing Democracy to the Frauleins«)[33], so als ob sie sich den Zutritt zur Politik nach wie vor erst verdienen müßten. Im übrigen lastete die Bewältigung der Alltagsprobleme vor allem auf den Frauen. Gleiche Löhne für gleiche Arbeit wie die Erhöhung der Lebensmittelzuweisungen waren daher berechtigterweise die wichtigsten Forderungen einer Notgemeinschaft aus der Nachkriegszeit, in der Frauen – wie es so schön heißt – »ihren Mann gestanden haben«.

Tatsächlich bedurfte es erst einer neuen Frauenbewegung, um die Grundsatzfragen im Geschlechterverhältnis erneut zu einem Politikum zu machen.[34] In vieler Hinsicht hat die neue Frauenbewegung mit ihrer Politisierung des Privaten meines Erachtens stückweise die geschlechtsspezifische traditionelle Grenzziehung zwischen Privatem und Öffentlichkeit bereits verschoben, ohne jedoch im Hinblick auf Gleichberechtigung und Partizipation der Frauen am Ziel zu sein.

Im Wissen um die Brechungen in der weiblichen Paulskirchentradition müssen wir uns gleichwohl fragen, wie eine Standortbestimmung heute nach 150 Jahren »im Schatten der Paulskirche« aussehen könnte. Dazu möchte ich wenigstens noch einige Stichworte geben.

Offenbar befinden wir uns gegenwärtig in einer Übergangszeit, einem Schwebezustand gerade auch im Blick auf die Geschichte der Frauenbewegung. Denn die westdeutsche neue Frauenbewegung ist mit der Veränderung der politischen Verhältnisse in Europa seit 1989 aus verschiedenen Gründen an einem Ende angekommen, auch wenn viele ihrer Forderungen noch nicht eingelöst und die Konsequenzen der neuen Orientierungen und Lebensweisen noch nicht abzusehen sind. Die Netze, die eine Bewegung braucht, sind vielfältig geknüpft und weit ausgelegt, aber nicht ohne weiteres mobilisierbar. Die Akteurinnen haben sich in den verschiedensten Feldern auf Professionalisierung und Institutionalisierung eingelassen, um feministische Perspektiven und Erkenntnisse in den Kanon der Wissenschaften einzuschleusen oder in Politik und Beruf zu praktizieren. Zugleich ist inzwischen eine neue Frauengeneration herangewachsen, die das Erbe der Mütter nicht unbedenklich annehmen, sondern zu Recht selbst bestimmen will, was für sie gilt. Vielfältige Unterschiede gerade auch unter den Frauen sind so immer deutlicher geworden und lassen eine einheitliche frauenpolitische Strategie und Theorie undenkbar erscheinen. Gleichzeitig hat als Folge sozialen Wandels, an dem die neuen sozialen Bewegungen entscheidend mitgewirkt haben, ein Prozeß der Enttraditionalisierung und Pluralisierung der Lebensformen eingesetzt, der entgegen allen Unkenrufen die Individualisierung auch der Frauen als Teil eines gesellschaftlichen Demokratisierungsprozesses beinhaltet, gerade weil er für Frauen Emanzipation aus traditioneller Abhängigkeit und aus geschlechtshierarchischer Arbeitsteilung bedeutet. Das heißt nicht, daß Frauen nicht nach wie vor bereit wären, Verantwortung zu übernehmen, für andere zu sorgen und Bindungen einzugehen.

Tatsächlich hat die Frauenbewegung von Anbeginn und bis heute den mit den Emanzipationsbestrebungen von Frauen verbundenen Befürchtungen, den »Verfall der Familie«[35] zu betreiben, ebenso wie den Szenarien von der »vollmobilen Single-Gesellschaft«[36] eine erprobte soziale Praxis und vielfältige politische Ideen, ja, mittlerweile elaborierte Sozialphilosophien entgegenzusetzen. Es sind die auch international geführten feministischen Diskussionen um soziale Bürgerrechte, um die andere und unsichtbare Arbeit von Frauen, um *care* (Fürsorge) als dem Stichwort für eine neu zu vereinbarende gesellschaftliche Solidarität sowie um die Menschenrechte von Frauen, um Gerechtigkeit, Moral und Freiheit, aber auch Rassismus, Ethnizität und den komplizierten Begriff der Nation, die uns weiterbringen können im Prozeß der Verständigung über die Krisen unserer Gesellschaft. Das Ende der »großen Erzählungen« meint auch, daß es keine eindeutigen Regieanweisungen mehr gibt und keine Lösung all unserer Konflikte und Probleme, politisch und privat. Das bedeutet, es geht immer wieder um Verhandlungen und Vereinbarungen vor allem auch in dem Bereich, der als zivilgesellschaftliche Sphäre die Möglichkeit zu gemeinsamem Handeln eröffnet. Die wichtigsten Akteure bleiben hier soziale Bewegungen und mobilisierte Netzwerke.

Tatsächliche Möglichkeiten und Fähigkeiten zum Handeln – *empowerment* und *agency*, wie es knapp, aber treffend im internationalen Diskurs heißt – stehen darum auch im Zentrum feministischer Gerechtigkeitstheorien und Politik. Die internationale Kampagne »Menschenrechte für Frauen«, die schon im Vorfeld der Weltfrauenkonferenz in Peking, fernab von unserem bundesrepublikanischen Horizont und ganz ohne unser westlich-weißes Zutun, Basisbewegungen in allen Teilen der Welt auf eine Plattform bringen und gemeinsame Aktivität zum Schutz vor Gewalt gegen Frauen vereinigen konnte, ist ein Beispiel, das zum Mittun herausfordert, aber auch unsere Wachsamkeit verlangt, wenn wir die eigene Regierung zur Umsetzung ihrer internationalen Verpflichtungen zwingen wollen.

Unrecht erleiden Frauen immer noch vor allem im Privaten, nicht durch Diskriminierung in der Öffentlichkeit, sondern durch eine bestimmte, geschlechtshierarchische Organisationsform der Arbeit und durch die ungerechte Verteilung der Einkommen. Deshalb geht es auch heute nicht »nur« um Anerkennung, sondern auch noch um Verteilung, soziale Gerechtigkeit und Teilhabe. Das Konzept sozialer Bürgerrechte, das die verschiedenen Dimensionen des Staatsbürgerstatus, das notwendige Zusammenspiel der politischen, privaten und sozialen Rechte hervorhebt, ist darum ein Anknüpfungspunkt für eine feministische Sozialpolitik. Denn um politische Handlungsfähigkeit, um die aktive Beteiligung aller Bürgerinnen und Bürger am Prozeß politischer Willensbildung sicherzustellen, müssen vor allem auch die sozialen Bedingungen, die gesellschaftliche Form der Arbeitsteilung sowie die Reichweite politischer und privater Autonomie verändert bzw. neu ausgehandelt werden.

Alles dies sind menschliche Probleme, betont Martha Nussbaum, nicht nur die Probleme der Frauen. Gerade weil sie verschiedene Verpflichtungen – die Sorge für Familie und Kinder und eine befriedigende Erwerbstätigkeit – miteinander zu vereinbaren suchen, sind »weibliche Lebensformen ein Pluspunkt«, sind Frauen als Expertinnen und Avantgarde einer entwickelteren gesellschaftlichen Solidarität zu verstehen.

> »Insofern sollten die Erfahrungen von Frauen nicht nur einfach als ein Fundus von vielen schlechten Beispielen für soziale Ungerechtigkeit und die schwierige Problematik gesellschaftlicher Übereinkunft betrachtet werden [...], sondern auch als eine Quelle mannigfaltiger Einsichten und Anregungen, wenn wir uns bemühen, eine angemessene Konzeption der Lebensqualität zu erarbeiten.«[37]

In diesem Sinne ist auch die Frauen- und Geschlechtergeschichte seit 1848 ein reicher Fundus, in dem zu stöbern sich lohnt, weil er Potentiale aufzeigt, auf die die Welt, so wie sie ist, heute nicht mehr verzichten kann.

Paragraph 218 und kein Ende: Der Beitrag der Frauenbewegung zum Diskurs über eine andere Moral

Worum geht es eigentlich?

Die Argumente für und gegen die Kriminalisierung der Abtreibung sind alle ausgetauscht und bekannt, darum soll es hier nicht gehen. Mich interessiert vielmehr herauszufinden, warum sich dieser Dissens über Menschenrecht oder Strafproblem immer wieder mit solcher Vehemenz und Unvermeidlichkeit in den Vordergrund drängt. Mein Verdacht und die hier vertretene These ist: Es geht im Grunde um mehr und noch etwas ganz anderes. Die Schwangerschaftsproblematik ist lediglich die Projektionsfläche, quasi eine Bühne, auf der die traditionellen und brüchig gewordenen Rollen von Mann und Frau und damit ein aus vielen Gründen schwelender Geschlechterkonflikt zur Sprache kommen. Da wo die zwischen den Geschlechtern herrschende Ordnung aus den Fugen gerät, wird klar, daß es um Herrschaft geht. Bezeichnend ist, daß die Gleichberechtigung der Frauen heute selbst unter Konservativen nicht mehr strittig ist. Diese rechtliche Formalität ist politisches Credo von links bis rechts. Doch in dem Augenblick, in dem mit dem Selbstbestimmungsrecht ernst gemacht werden soll und das andere Geschlecht Privilegien und Verfügungsrechte aufzugeben hat, stellt sich die Machtfrage. So wäre erst zu klären, ob etwa das liberale Abtreibungsrecht in den sozialistischen Staaten, das die Verantwortung und die Pflicht zur Schadensbegrenzung allein der Frau überließ, sich nicht sehr gut in ein unhinterfragtes, traditionelles Geschlechterverhältnis einfügen ließ. Die formale Gleichberechtigung verschleierte die tatsächlichen Frauenprobleme auch in allen nun unreal gewordenen sozialistischen Gesellschaften, ebenso wie die alltägliche Diskriminierung und selbst das Eingeständnis rechtlicher Unzulänglichkeiten zum Basso continuo kapitalistischer Marktpolitik gehören. Unüberbrückbar und unversöhnlich erscheinen jedoch die Meinungsunterschiede in den modernen, so betont pluralistischen Gesellschaften im Hinblick auf die Rechte, die die Privatsphäre betreffen, den Raum der Familie, der in der Tradition bürgerlicher Freiheitsverbriefungen und von den Theoretikern der zivilen Gesellschaft als »rechtsfreier Raum« gegen staatliche Eingriffe verteidigt wird.

Wie wenig dieser rechtsfreie Raum von Gewalt frei ist und also des Rechtsschutzes entbehren kann, ist das vom neuen Feminismus aufgedeckte Skandalon, das mit der niemals hinreichenden Zahl von Zufluchtsstätten für geschlagene Frauen oder mit der Aufdeckung von Kindesmißhandlungen und der Diskussion von Vergewaltigung auch in der Ehe öffentlich wurde. Doch auch diejenigen, die sich ehemals durch den Angriff auf die bürgerliche Kleinfamilie hervortaten und damit als »links« kennzeichneten, haben es meines Erachtens versäumt, eine eigene Utopie oder auch nur ein alternatives Konzept von der sogenannten Privatsphäre und dem in ihr eingeschlossenen Geschlechterproblem zu entwickeln, weshalb Linke, Sozialdemokraten, auch Grüne so hoffnungslos in die Defensive geraten waren gegenüber der in den 80er Jahren programmierten Wende in der Familienpolitik. Sie wurde unter dem Stichwort »neue Mütterlichkeit«[1] als Frauenpolitik verkauft und präsentierte sich in Anknüpfung an Sprachregelungen der Geschlechterdifferenz als neue Variante eines konservativen Feminismus im Staatspelz. Das hat bis heute sozialpolitisch gravierende Folgen, zum Beispiel die, daß die Einführung eines Erziehungsgeldes und Erziehungsurlaubs für erwerbstätige Mütter seit 1986 sowie die Anerkennung von sogenannten Babyjahren in der Rentenversicherung (seit 1987 ein Jahr pro Kind, seit 1992 drei Jahre) tatsächlich nicht die bessere Vereinbarkeit von Beruf und Familie gewährleisten sollten, sondern von Anbeginn als Prämie oder Anreiz für den Rückzug vom überlasteten Arbeitsmarkt konzipiert waren.

Inzwischen ist offensichtlich, daß die Regeln im traditionellen Rollenspiel zumindest von einer Seite, von vielen Frauen, nicht mehr akzeptiert werden, jedoch fehlt auf der anderen Seite, auf der Seite der Männer, der Leidensdruck bzw. die Bereitschaft, auch die

Männerrolle entsprechend zu überdenken, zu modernisieren. Das Lamento fortschrittlicher Individualisierungstheoretiker über die »Erosion des Sozialen«, die Folgen alternativer Lebensformen und die Ausdifferenzierung der Lebensstile sowie das ungewisse Ergebnis des allgemein diagnostizierten Wertewandels[2] unterscheidet sich in diesem Punkt daher nur geringfügig vom kulturpessimistischen Patriarchalismus konservativer Familienideologie. Dessen Antifeminismus gehört in Deutschland spätestens seit W. H. Riehl (1855)[3] zum Kanon bildungsbürgerlicher Erziehung und Prägung. Weil aber die Mehrheit der Männer in unserer Gesellschaft wegen einer traditionellen Arbeitsteilung und der Teilung der Arbeitsmärkte nach wie vor an anderen Orten agiert als die meisten Frauen, machen sie auch im Hinblick auf die Auswirkungen gesellschaftlichen Wandels prinzipiell andere Erfahrungen. Die These dieses Beitrags ist, daß in der Abtreibungsfrage die unterschiedlichen Befindlichkeiten und der Dissens zwischen Männern und Frauen auch über gesellschaftliche Moral wie in einem Brennglas gebündelt werden.

Im Zentrum des Geschlechterkonflikts: Zur Geschichte der Bewegung gegen den Paragraphen 218

Die neue Frauenbewegung war nicht nur in der Bundesrepublik, sondern weltweit mit der Forderung nach Abschaffung des sogenannten Unrechtsparagraphen – im deutschen Recht, des Paragraphen 218 StGB – als Kernstück der Frauenunterdrückung ins öffentliche Bewußtsein gerückt. Erst mit der Mobilisierung gegen diesen Paragraphen war sie über den akademischen Bereich hinaus zu einer Bewegung von Frauen aller Schichten geworden. Nicht zufällig hat der feministische Aufbruch aus diesem Anlaß eingesetzt. Denn der am Beginn der 70er Jahre mit der Selbstbezichtigungskampagne »Ich habe abgetrieben« veröffentlichte Protest gründete sich auf den immer deutlicheren Widerspruch zwischen der Zusicherung von mehr Gleichberechtigung und der Kontrolle und Bevormundung der Frauen an diesem, ihr Leben entscheidenden Punkt: der Kontrolle weiblicher Sexualität und der Fähigkeit, Menschen zu gebären. Nach wie vor bündeln sich in dem akuten Konflikt, ob es einer Frau zuzumuten ist bzw. ob sie es sich leisten kann, ein Kind großzuziehen, alle Probleme, die Frauen auch gegenwärtig trotz formaler Gleichheit und sogenannter Wahlfreiheiten haben: ihre ökonomische und persönliche Abhängigkeit und die traditionelle Form gesellschaftlicher Arbeitsteilung, die durch patriarchale Gewohnheiten in der Familie wie durch männliche Privilegien im Beruf gestützt und immer wieder neu gefestigt wird.

Im Recht der vormodernen wie auch der bürgerlichen Gesellschaft waren diese Probleme in der sogenannten ehelichen Pflicht »aufgehoben«. Sie beinhaltete die Fügsamkeit der Ehefrau in der Sexualität und die Verfügbarkeit des weiblichen Körpers zur Erzeugung des Nachwuchses. Im Eherecht des Bürgerlichen Gesetzbuches aus dem Jahr 1900 wurde diese Pflicht als Teil der Pflicht zu ehelicher Lebensgemeinschaft gemäß Paragraph 1353 BGB noch bis 1977, bis zur Abschaffung des Schuldprinzips im Scheidungsrecht, gesetzlich vorgeschrieben, weshalb ihre Verletzung oder Verweigerung ein auch mit materiellen Folgen verknüpfter Scheidungsgrund war. Kaum zu glauben sind daher die Ausführungen in einem Urteil des Bundesgerichtshofes noch aus dem Jahr 1966, wonach die Ehefrau »ihren ehelichen Pflichten« nicht schon dadurch genügte, »daß sie die Beiwohnung teilnahmslos geschehen« ließ oder gar »Gleichgültigkeit oder Widerwillen zur Schau« trug.[4]

Dabei hat der Protest gegen den nicht nur eherechtlich, sondern auch strafrechtlich sanktionierten Gebärzwang von Frauen eine lange Vorgeschichte und schon in der alten Frauenbewegung Einmischung und Auseinandersetzungen provoziert: Bereits nach der Jahrhundertwende traten im Zusammenhang mit der Diskussion um die Reform des Sexualstrafrechts radikale und bürgerliche Feministinnen entschieden für die Streichung des Paragraphen 218 ein. In den 20er Jahren versuchte die KPD, unterstützt von der SPD, sich an die Spitze der Bewegung gegen den »Klassenparagraphen« zu stellen. Schließlich ist auch gleich nach dem Zweiten Weltkrieg, als Frauen in West- und Ostdeutschland für kurze Zeit das Überleben und den politischen Neuanfang zu organisieren wagten, die Reform des Paragraphen 218 Gegenstand frauenpolitischer Initiativen gewesen.

Zu fragen bleibt, warum diese Geschichte immer wieder verlorenging, warum der Widerstand gegen Bevormundung und die Indienstnahme des weiblichen Geschlechts zur Reproduktion der Gattung Mensch immer wieder ganz neu und anscheinend von vorn beginnen muß. Gerade weil wir auch heute wieder – kurz vor dem Ende des 20. Jahrhunderts – erneut um die Frage der Strafbarkeit des Schwangerschaftsabbruchs streiten, Selbstbestimmung und Würde der Frau immer noch zur Disposition zu stehen scheinen, soll an diesen Teil der Emanzipationsgeschichte von Frauen noch einmal erinnert werden. Der Rückblick zeigt, wie alt die Argumente der Frauen schon sind.

Frauenbewegung um 1900: Kampf gegen die doppelte Moral

Die Frauenbewegung hat sich von ihren Anfängen an gegen eine doppelte Moral gewandt, die Männern alle Freiheiten gestattet, den Frauen – als Garantinnen für die »Reinheit des Familienlebens« oder »die Ehre und den Frieden des Hauses« (so Friedrich v. Savigny als Gesetzgebungsminister 1845) – jedoch die Verantwortung für eine besondere geschlechtliche Moral auferlegt. Schon Louise Otto, die Vorkämpferin der deutschen Frauenbewegung im 19. Jahrhundert, wußte hierauf trocken zu antworten:

> »Die gerühmte Sittsamkeit der deutschen Mädchen und Hausfrauen erscheint sonach als nichts Anderes als das Resultat eines stets auferlegten Zwanges – im schlimmeren das erzwungene Produkt einer fast unerträglich befundenen Sklaverei.«[5]

Nicht nur das »Recht der Frauen auf Erwerb«, nicht nur gleicher Lohn und gleiche Bildung standen daher von Anbeginn auf dem Programm der bürgerlichen wie auch der proletarischen Frauenbewegung, sondern es ging um einen Dissens in den Kernfragen gesellschaftlicher Moral, um die Frage, wie Pflichten und Rechte bei der Ordnung der geschlechtlichen Beziehungen und des Geschlechterverhältnisses gleichmäßiger und gerechter zu verteilen seien. »Es gibt nur eine Moral, sie ist die gleiche für beide Geschlechter«, lautete das Motto der Sittlichkeitsbewegung, die sich seit den 1870er

Jahren, international angeführt von der Engländerin Josephine Butler, insbesondere gegen das staatlich geduldete Bordellwesen und die nur die Frauen ins Unrecht setzende Reglementierung der Prostitution wandte. Am Ende des 19. Jahrhunderts, mit dem Aufschwung der Frauenbewegung und ihrer Ausdifferenzierung in verschiedene Richtungen und Arbeitsgebiete, aber war unter dem altmodisch anmutenden Stichwort »Sittlichkeitsbewegung« ein ganzes Bündel existentieller Frauenfragen thematisiert, die wir auch heute noch als typisch feministische Anliegen bezeichnen würden: gegen die Geschlechtsvormundschaft im Eherecht; gegen Unrechtsurteile in Vergewaltigungsfällen, die als »Geschlechtsjustiz« bezeichnet wurden; für eine »freie Ehe« und »das Recht auf Liebe« auch der unverheirateten Frau, ein Anliegen, das insbesondere Helene Stöcker im »Bund für Mutterschutz« vertrat und als »neue Ethik« bezeichnete; für die Gleichstellung »unehelicher Kinder« und ihrer Mütter und vieles anderes mehr. Gewiß war die Thematisierung dieser Probleme heiß umstritten, für viele Frauen auch in der Bewegung ein Skandal – Helene Lange sprach von »feministischer Gedankenanarchie« –, und doch war dies eine Diskussion, die nicht nur von den Radikalen, dem sogenannten »linken Flügel« der Bürgerlichen, geführt wurde, sondern alle anging und an der sich alle – auch etliche Frauen aus der proletarischen Frauenbewegung – beteiligten.[6] Ein Beispiel und Teilstück dieser Diskussionen waren die Vorschläge des Bundes Deutscher Frauenvereine (BDF), der Dachorganisation aller bürgerlichen Frauenvereine, zur Reform des Paragraphen 218 StGB.

Gleich nach den ausführlichen und heftigen Diskussionen über das Sexualstrafrecht, die um 1900 zu einer weitreichenden und verschärfenden Reform mit der Einführung eines Zuhälterparagraphen geführt hatten, die sogenannte Lex Heinze, war schon das Strafgesetzbuch insgesamt Gegenstand der Beratungen im Justizressort. Die – soweit mir bekannt – erste, die sich in Deutschland öffentlich und schriftlich zur ersatzlosen Streichung des Paragraphen 218 äußerte, und zwar unter einem Pseudonym, war die Gräfin Gisela von Streitberg alias Gertrud Gräfin von Bülow Dennewitz. Sie schrieb 1904:

»Es wäre tief zu beklagen, wenn die gegenwärtig in der deutschen Reichshauptstadt zum Zwecke der Strafrechtsreform versammelte Justizkommission diesen Paragraphen unbeanstandet in seinem vollen Umfange beibehielte, denn er schließt eine grausame und schwere Benachteiligung des weiblichen Geschlechts in sich.«[7]

In ihrer Schrift mit dem sehr aktuell wirkenden Titel »Das Recht zur Beseitigung keimenden Lebens« setzte sie sich freimütig, dabei sogar die gegenwärtigen Argumente treffend, auseinander mit dem Selbstbestimmungsrecht der Frau, dem »Widerspruch, daß die Frau von Rechts wegen behandelt wird wie eine Sache, aber verantwortlich gemacht und eventuell bestraft wird wie eine zurechnungsfähige Person«. Sie kritisierte, daß »einem unentwickelten menschlichen Fötus, noch bevor derselbe durch die ersten Regungen im Mutterleibe sein Leben bekundet hat, der Schutz eines mit Persönlichkeitsrechten ausgestatteten Wesens« zugebilligt würde.[8] Von Streitberg kannte die grausame Wirklichkeit der Frauen, die in die Fänge einer nicht die Menschen schützenden, sondern nur strafenden Justiz geraten waren, und forderte neben einem ganzen Katalog notwendiger Maßnahmen:

»Da die Frau allein die Lasten und Schmerzen der Geburt trägt und ohne Vergeltung von Seiten der Nation ihre Kinder unter tausendfachen Mühen und Sorgen für dieselbe aufzieht, so ist sie allein zuständig zu entscheiden, wie oft sie diese Aufgabe erfüllen will.«[9]

Eine andere, die sich schon sehr frühzeitig und immer an vorderster Stelle für die Anerkennung der Frau als Rechtsperson und ihr Selbstbestimmungsrecht gerade auch auf sexuellem Gebiet eingesetzt hat und dafür von der breiten Masse verfemt wurde, war Helene Stöcker. Mit der Gründung des »Bundes für Mutterschutz« im Jahre 1905 hatte sie die von ihr vertretene neue Ethik zum Programm gemacht. Dieser forderte neben der Anerkennung der sogenannten nichtehelichen Lebensgemeinschaften, der Gleichstellung der unehelichen Kinder, der Einführung einer staatlichen Mutterschaftsversicherung, neben Sexualaufklärung und Empfängnisverhütung vor allem die Anerkennung des Selbstbestimmungsrechts der Frau über ihren eigenen Körper und ihre Sexualität, in den Worten Stöckers, »ihr Recht auf Freiheit und ihr Recht auf Liebe«.[10] Im Jahr 1908 veröffentlichte auch sie eine von ihr selbst durchgeführte Enquete zur Strafbarkeit der Abtreibung. Die Umfrage unter 600 »bekannten Persönlichkeiten« ergab, daß die überwiegende Mehrheit der Befragten zumindest für eine Milderung, wenn nicht gar für Straflosigkeit des Schwangerschaftsabbruches eintrat.[11]

In der Rechtskommission des Bundes Deutscher Frauenvereine (BDF), die zu dieser Zeit von Marie Stritt, der Bundesvorsitzenden und Begründerin des Rechtsschutzvereins in Dresden, geleitet wurde, war im Zuge der geplanten Strafrechtsreform vor 1908 auch eine ausführliche Denkschrift mit Reformvorschlägen und Kritik am geltenden Strafrecht erarbeitet worden. In dieser Schrift, die bedenkenswerte Einwände gegen das Strafrecht im allgemeinen als »Männerrecht« enthält, findet sich auch der Vorschlag, den Paragraphen 218 StGB ganz zu streichen. Zur Begründung heißt es da unter anderem:

> »Die Frau muß aber auch als freie Persönlichkeit Herrin ihres Körpers sein dürfen. Sie sieht es daher als einen unberechtigten Eingriff in ihr Selbstbestimmungsrecht an, wenn sie bestraft werden soll, weil sie einen Keim vernichtet hat, der zunächst doch nur ein unlöslicher Bestandteil ihres eigenen Körpers ist [...].«[12]

Doch dieser Vorschlag führte auf der Generalversammlung des BDF in Breslau im Jahre 1908 zu harten und grundsätzlichen Auseinandersetzungen, er wurde schließlich von der Mehrheit abgelehnt. Von dieser konservativen Mehrheit, die sich insbesondere dem Beitritt des Deutschen Evangelischen Frauenbundes verdankte, wurde nur eine Strafminderung vorgeschlagen sowie Straflosigkeit bei medizinischer, eugenischer und ethischer Indikation. Bemerkenswert aber bleiben die Äußerungen von Camilla Jellinek, der später langjährigen Leiterin der Rechtsschutzstelle in Heidelberg und Ehefrau des Staatsrechtlers Georg Jellinek. Als Mitglied der Rechtskommission und Bearbeiterin des weitergehenden Reformvorschlages[13] war sie erst nach einigen Überlegungen und Gewissensqualen »rückhaltlos für die Abschaffung von Paragraph 218« eingetreten und schilderte in ihrem Vortrag auf der Generalversammlung, welche Überlegungen ihren Meinungsumschwung ausgelöst hatten: »pflegt man doch meist sehr konservativ zu sein in Dingen, über die man nicht genügend nachgedacht hat«. Sie sprach davon, »wie sehr wir in einer

Zeit der Umwertung aller Werte leben, wie viele Urteile wir alle selbst schon als Vorurteile erkannt, wie viele Wahrheiten wir um der Wahrheit willen schon geopfert haben«. Um die anderen zu überzeugen, setzte sie sich sehr ausführlich auch mit den zahlreichen Gegenstimmen aus der Frauenbewegung auseinander und kam zu dem Schluß:

> »Darüber besteht für mich kein Zweifel: wenn die Männer die Kinder zu gebären hätten – ein männlicher Paragraph 218 wäre nie geschaffen worden! [...]
> Es ist also die Strafandrohung ein nicht gerechtfertigter Eingriff in die Verfügungsmöglichkeit über den eigenen Körper, also in die Freiheit der Persönlichkeit.
> Und so haben wir denn nicht zu fürchten, der Frauenbewegung einen Schlag zu versetzen, sondern sind vielmehr davon überzeugt, ihren Prinzipien treu, ihr einen Dienst zu leisten, wenn wir die Abschaffung des Paragraphen 218 fordern: Im Namen des Selbstbestimmungsrechts, im Namen der freien Persönlichkeit der Frau!«[14]

Es kam zu keiner Strafrechtsreform mehr vor dem Weltkrieg. In der proletarischen Frauenbewegung hatte noch kurz vor Ausbruch des Krieges eine »Gebärstreikdebatte« Massenversammlungen von Proletarierinnen für ihr Recht auf Selbstbestimmung und Geburtenkontrolle sowie Irritationen und Distanzierungen der SPD von dieser »Privatsache« der Frauen hervorgerufen. Insbesondere Clara Zetkin hatte aus Sorge um die notwendige Zahl der »Soldaten für die Revolution« zur Parteidisziplin aufgerufen und die Arbeiterinnen an ihre »heiligen Verpflichtungen der Mutterschaft« gemahnt.[15] Tatsächlich gingen alle ersten Befreiungsversuche, das Recht auf Selbstbestimmung und auf Leben, im Inferno des Weltkrieges unter.

Die 20er Jahre: Gegen den Klassenparagraphen

Die Kampagne gegen den Paragraphen 218 StGB, der die Bestrafung der Abtreibung regelt, verdeutlicht noch einmal die gesellschaftlichen Widersprüche am Ende der Weimarer Republik und lenkt den Blick auf die Not der Frauen, deren »Biologie« wieder »zum Schicksal« gemacht wurde.[16] Zugleich bündelten sich in der Kampagne der 20er Jahre die »Klassenfrage« und das Geschlechterproblem.

Der Paragraph 218 wurde als ein »Klassenparagraph« bezeichnet, weil der Mangel an Aufklärung und das Verbot von Verhütungsmitteln vor allem ein Problem der Arbeiterinnen waren: »Noch nie hat eine reiche Frau wegen Paragraph 218 vorm Kadi gestanden«, so Gustav Radbruch als sozialdemokratischer Justizminister 1921. Bereits 1920 war von den Parlamentarierinnen der USPD der Antrag auf ersatzlose Streichung des Paragraphen 218 im Reichstag eingebracht worden und verursachte großes Aufsehen. Die SPD zog nach und legte den Entwurf für eine Fristenlösung vor, die Straflosigkeit bei einem Abbruch wenigstens in den ersten drei Monaten einer Schwangerschaft vorsah.

Wiederholt mischte sich Helene Stöcker in diese Sache ein und schrieb 1924:

> »Wenn wir als Vorkämpfer der Bewegung für Mutterschutz und Sexualreform heute wieder einmal in der Öffentlichkeit unsere Stimme erheben, um für die Abschaffung der Paragraphen 218 / 219 des StGB einzutreten – so geschieht es, weil das Problem der freiwilligen Unterbrechung der Schwangerschaft durch die Not des letzten Jahrzehnts noch eine besondere Aktualität erhalten hat [...]
> Diese Strafparagraphen sind entstanden aus einer Weltanschauung, deren Voraussetzungen für uns heute auf keinen Fall mehr gelten können – unter sozialen, politischen und wirtschaftlichen Zuständen völlig entgegengesetzter Natur wie unserer heutigen. Heute gehören sie zu jenen Unglücksparagraphen, von denen Goethes Wort gilt: ›Es erben sich Gesetz und Rechte wie eine ewige Krankheit fort.‹ Sie gehören zu den größten Zerstörern menschlicher Freiheit, ehelichen Glückes und sexueller Ehrlichkeit, die wir kennen.«[17]

Der »Bund für Mutterschutz und Sexualreform« stand in den 20er Jahren an der Spitze einer Sexualreformbewegung, die für die Freigabe des Schwangerschaftsabbruchs eintrat und in den überall in der Republik geschaffenen Ehe- und Sexualberatungsstellen praktische Sexualberatung und Mutterschaftshilfe betrieb.[18] Die Sexualreformbewegung dieser Zeit wurde von sehr unterschiedlichen Strömungen getragen, von Feministinnen ebenso wie von Bevölkerungspolitikern, Sozialhygienikern und Medizinern, darunter auch Liberale, aber in der Mehrheit Sozialisten und Kommunisten. Keineswegs hatten alle dabei das Selbstbestimmungsrecht der Frauen im Sinn, vielmehr die Volksgesundheit, Geburtenkontrolle, manche auch schon das sogenannte »lebensunwerte Leben«. Immerhin hatte die KPD die Kritik am staatlichen Gebärzwang in ihr Programm aufgenommen und die Aktion gegen den Paragraphen 218 zur Mobilisierung der »Frauenmassen« benutzt:

> »Die Bourgeoisie fürchtet, daß sich die Objekte ihrer Ausbeutung vermindern könnten, daß ihr in den Zeiten der Hochkonjunktur die nötigen Arbeitskräfte fehlen könnten, die ihr auch in den Zeiten der Krise und der Depression als ein Heer von Lohndrückern, als industrielle Reservearmee, die auf den Lebensstandard der ganzen Arbeitermasse drückt, willkommen ist. Noch mehr fürchtet sie, bei ihrem nächsten Krieg um die Aufteilung der Welt zu kurz zu kommen, wenn nicht genügend Kanonenfutter vorhanden ist.«[19]

Gerade Clara Zetkin, die doch 1913 noch nichts von einem Gebärstreik der Arbeiterklasse wissen wollte, mußte in dieser Zeit von Lenin einen Rüffel einstecken und zitierte ihn sogar in ihren »Erinnerungen an Lenin«:

> »Ihr Sündenregister, Clara, ist noch größer. Es wurde mir erzählt, daß in den Lese- und Diskussionsabenden der Genossinnen besonders die sexuelle Frage behandelt werde [...] Ich glaubte meinen Ohren nicht trauen zu dürfen, als ich das hörte. Der erste Staat der proletarischen Diktatur ringt mit der Gegenrevolution der ganzen Welt. Die Lage in Deutschland selbst fordert die größte Konzentration aller proletarischen, revolutionären Kräfte [...] Die tätigen Genossinnen aber erörtern die sexuelle Frage und die Frage der Eheformen in Vergangenheit, Gegenwart und Zukunft [...].«[20]

1926 kam es endlich zu einer Reform des Strafrechtsparagraphen. Dabei wurde jedoch lediglich das Verbrechen in ein Vergehen umdefiniert, das nicht mehr mit Zuchthaus, sondern mit Gefängnisstrafe geahndet werden sollte. Der BDF, in dem keine der radikalen Frauen mehr vertreten war, wollte die Einheitlichkeit der Frauenforderungen nicht gefährden und gab der Mehrheit der Konservativen nach.[21] Deshalb konnte sich die BDF-Führung in diesem Zusammenhang nur zur Zulassung einer medizinischen Indikation unter Berücksichtigung sozialer Gesichtspunkte entschließen, und selbst dies nur gegen den Widerstand der mächtigen Hausfrauen- und Landfrauenverbände:

> »Wenn wir trotz alledem nicht den Weg der Freigabe befürworten [...], so tun wir das aus der Überzeugung, daß das Strafrecht [...] zugleich für das Volk die grobe, aber doch deutliche Verbotstafel darstellt, deren Inhalt in seine Seelen eingegraben werden soll.«[22]

Das Elend der Frauen, die abgetrieben hatten oder eine Möglichkeit zur Abtreibung suchten, kam durch sozial engagierte Ärztinnen und Ärzte zunehmend zur Sprache; die Zahl der jährlichen Abtreibungen wurde auf 1 200 000 geschätzt. Wegen fehlerhaft durchgeführten Abbruchs starben etwa 25 000 Frauen, 250 000 blieben krank. »Die Neue Generation«, herausgegeben von Helene Stöcker, informierte laufend über das Abtreibungselend und schaltete sich entschieden in die Debatte ein. Wie ein Fanal wirkte schließlich die Aufführung des Theaterstücks »Cyankali« von Friedrich Wolf unter der Regie von Erwin Piscator im September 1929 am Berliner Lessingtheater.[23]

Einzigartig war die Solidarisierung namhafter Künstler, Schriftsteller und Wissenschaftler wie Albert Einstein, Sigmund Freud, Erich Kästner. Käthe Kollwitz entwarf das bekannte Plakat »Nieder mit dem Abtreibungsparagraphen!«. Doch die Bewegung verebbte sehr schnell wieder. Der im Oktober 1931 in den letzten Reichstag eingebrachte Gesetzentwurf der KPD, der neben der Abschaffung des Paragraphen 218 auch Lohngleichheit, umfassende Schutzmaßnahmen für die Frauen am Arbeitsplatz, für schwangere und erwerbslose Frauen vorsah, scheiterte an der Uneinigkeit der Linken und Demokraten gegen den wirklichen politischen Gegner, die Nationalsozialisten.

Zwischenspiel nach 1945

Der kurze frauenpolitische Aufbruch in den ersten Nachkriegsjahren zeigte sich auch erneut in einer in der Presse und in den Frauen-Ausschüssen geführten Diskussion um die Reform des Paragraphen 218. Immer wieder ist dieses Thema vor allem in Wende- und Krisenzeiten präsent, wird es zur Projektionsfläche eines problematischen Geschlechterverhältnisses.

Massenhafte Vergewaltigungen durch die Besatzer haben in der ersten Nachkriegszeit ohne Zweifel die Abtreibung trotz fortbestehender Tabuisierung erleichtert. Da unter nationalsozialistischer Herrschaft die Strafzumessung für Abtreibung gravierend verschärft worden war, sogar Todesstrafe verhängt werden konnte, beabsichtigte der Alliierte Kontrollrat als erstes, das 1946 noch gültige NS-Recht außer Kraft zu setzen und den Paragraphen 218 auf den Stand des Strafgesetzbuches von 1926 zu bringen. Dieser Kontrollratsgesetzentwurf sah insbesondere die Möglichkeit der Abtreibung nach einer Vergewaltigung vor. Im Zuge dieser Gesetzesänderungen flammte eine kurze Debatte über das Abtreibungsrecht auf. Während SPD und KPD nahezu selbstverständlich für die Berücksichtigung sozialer Notlagen als Indikation für Straflosigkeit eintraten, hielt insbesondere die katholische Kirche an einem umfassenden Abtreibungsverbot fest, schon im Mai 1946 hatte sich die Fuldaer Bischofskonferenz dahingehend ausgesprochen. Frauen, die sich zu Wort meldeten, beharrten auf dem Selbstbestimmungsrecht der Frau über ihren eigenen Körper und wehrten sich erneut dagegen, daß »hinter verschlossenen Türen des Kontrollrates von Männern über dieses Frauen tangierende Problem entschieden werde«. Sie forderten, daß es einen Volksentscheid geben müsse, bei dem nur Frauen ihre Stimme abgeben dürften. »Die Kühnheit dieses Vorschlags«, so die »Neue Zeitung« aus Frankfurt, »gleich wie man zum Paragraphen 218 steht – beweist, daß die deutschen Frauen in ihrem Wollen heute selbstbewußter, eindeutiger und mutiger sind als vor 1933.«[24]

Feminismus und Reaktion

Die DDR war der westlichen Bundesrepublik 1972 durch ein »Gesetz über die Unterbrechung der Schwangerschaft« zuvorgekommen, das eine Fristenregelung innerhalb von drei Monaten mit dem freien Entscheidungsrecht der Frau und der Übernahme der Kosten durch die Sozialversicherung vorsah. Auffällig an dieser Gesetzesreform war, daß sie für alle Beteiligten ziemlich überraschend in der Volkskammer verabschiedet wurde, ohne entsprechende Forderungen von seiten der Frauen. In den wenigen juristischen Kommentaren wird hervorgehoben, wie »harmonisch« sich dieses Gesetz »in die umfangreichen Maßnahmen der weiteren Förderung der Familie und der Erleichterung des Lebens und der Verpflichtung der Frau in Beruf und Familie eingefügt« habe.[25]

Die von da an so ungleiche Rechtslage für Frauen in Ost- und Westdeutschland verdeutlicht noch einmal, wie brisant und politisch bedeutsam dieser Strafrechtsparagraph im Kontext einer Geschlechter- und Sozialpolitik ist, er wurde schließlich auch noch zu einem Stolperstein für die Angleichung der Rechtsverhältnisse im Einigungsvertrag von 1990.

In Westdeutschland hatten sich infolge der neuen Frauenbewegung in den 70er Jahren die Einstellungen zum Schwangerschaftsabbruch grundlegend verändert. Nach dem Ende des Unrechtsbewußtseins sind inzwischen jedoch neue Verunsicherungen und moralische Skrupel im Umgang mit der Problematik festzustellen. Ursächlich hierfür ist nun keineswegs eine neue Ethik mit dem Ziel, Leben in unserer Gesellschaft, in der Welt, umfassend und grundsätzlicher zu schützen, also vor allem die Lebensbedingungen der Geborenen zu verbessern, sondern eine breit und offensiv angelegte Kampagne zum Schutz des »ungeborenen Lebens«. Zu fragen ist, wie das eifernde und aggressive Engagement der sogenannten »Lebensschützer« angesichts eines – gemessen an allen anderen Zerstörungen und Gefährdungen des Lebens – so »singulären« Schutzbedürfnisses wie das des »werdenden Lebens« zu erklären ist. Offenbar ist das neue Verständnis vom Recht der Frau über ihren Körper, ihre »reproduktive Freiheit«, als zu große Herausforderung empfunden worden. In ihrer umfangreichen historischen Untersuchung über die Fortschritte und die Widerstände gegen Geburtenkontrolle in den USA weist Linda Gordon[26] nach, daß die Initiativen der Lebensschützer als konservative Reaktion und zunehmend offensivere Antwort auf die expliziten Selbstbestimmungsansprüche der Frauen und als Gegenbewegung gegen den Feminismus zu verstehen sind. Beachtenswert bleibt, daß diese Gegenbewegungen im internationalen Vergleich, zum Beispiel zwischen den USA und Frankreich, auf sehr unterschiedliche Resonanz und gesellschaftliche Rahmenbedingungen stoßen und nicht überall so viele Anhänger mobilisieren wie in den USA oder auch in der Bundesrepublik.[27]

Hinzu kommen die dramatischen Entwicklungen der Medizin und neuer Technologien, die die Einheit von Fötus und Mutterleib nicht nur bildlich und fotografisch auflösen, sondern auch faktisch abtrennen und beeinflussen können. Ursächlich für eine neue Problemsicht ist die Entwicklung der Gen- und Reproduktionstechnologien, die die Ersetzbarkeit leiblicher Mutterschaft oder Vaterschaft, die Abtrennung des Entwicklungsprozesses und die Eingriffe Dritter in das werdende Leben ermöglichen. Gerade die anscheinend grenzenlose Machbarkeit, die möglichen Eingriffe in werdendes Leben gebieten eine ganz neue Ethik der Verantwortlichkeit – das ist ein vorrangiges Anliegen insbesondere der Frauen, und trotzdem geraten sie in der Diskussion über den Lebensschutz zunehmend in die Defensive.

Der Begriff »Leben«, ausgeweitet auf das »ungeborene Leben«, wird bezeichnenderweise nur in der Debatte über die Abtreibung als absoluter Wert gesetzt und religiös überhöht – in einer Zeit, in der unsere Lebensweise, Technik und Geschwindigkeit, Armut und Kriege alltäglich und ohne Sanktionen millionenfach Leben gefährden und zerstören. Dabei zögern insbesondere die Vertreter der katholischen Kirche in ihrem Feldzug »für das Leben« nicht, Schwangerschaftsunterbrechungen als »Blutbad im Verborgenen« zu geißeln und mit dem nationalsozialistischen Massenmord an den Juden zu vergleichen.[28] Es sind dies Vertreter der gleichen Kirche, die noch bis 1869, bis zur Bulle »Apostolicae sedis« von Pius IX., gemäß Kanonischem Recht nur die »beseelte Frucht« (bei Jungen nach 40 Tagen, bei Mädchen erst nach 80 Tagen nach der vermuteten Empfängnis) himmlischer Obhut und damit auch strafrechtlichem Schutz unterstellte.

Nachdem sich der Entwicklungs- und Menschwerdungsprozeß Jahrtausende im Verborgenen abspielte, zumindest in den ersten Wochen der Schwangerschaft ein Geheimnis der Frauen blieb und die Medizin auf die Empfindungen der Frauen, auf Post-mortem-Darstellungen und gestellte Bilder angewiesen war, hat nun die Fiberglasoptik und Ultraschalltechnologie diesen Vorgang im Mutterleib sichtbar gemacht – und zwar abgetrennt von der Mutter und ohne die schützende Hülle des Uterus. Die Macht dieser Bilder ist nicht zu unterschätzen. In unserer Kultur ist es selbstverständlich geworden, das für Realität zu halten, was wir sehen.[29] Und doch zeigen diese Bilder eine verzerrte, zerstückelte, vom Lebensprozeß abgetrennte Realität, denn das so abgebildete »Leben« ist nicht lebendig, nicht lebensfähig ohne den schützenden Leib der Frau (oder die diesen Leib ersetzende Technologie).

In ihrer medizinhistorischen Untersuchung »Der Frauenleib als öffentlicher Ort« hat Barbara Duden nachgewiesen, in welch kurzer Zeitspanne – nicht einmal einer Generation – in unseren Sprechweisen aus der »guten Hoffnung« ein Fötus, aus der schwangeren Frau ein »uterines Versorgungssystem« und aus dem Ungeborenen »ein Leben« geworden ist[30], dem – so das autoritative Diktum des Bundesverfassungsgerichts – »die Würde des Menschseins zukommt«, auch zu Lasten der Grundrechtspositionen der Frau.[31] Es ist wichtig, daran zu erinnern, welch jungen Datums die schamlose Versachlichung und Veröffentlichung des Fötus als Gegenstand patriarchalischer Anmaßung ist – patriarchalisch, weil sie die Bevormundung und die Enteignung des weiblichen Körpers mit dem Vorwand des Schutzes verbindet. Vor den Labortests und der Ultraschalltechnik, die erst seit dem Ende der 70er Jahre eine diagnostische Routinemaßnahme wurde, galt das Zeugnis der Frau: »Ohne ihr Zeugnis war keine Frau ›schwanger‹.«[32]

In dieser Betrachtung ist die Person der Frau nur Gefäß, Mittel zum Zweck eines anderen, noch nicht geborenen Lebens. Damit aber wird nicht nur ihre Würde verletzt, sondern der Frau überhaupt eine eigene Würde aberkannt. »Würde«, so lautet die für alle Menschenrechtstheorie immer noch treffende Definition von Kant, besteht darin, »in Ansehung des Anspruchs, selbst Zweck zu sein, von jedem anderen auch als ein solcher geschätzt und von keinem bloß als Mittel zu anderen Zwecken gebraucht zu werden«.[33]

Doch auch in der juristischen Argumentation hat seit den 70er Jahren in Anlehnung an die US-amerikanische Jurisprudenz eine deutliche Verschiebung stattgefunden, weg vom Selbstbestimmungsrecht und der Würde der Frau hin zum Schutz des »ungeborenen Lebens«, zur »Verselbständigung des Fötus zu einer Rechtsposition«[34] und damit seiner Anerkennung als »Rechtssubjekt«. Auf diese Weise wird nun das »werdende Leben« nicht als »Teil der Frau«, sondern als »eigenständiges anderes menschliches Wesen« betrachtet und im Wege der Rechtsgüterabwägung *gegen das Leben der Schwangeren* gestellt und abgewogen. Diese »Güterabwägung« und die Trennung der Schwangerschaft in den Leib der Mutter und das »Leben des Kindes« aber widersprechen dem Körpergefühl, der Erfahrung von Frauen. Sie empfinden das werdende Leben in den ersten Wochen der Schwangerschaft als Veränderung *ihres Körpers* und *ihres Lebens*. Wie bezeichnenderweise die einzige »unterzeichnende Richterin« in ihrem Sondervotum gegen das Urteil des Bundesverfassungsgerichts von 1975 betont hat, »entsteht ein vom mütterlichen Organismus trennbares selbständig existentes Leben [...] erst in einem längeren Entwicklungsprozeß [...]«[35].

Zwei Moralen

Die Frage stellt sich, wie mit dieser Meinungsverschiedenheit in einer spezifischen Frage, die sich zu einem Geschlechterkonflikt ausgeweitet hat, rechtlich und politisch umzugehen ist. Auffällig ist, daß Männer und Frauen über das Problem der Abtreibung auf sehr unterschiedlichen Ebenen argumentieren und damit immer wieder aneinander vorbeireden. Selbst die Vertreterinnen der konservativen Seite, Befürworterinnen eines strengeren Abtreibungsrechts, betonten in der Debatte über die Reform des Paragraphen 218 im Bundestag immer wieder die Notwendigkeit sozialer Hilfen im Einzelfall, der Fürsorge und Beratung für die Schwangere, und sprachen über die konkreten Dimensionen des persönlichen Konflikts. Sie hielten aber aus ihrem traditionellen Rollenverständnis heraus soziale Zuwendung und Aufopferung der Schwangeren für ein Kind für selbstverständlich, moralisch höherwertig.

Hingegen lassen sich die Gegnerinnen der staatlichen und strafrechtlichen Sanktion nicht, wie ihnen immer unterstellt wird, von dem Gedanken leiten, daß es grundsätzlich um die Freiheit zur Abtreibung geht, etwa als Mittel der Empfängnisverhütung oder Ausfluß unbeschränkter Freiheitsrechte im Sinne des mißverständlichen Satzes: Mein Bauch gehört mir. Ausschlaggebend für sie ist vielmehr das unantastbare Recht der Frau, je nach Umständen und Lebenskontext selbst nach eigenen moralischen Maßstäben zu entscheiden, ob sie die Schwangerschaft fortsetzt oder nicht. In der juristischen und vorwiegend männlichen Argumentation geht es dagegen prinzipiell um den sehr allgemeinen Grundsatz des Lebensschutzes, der losgelöst von den Umständen des Einzelfalles gegen ein anderes Prinzip, das bisher keineswegs grundsätzlich anerkannte Selbstbestimmungsrecht der Frau, zu verteidigen ist. Allenfalls wird da noch die formale Konstruktion einer Rechtsgüterabwägung erwogen.

Ist dieser Dissens somit ein plausibler Beleg für die These von den zwei unterschiedlichen Moralkonzepten, die Carol Gilligan in ihrem Buch »Die andere Stimme«[36] aufgestellt hat und die seither die Debatte über Moral und Recht, Gleichheit und Differenz bestimmt? Gilligan hat ihre Kritik an einer als männlich gekennzeichneten, formal-universalistischen Moraltheorie wiederum nicht zufällig mit einer empirischen Untersuchung über die moralischen Konflikte nach einer Abtreibung belegt. Gegen die männliche Moral universellen Rechts mit dem Prinzip der Gerechtigkeit als höchster Stufe hat sie als gleichwertig und »andere Stimme« die weibliche Orientierung einer Ethik der Anteilnahme bzw. Moral der Fürsorglichkeit gestellt. Doch selbst wenn diese geschlechtsspezifische Zuordnung inzwischen durch weitere Studien differenziert und widerlegt wurde, etwa durch den Nachweis, daß im Vergleich von männlichen und weiblichen Jugendlichen beim Thema Wehrpflicht eher die Männer, bei der Frage nach Abtreibung eher die Frauen kontextgebunden, konkretistisch und weniger formal argumentieren, so zeigt dieser Vergleich, daß mögliche Betroffenheit das moralische Urteil entscheidend beeinflußt und verändert.[37] Unentschieden bleibt, welche Moral die richtige ist und ob es in Anbetracht so existentiell unterschiedlicher Betroffenheiten einen universellen, allein gültigen Maßstab geben kann.

Es wäre daher viel erreicht, wenn zumindest ein Einverständnis darüber erzielt werden könnte, daß es sich bei der Entscheidung darüber, wann Leben beginnt bzw. wann der Lebensschutz einzusetzen hat, um ein Werturteil handelt, diese Entscheidung also eine politische ist, die sich in unserer modernen Zeit weder auf theologische Gewißheit[38] noch naturwissenschaftlich objektive Wahrheiten stützen kann. Dann käme es politisch darauf an, ethisch und moralisch divergierende Meinungen zuzulassen und auch auf der Ebene der Rechtsnormen zu respektieren. Konkret würde dies bedeuten: Der Schutz des Lebens wäre in der Gesellschaft mit Hilfe rechtlicher Mittel in jeder nur denkbaren Hinsicht zu verbessern, von der Geschwindigkeitsbeschränkung auf Straßen und Autobahnen über Hilfen für Schwangere und die Garantie eines Kinderkrippenplatzes wie auch der Arbeitsplätze von Müttern und Vätern, berufliche Förderung von Frauen und ökomomische Absicherung der Kindererziehung bis zum Verbot von Waffen und Krieg. Doch die Beantwortung der Frage, ob strafrechtliche Sanktionen das richtige Mittel zum Schutz der noch nicht Geborenen sind, wäre nur denen zu überlassen, die potentiell in diese Konfliktlage kommen, das heißt schwanger werden können.

Das Urteil von Karlsruhe 1993

Am 28. 5. 1993 ist die lang erwartete Entscheidung des Bundesverfassungsgerichtes gefallen. Es muß der Verunsicherung über den Wertewandel und den tatsächlich veränderten Geschlechterbeziehungen sowie der Uneinigkeit des Richterkollegiums geschuldet sein, daß der Urteilsspruch und seine Begründung so redundant, widersprüchlich und verklausuliert ausgefallen sind. Weshalb sonst haben die Medien und die interessierte Öffentlichkeit Tage gebraucht, um die Hauptaussagen richtig wiederzugeben und durch nachgeschobene Erläuterungen zu klären? Damit ist das Hauptziel, Rechtssicherheit und Rechtsklarheit zu schaffen, nicht erreicht. Mit vielen Worten im Namen des Rechts wird das »gewünschte Ergebnis« mit einer als »herrschende Meinung« vermittelten Rechtskonstruktion oder Begrifflichkeit erzielt, die vor allem anderen als Herrschaftswissen fungiert und für die Rechtsadressaten – in diesem Fall insbesondere für Frauen – nicht nachvollziehbar ist.

Beispielhaft für die Rechtsverwirrung ist die rechtsdogmatische Unterscheidung zwischen Rechtswidrigkeit und Strafbarkeit. Die Hauptintention des Richterspruches war, ein Unwerturteil über den Tatbestand Abtreibung zu sprechen und gleichwohl – unter bestimmten Voraussetzungen eines Beratungsverfahrens – Straflosigkeit zu ermöglichen. Diese Rechtskonstruktion, Schuldausschließungsgründe zu ermöglichen, kommt im Strafrecht typischerweise als mindere oder mangelnde Zurechnungsfähigkeit vor. Die überaus detaillierten Vorschriften für die Beratungsregelung sind durchaus so zu lesen, als ob Frauen im Schwangerschaftskonflikt ohne gezielte Steuerung zu keiner verantwortlichen Entscheidung in der Lage seien.

Diese juristische Argumentationsweise aber erinnert an eine Rechtsregel des römischen Rechts, den »Senatus Consultum Vellejanum« aus dem Jahr 76 n. Chr., eine sogenannte »Rechtswohltat« für Frauen, die eine geschlechtsspezifische, das heißt weibliche Geistesschwäche unterstellte und den Frauen deshalb bei bestimmten Rechtshandlungen eine nur verminderte Zurechnungsfähigkeit zubilligte. Diese »imbecillitas sexus« wurde über Jahrhunderte überliefert und war auch in das gemeine Recht und verschiedene Partikularrechte eingegangen. Die auch im französischen Recht praktizierte Rechtsregel, ein durchaus zweischneidiges Privileg, weil die Sonderbehandlung Diskriminierung bedeutete, war übrigens auch der Grund für Olympe de Gouges' zunächst befremdliche Hartnäckigkeit, in ihrer Fassung einer Menschenrechtserklärung entschieden auf dem Recht auf Gleichheit, auf gleicher Anwendung auch der Strafgesetze – »mit großer Strenge« auch gegenüber Frauen – zu bestehen.[39]

Unter der Voraussetzung einer Letztentscheidung der Frau stellt eine Beratungsregelung nun tatsächlich das kleinere Übel gegenüber einer durch eine Instanz festzulegenden Indikationslösung dar. Doch die mit allen denkbaren Kautelen mitgelieferte Zielorientierung des Beratungskonzepts, »sie [die Frau] für das Austragen des Kindes zu gewinnen«[40], ihr »die dazu notwendigen Bewertungsmaßstäbe [...] Einsichten und Informationen zu vermitteln, deren sie für eine verantwortliche Entscheidung [...] bedarf«[41] usf., geht von der Unbedarftheit, Verantwortungslosigkeit, dem mangelhaften Rechtsbewußtsein, also – sagen wir's doch gleich – der Unzurechnungsfähigkeit der schwangeren Frauen aus.

Das andere grundsätzliche Problem dieser Gerichtsentscheidung ist die Anmaßung, Rechtsbewußtsein verordnen zu wollen. Aber was heißt hier eigentlich Rechtsbewußtsein? Ist es – so fragte schon Theodor Geiger – »mehr als eine farbenprächtige Wortkulisse für die Illusionsnummern behender Gedankenjongleure«?[42] Ziemlich einhellig ist die Erkenntnis der Rechtssoziologie, daß die Effektivität des Rechts, die Wirksamkeit der Gesetze, abhängig ist vom Rechtsbewußtsein. Rechtsbewußtsein aber ist »Bedingung des Rechtslebens« und setzt »in einer demokratischen Gesellschaft die Meinungsbildung über richtiges Recht« voraus.[43] Offenbar geht das hohe Gericht (sieben Männer und eine Frau) in geradezu absolutistisch anmutender Tradition davon aus, daß Meinen und Denken über Recht von oben zu dekretieren seien, sonst könnte es nicht annehmen, daß das Verbot als solches gegen alle Rechts- und Lebenspraxis, unter neuen Erschwernissen für die ohnehin Schlechtergestellten, »das allgemeine Rechtsbewußtsein prägt und stützt«.[44]

Diese Form der Diskriminierung und der neue Versuch der Disziplinierung der Frauen können nur Schaden anrichten und neue Notlagen schaffen. Das Urteil ist meilenweit von der Lebensrealität der Frauen und ihrem Verständnis von Recht und Gerechtigkeit entfernt. Denn ihr Rechtsbewußtsein – das belegen rechtssoziologische Untersuchungen[45] – ist vor allem vom Da-sein für andere, von der Sorge um das geborene Leben geprägt. Um so größer ist die Empörung von Frauen über die im Urteil ausgesprochene Rechtspflicht zum Austragen einer Schwangerschaft, ohne daß zugleich mit ähnlicher Sorgfalt und Vehemenz wie bei der Ausgestaltung der Pflichtberatung die Bereitstellung institutioneller, finanzieller und sozialer Hilfen sowie endlich die Verwirklichung der Gleichberechtigung vorgeschrieben und garantiert wären.

Nachbemerkung 1999:

Nach jahrelangem Streit, Taktieren und immer neuen Kompromißvorschlägen ist am 21. 8. 1995 ein neues Gesetz zur Schwangerschaftsunterbrechung, das »Schwangeren- und Familienhilfeänderungsgesetz« (SFHÄndG), in Kraft getreten. Es folgt weitgehend den Vorgaben des Verfassungsgerichtsurteils und löst damit das von diesem kassierte »Gesetz zum Schutz des vorgeburtlichen Lebens, zur Förderung einer kinderfreundlicheren Gesellschaft, für Hilfen im Schwangerschaftskonflikt und zur Regelung des Schwangerschaftsabbruchs (Schwangeren- und Familienhilfegesetz)« vom 27. 2. 1992 ab. Die wortreiche Gesetzesbezeichnung deutet an, um welch komplexen Tatbestand es für Frauen in dieser Entscheidungs- und Lebenssituation ging und immer noch geht, wie viele andere rechtliche Bereiche und Gesetze über das Strafrecht hinaus betroffen sind. Der ursprüngliche Reformansatz, eine die soziale Situation der Schwangeren berücksichtigende und stützende Regelung zu finden, insbesondere die Entscheidung für ein Kind durch konkrete Maßnahmen für eine »kinderfreundlichere Gesellschaft« zu erleichtern, ist in den heftigen ideologischen und moralischen Auseinandersetzungen über das Entscheidungsrecht der Frau und den Schutz des Lebens zunehmend vernachlässigt und auf ein Minimum reduziert worden. Der 1992 noch wichtigste Grundsatz, daß jedem Kind, zumindest ab drei Jahren, ein Kindergartenplatz zu garantieren sei, ist auch nach der Verabschiedung des Gesetzes von 1995 wieder durch eine sogenannte Stichtagsregelung aufgeweicht worden. Weil die Kommunen die Betreuungspätze tatsächlich nicht bereitstellen konnten, wurde noch um den Stichtag für den Beginn des Anspruchs jedes Kindes nach dem Erreichen des dritten Lebensjahres gefeilscht.

Der Kompromißcharakter des Schwangeren- und Familienhilfeänderungsgesetzes zeigt sich insbesondere in seiner zweischneidigen Zielorientierung, wonach die Schwangerschaftskonfliktberatung »ergebnisoffen« zu führen sei und gleichzeitig »dem Schutz des ungeborenen Lebens dienen soll«. Ferner bleibt Schwangerschaftsunterbrechung – mit Ausnahmen bei medizinischer oder kriminologischer Indikation – rechtswidrig, jedoch wird der Straftatbestand des Paragraphen 218 »nicht verwirklicht«, wenn in der Frist von zwölf Wochen ein Beratungsschein vorgelegt werden kann. Rechtswidrig, aber nicht strafbar – diese juristische Spitzfindigkeit und der zugleich programmierte moralische Konflikt holen schließlich auch die katholische Kirche ein, die einerseits fürchtet, in ihren Beratungsstellen »eine Tötungslizenz« auszustellen, andererseits »eine Beratung, bei der es um Leben und Tod geht, nicht allein anderen Gruppierungen überlassen« will.[46] Schließlich sind alle sozialen Ansprüche, die Kostenerstattung durch Krankenkassen bzw. die Sozialämter sowie die Garantie von Betreuungseinrichtungen und Hilfen für Mutter und Kind, in einer Weise minimiert worden, die allen Zusicherungen für eine kinder- und familienfreundlichere Gesellschaft hohnspricht.

Menschenrechte sind Frauenrechte – Alte Fragen und neue Ansätze feministischer Rechtskritik

> »Die Frauen sind die Repräsentanten der Liebe, wie die Männer des Rechts im allgemeinsten Sinne.«[1]

»Frauenrechte sind Menschenrechte«, diese schlichte Gleichung, formuliert im Präsens Indikativ, findet sich im Abschlußdokument der Vierten Weltfrauenkonferenz von 1996 in Peking. »Frauenrechte als Menschenrechte« ist die Formel, die spätestens seit der Weltkonferenz über Menschenrechte 1993 in Wien eine internationale Kampagne von Frauenbewegungen und -organisationen gegen Gewalt und die Diskriminierung von Frauen trägt. Jenseits des akademisch feministischen Diskurses über die Bedeutung von Gleichheit und / oder Differenz im Kontext von Frauenrechten macht hiermit eine vielstimmige Frauenbewegung für Menschenrechte von sich reden, die zur Antwort auf keineswegs neue Problemstellungen herausfordert. Die Frage stellt sich, wie dieser neue internationale Diskurs zu beurteilen ist, der inzwischen sowohl auf der Ebene internationaler Politik (zum Beispiel durch die Einrichtung der Position einer Sonderbotschafterin bei den Vereinten Nationen) als auch in der zunehmenden Fülle wissenschaftlicher Literatur zu Buche schlägt. Interessant ist zu sehen, wie sich in diesem Diskurs die unterschiedlichen Positionen neu mischen und ob es gelingen wird, die feministische Kritik am Androzentrismus der Menschenrechte in der Auseinandersetzung um die Universalität der Menschenrechte zu einer Neuinterpretation oder auch Redefinition zu nutzen.

Im folgenden möchte ich daher zunächst (I.) Ansätze feministischer Rechtskritik aus unterschiedlichen Disziplinen vorstellen, um dann (II.) das Konzept der Menschen- und Bürgerrechte von Frauen in seinen historisch gewachsenen Dimensionen zu diskutieren. Im letzten Abschnitt (III.) soll versucht werden, die feministische Kritik auf die aktuelle Menschenrechtsdebatte der Frauen zu beziehen und anzuwenden. Die Ausführungen zielen auf die Entwicklung eines dynamischen Konzepts von Menschenrechten auch für Frauen, die als Antworten auf fundamentale Unrechtserfahrungen verstanden werden, und unterstreichen zugleich die Bedeutung sozialer Bewegungen für den Wandel von Recht auch im Geschlechterverhältnis.

Die Schwierigkeit im theoretischen wie praktischen Umgang mit Recht nicht nur für Frauen liegt in dem komplexen und doppeldeutigen Begriff von Recht. Denn Recht ist nicht nur das, was die Gesetze an einem bestimmten Ort und zu bestimmter Zeit sagen, das positive Recht, auch nicht nur ihre praktische Rechtsanwendung, die Rechtstatsachen oder soziale Wirklichkeit des Rechts, sondern auch die Vorstellung davon, wie die Rechtsbeziehungen zwischen Personen aussehen sollten, ist »Form im Verhältnis der beiderseitigen Willkür« (Willkür verstanden nicht nur als freier Wille oder gar Ungerechtigkeit, sondern als rechtserheblicher Wille).

> »Das Recht ist also der Inbegriff der Bedingungen, unter denen die Willkür des einen mit der Willkür des andern nach einem allgemeinen Gesetze der Freiheit zusammen vereinigt werden kann.«[2]

Der hier verwendete Rechtsbegriff meint somit einerseits das positive, geltende Recht, das seinem Inhalt oder seiner Auswirkung nach höchst ungerecht sein kann. Zugleich verbindet sich mit dem Begriff Recht – im Gegensatz zum einzelnen Gesetz – nicht nur die Gesamtheit aller Regelungen und Normen, die im Unterschied zu anderen Normensystemen wie Sitte, Brauch oder Konventionen mit Hilfe eines Rechtsstabes und staatlichem Zwang durchsetzbar sind[3], sondern auch die Vorstellung von *richtigem* Recht oder Gerechtigkeit, einer im Medium Recht verankerten legitimen Ordnung. Wichtig für meine Überlegungen bleibt jedoch die Unterscheidung von Recht und Moral, worauf ich zurückkommen werde.

Die Rechtsskepsis speziell der Feministinnen gründet sich auf die vielfältigen, schlechten Erfahrungen von Frauen mit Recht, mit der noch immer nicht verwirklichten Gleichberechtigung, und auf die Erkenntnis, daß Recht in Theorie und Praxis männliche Denkweisen, Maßstäbe und Interessen verkörpert. Und selbst Rechtsfortschritte haben, gemessen an den Forderungen und Erwartungen von Frauen, in vielen Fällen ein durchaus zweischneidiges Ergebnis, weil sie offensichtlich neue Freiheiten und Fortschritte in bezug auf die Gleichberechtigung nur um den Preis der Anpassung und der Integration in eine Welt, Arbeitswelt oder politische Öffentlichkeit, ermöglicht haben, in der die Interessen und Bedürfnisse von Frauen nicht vorkommen. Denn Gesetze sind in einer pluralistischen, in viele Teilinteressen ausdifferenzierten Gesellschaft nicht nur Ergebnis und Ausdruck gesellschaftlicher Kompromisse, sondern auch von *Machtverhältnissen*, in denen Frauen bisher nicht viel mehr als Alibifunktionen erfüllt haben.

Das Desinteresse an Rechtsfragen am Beginn der neuen Frauenbewegung war offensichtlich eine Konsequenz aus dem Scheitern der in der Verfassung versprochenen Gleichberechtigung und ein Ergebnis der hinhaltenden Widerstände gegen ihre Einlösung im Rechtsalltag. Die Kritik der Nur-Gleichberechtigungs-Politik folgte einerseits aus der Frontstellung gegen die etablierten Frauenverbände, die sich seit der 1949 verfassungsmäßig verankerten Gleichberechtigung gemäß Art. 3 GG rechtspolitisch am Ziel wähnten und die allzu offensichtlichen Diskrepanzen zwischen Rechtsnorm und Rechtswirklichkeit auf dem Wege einer schrittweisen und geziemenden Reform zu lösen versuchten. Andererseits wurde von »linker« Seite die nur formale Gleichberechtigung kritisiert, weil sie ohne materielle Umsetzung die Voraussetzungen wahrer, »menschlicher Emanzipation« verfehlte und sich im »engen bürgerlichen Rechtshorizont«[4] eingerichtet hatte, ohne die bestehenden kapitalistischen Strukturen und ungleichen Verhältnisse in der Gesellschaft anzugreifen.

Dennoch war die Frauenbewegung von Anbeginn mit Rechtsproblemen konfrontiert. Unrechtserfahrungen und Enttäuschungen begleiteten die Frauenbewegung in ihren großen Auseinandersetzungen um die Einführung einer Fristenlösung und die ablehnende Entscheidung des Bundesverfassungsgerichts zur Schwangerschaftsunterbrechung im Jahr 1975 [5], bei der Veröffentlichung von Gewalt gegen Frauen [6] und im Kampf um die Finanzierung von Frauenhäusern [7], in den Diskussionen über die Bestrafung von Vergewaltigern und einen neuen Straftatbestand Vergewaltigung in der Ehe [8] und nicht zuletzt in der Zurücknahme einer Familienrechtsreform, die zum erstenmal Gleichberechtigung auch in der Ehe und nach der Ehe zu verwirklichen schien.[9]

Doch seit dem Beginn der 80er Jahre – mit der Institutionalisierung einzelner Frauenprojekte und dem parteipolitischen Engagement von Feministinnen zum Beispiel bei den GRÜNEN, der Vorlage eines Entwurfs für ein Antidiskriminierungsgesetz durch die Humanistische Union schon 1978 und 1986 durch die GRÜNEN, seit der Einrichtung von Gleichstellungsstellen und der Benennung von Frauenbeauftragten – sind Brücken zwischen autonomer Bewegung und den Institutionen des Staates gebaut worden. Mit der Ausdifferenzierung und Verbreiterung der Frauenbewegung in die Parteien, Gewerkschaften und Kirchen hinein gibt es eine pragmatische feministische Rechtspolitik sowie feministische Juristinnen auch in der Bundesrepublik, mit deren Präsenz und Kritik gerechnet werden kann.[10]

Seitdem können auch die etablierten Frauenverbände im Deutschen Frauenrat nicht mehr umhin, sich gegenüber feministischen Anliegen und Problemformulierungen zu öffnen. Zum Beispiel werden im Verbandsorgan »Informationen für die Frau« juristische und rechtspolitische Themen aufgegriffen, die auch aus der autonomen Frauenbewegung kommen.

Das neue Interesse an Rechtsfragen ist nicht zuletzt durch gesellschaftliche Veränderungen provoziert, an denen die Frauenbewegung als soziale Bewegung und Motor gesellschaftlichen Wandels, aber auch die konservative Reaktion auf ihre Herausforderungen einen großen Anteil haben. Für eine Rechtskritik aus feministischer Perspektive genügte es daher nicht, die bisherigen Benachteiligungen im Recht lediglich als Überhang patriarchalischen Rechts oder als Schritt für Schritt aufzuholende Verspätung im Prozeß zunehmender Demokratisierung und Verrechtlichung zu verstehen. Es ging auch nicht mehr darum, die Defizite und geschlechtsspezifischen Nachteile der Frauen in unserer Gesellschaft durch rechtliche Maßnahmen nur zu *kompensieren*. Ins Zentrum der Kritik rückten vielmehr die Systematik und schließlich die Prämissen des geltenden Rechts auf Gleichheit. Das heißt, die Frage stellte sich, ob Recht bereits seiner Form nach – als allgemeines, von den Umständen des Einzelfalles abstrahierendes, aber dennoch in seinem Inhalt bestimmtes Gesetz [11] – oder lediglich in seiner bisherigen Anwendung auf die Lebenslagen und Bedürfnisse von Frauen zu kritisieren ist.

Die rechtssoziologisch und empirisch begründete Rechtskritik an der Praxis bisheriger Gleichberechtigung

Den Anfang bildete die Erkenntnis, daß das formal gleiche Recht nicht neutral ist und deshalb auch nicht allgemein, da es vorwiegend die männliche Arbeits- und Lebensweise zum Ausgangspunkt seiner Tatbestandsbeschreibungen und Berechtigungen macht. Beispiele hierfür finden sich in fast allen Rechtsbereichen. Während aber das Ehe- und Familienrecht seit der Reform von 1977 nicht nur formal, sondern auch materiell, etwa im Scheidungs- und Versorgungsrecht, explizit egalitär gestaltet ist, erwiesen sich das Arbeits-, Sozial- und vor allem das Sozialversicherungsrecht als sehr resistent gegenüber den Veränderungen im Geschlechterverhältnis.

Ausschlaggebend ist die Ausrichtung aller Sozialversicherungsleistungen am Leistungslohn sowie des Erwerbslebens an der typisch männlichen Normalbiographie. Auf der Basis der Untersuchungen sozialwissenschaftlicher Frauenforschung zum Verhältnis von Lohn- und Hausarbeit und ihrer geschlechtsspezifischen Zuordnung war es möglich, die Systematik der Benachteiligungen im Bereich sozialer Sicherung wie in der Sozialpolitik überhaupt aufzudecken. Demnach sind der Vorrang der Erwerbsarbeit und die Nichtanerkennung von Haus- und Familienarbeit der hauptsächliche Anlaß für die Diskriminierung von Frauen im sozialen Sicherungssystem. Dieses Berechtigungssystem bildet die Basis für die damit auch geschlechtshierarchische Teilung des Sozialstaates in eine Versicherungspolitik für Beschäftigte und eine Armutspolitik für Bedürftige mit sehr viel niedrigeren und nur subsidiären Ansprüchen zum Beispiel in der Sozialhilfe.[12]

Eine andere, sehr konkrete Ebene der wissenschaftlichen Kritik patriarchalischen Rechts und vielfältiger rechtlicher Benachteiligung im Alltag trotz formeller Gleichberechtigung eröffnet die Rechtstatsachenforschung oder empirische Rechtssoziologie, die ihre Aufmerksamkeit auf die Anwendungsprozesse formal gleichen Rechts lenkt.[13]

In rechtssoziologischen Untersuchungen konnte einerseits gezeigt werden, daß Frauen ein anderes Rechts- bzw. Unrechtsbewußtsein haben und deshalb auch im Rechtsfall den Mitteln des Rechts weniger vertrauen, den Rechtsstreit vermeiden wollen.[14] Andererseits ist nicht zu leugnen, daß die üblichen sozialen Zurücksetzungen, die *kleinen* Rechtsverletzungen im Alltag, von den Frauen selbst nicht ohne weiteres als Unrechtserfahrung thematisiert werden, solange sie für die einzelne selbstverständlicher Bestandteil der Frauenrolle und alltäglicher Gewohnheiten sind. Erst wenn die Alltäglichkeit brüchig wird, wenn individuelle Krisen oder kollektive Bewußtwerdungsprozesse und gesellschaftliche Veränderungen die Routinen und die Balance stören, kann die Ungleichbehandlung als Ungerechtigkeit zur Sprache kommen.[15]

Die gleichen Barrieren und Abwehrformen prägen das Alltagsbewußtsein und die routinisierten Verfahrensweisen der Rechtsanwender, wenn Frauen etwa im Kontakt mit Behörden auf emanzipatorischen Rechten bestehen, die nicht ins traditionelle Rollenklischee passen. Bei einer empirischen Untersuchung der Rechtspraxis der Arbeitsmarktverwaltung, die bei Erwerbslosigkeit im Hinblick auf die Durchsetzung von Rechten eine Weichenstellung innehat, zeigte sich, daß insbesondere Generalklauseln, unbestimmte Rechtsbegriffe oder Ermessensspielräume Einbruchstellen für eine diskriminierende Rechtspraxis sind.[16] Gerade weil Frauenrechte gegen traditionelle Verhaltensweisen und Ansichten durchzusetzen sind, geben Beurteilungsspielräume und das für die Anwendung im Einzelfall zugestandene Ermessen den Raum frei für geschlechtsspezifische Vorurteile und eine die Frauen diskriminierende Praxis.[17]

In seiner »Philosophie der Geschlechter« und in der Auseinandersetzung mit den Vertreterinnen der Frauenbewegung der Jahrhundertwende hatte Georg Simmel hierzu bereits das Stichwort geliefert, indem er vom »männlichen Recht« sprach, »das wir allein haben und das uns deshalb als das Recht schlechthin erscheint«.[18] Neue Belege und Begründungen für diese grundsätzliche Kritik an Inhalt und Struktur des Rechts bieten die Ergebnisse sozialwissenschaftlicher Frauenforschung, das Konzept des weiblichen Lebenszusammenhangs[19] sowie die Kritik am instrumentellen, industriesoziologischen Arbeitsbegriff oder die Untersuchungen zum Verhältnis von Lohn- und Hausarbeit.

Mit diesen gesellschaftsanalytischen Ansätzen werden die Rechtsprobleme von Frauen als funktionaler Bestandteil der Gesellschaftsstruktur erkennbar, das heißt, sie sind aus dem gesellschaftlichen Gesamtzusammenhang zu interpretieren. Die Berücksichtigung sozialer Bewegungen und ihres Einflusses auf sozialen Wandel und Recht bewahrt gleichwohl davor, Recht einseitig als Spiegel und Instrument gesellschaftlicher Machtverhältnisse zu kritisieren. Deutlich wird immer wieder die Dialektik oder das Janusgesicht des Rechts, weil es sowohl ein Mittel des Zwangs und der Herrschaft als auch möglicher Befreiung und somit ein immer revidierbarer historischer Kompromiß zum Ausgleich von Interessengegensätzen sein kann.

Vertreterinnen zu einer feministischen Jurisprudenz, der es über eine solidarische Rechtsberatung oder Rechtskritik im Einzelfall hinaus[20] um eine systematische Kritik der juristischen Dogmatik aus der Perspektive der Geschlechterdifferenz geht[21], haben – abgesehen von einzelnen frühen Arbeiten[22] – in der Bundesrepublik Deutschland verhältnismäßig spät Anschluß an die feministische Bewegung und Kritik gefunden. Inzwischen sind insbesondere die Geschichte des Gleichberechtigungsparagraphen sowie die Verfassungsgerichtssprechung und Dogmatik des Art. 3 II GG auch aus juristisch-feministischer Perspektive gründlich untersucht und bieten Anknüpfungsmöglichkeiten für die international geführte Diskussion über das Verhältnis von Gleichheit und Differenz.[23]

Ein Auslöser für eine breitere feministische rechtstheoretische Diskussion auch in der Bundesrepublik Deutschland war ohne Zweifel die über Carol Gilligans Buch »Die andere Stimme«[24] initiierte Debatte um eine andere weibliche Moral und Gilligans Thesen zu unterschiedlichen moralischen Orientierungen oder Moralpraxen, einer weiblichen »Ethik der Fürsorge« und »Anteilnahme«, die einer männlichen prinzipiellen und universellen Gerechtigkeitsethik gegenübergestellt wird. Auch wenn die methodische wie auch empirische Basis ihrer Befunde zu den »zwei Moralen« inzwischen vielfältig kritisiert und durch neuere Untersuchungen modifiziert wurde[25], bleibt zu fragen, warum diese Thesen, von durchaus gegensätzlichen Standorten aus rezipiert, weltweit eine so breite und bis heute nicht abgeschlossene Kontroverse hervorgerufen haben.[26]

Offenbar geht es in dieser Debatte wie auch in der breiten Rezeption der Gerechtigkeitstheorien von John Rawls[27] um mehr als einen moraltheoretischen Diskurs, vielmehr um die Folgen eines Wertewandels, um zunehmende Individualisierung und fragwürdig gewordene Standards im Privaten wie in der Politik, eines gesellschaftlichen Wandels, der dem Einfluß der neuen sozialen Bewegungen, nicht zuletzt der Frauenbewegung zu verdanken ist.

Die Moraldebatte interessiert hier wegen ihrer Bedeutung für den Rechtediskurs, wobei jedoch der Unterschied zwischen Moral und Recht nicht verwischt werden soll[28], im Gegenteil: Im Verhältnis zu Moral ist Recht gleichzeitig ein Weniger, insofern es nur einen Teil der moralischen Vorschriften zu Recht erklärt, und ein Mehr, insofern es seinen Regeln durch äußerlichen Zwang Geltung verschafft. Wie groß die Schnittmenge zwischen Recht und Moral jeweils ist, ist eine der immer wieder diskutierten Grundfragen der Rechtstheorie.[29] Ingeborg Maus hat in Fortführung der Kritik von Franz L. Neumann[30] in zahlreichen Arbeiten einerseits die Bedeutung der formalen Struktur des Rechts (seine »bestimmte Allgemeinheit«), die strenge Formalität des Gesetzesbegriffs herausgearbeitet und etwa in Hinblick auf die diktatorischen Gesetze im NS-Staat nachgewiesen, daß gerade nicht der Rechtspositivismus, sondern »die inhaltliche Unbestimmtheit jede Gesetzesbindung zur Farce« machte, abgesehen davon, daß Gesetze im demokratisch-rechtsstaatlichen Verständnis in dieser Zeit ohnehin nicht existierten.[31] Andererseits hat sie die »faktische Remoralisierung des Rechts in der Rechtsprechung des Bundesverfassungsgerichts«, die durch keinen Souverän begrenzt oder kontrollierbar ist, scharf kritisiert.[32] Da Recht in der Form von Gesetzen und als Ergebnis demokratischer Gesetzgebungsverfahren mit Zwangsbefugnissen ausgestattet ist, ist es gegenüber der Moral nicht ohne Grund an anspruchsvollere Voraussetzungen geknüpft.[33] Freilich eröffnet erst die Trennung von Moral und Recht die Möglichkeit einer auch moralischen Begründung des Rechts.

> »Als selbständige Perspektive bildet sie [die Moral ...] ein gesellschaftliches Widerstandspotential, das dem staatlichen Rechtssetzungsprozeß um so notwendiger entgegengesetzt werden muß, als dessen Verfahren [...] niemals automatisch gerechte Ergebnisse garantieren [...] Insofern setzt die moralische Kritisierbarkeit demokratisch gesetzten Rechts die Trennung von Recht und Moral gerade voraus.«[34]

Das aber ist die Bedeutung, die eine feministische Moraldebatte für eine Kritik des geltenden Rechts haben kann. Damit ist zugleich angedeutet, in welcher Weise Theorien über Moral und die von den sozialen Bewegungen angestoßenen Diskurse über Gerechtigkeit die Maßstäbe des Rechts auf Gleichheit beeinflussen und verändern können.

Geschlechterdifferenz

Die Gegenüberstellung von Gleichheit und Differenz als sich gegenseitig ausschließenden oder aufeinander verweisenden Bezugspunkten feministischer Theorie und Politik ist nicht neu, sie begleitet die neuzeitliche Geschichte der Frauenrechtskämpfe seit der Französischen Revolution. Diese Antinomie wird deshalb auch »Wollstonecraft-Dilemma« genannt[35] und bezeichnet die Schwierigkeit, einerseits die Zumutungen traditionell bürgerlicher Weiblichkeit abzulehnen sowie die hierarchische Form der Geschlechterbeziehungen verändern, aufheben zu wollen, andererseits »Frausein« bzw. weibliche Erfahrungen und Orientierungen zum Ausgangspunkt für eine emanzipatorische Politik zu machen. In den Begrifflichkeiten des Rechts ausgedrückt, ist es das scheinbare Paradox, auf dem Recht auf Gleichheit und gleichzeitig der Berücksichtigung und Anerkennung von Differenzen zu bestehen.

Beide Positionen finden sich in den verschiedenen Richtungen der ersten, historischen Frauenbewegungen in beinahe allen beteiligten Ländern (wobei die bürgerlichen Frauenrechtlerinnen eher auf eine Differenzposition, die »Kultur weiblicher Eigenart«, die Proletarierinnen eher auf Gleichheit mit den Männern setzten, während die bürgerlichen Radikalen gerade ihre strikten Egalitätsansprüche mit differenten, insbesondere weiblich pazifistischen Zielsetzungen zu begründen suchten).[36] Aber auch die neue Frauenbewegung ist trotz ihrer Opposition zu einer Politik formaler Gleichberechtigung nicht ohne weiteres auf eine Differenzposition festzulegen. Judith Evans spricht in ihrer Analyse des neuen Feminismus von mindestens fünf unterschiedlichen Phasen und Formen feministischer Politik auf der Achse zwischen Gleichheit und Differenz, die zudem von den Begriffen Gleichsein (*sameness*) oder Identität und Ungleichheit durchkreuzt und überlagert wird.[37] Denn der Gegensatz von Gleichheit ist Ungleichheit, während Differenz im Gegenpol zu Identität zu denken ist.

Das Prinzip der Rechtsgleichheit als Instrument oder Ziel feministischer Politik ist von der neueren feministischen Theorie aus zwei Richtungen grundsätzlich in Frage gestellt, »dekonstruiert« worden. Zum einen heißt es: »Gleichheit« als tragendes Rechtsprinzip der Moderne und damit Recht überhaupt sei männlich, »male standard«[38], der Frauen per se ausschließe, die Geschlechterhierarchie aufrechterhalte und Frauen Gleichheit nur unter der Voraussetzung der Anpassung an männliche Werte und Lebensweisen gewähre. Gleichheit – als Versprechen und bisherige Rechtspraxis – wird somit als »Angleichung an die Mannesstellung«[39] im englisch-amerikanischen Sprachraum als *sameness* entlarvt.

Zum anderen aber gibt es noch einen gravierenderen, erkenntnistheoretischen Einwand der poststrukturalistischen wie postmodernen Kritik, der das ganze Unternehmen feministischer Rechtstheorie zur Disposition stellt, weil er das Subjekt, die Trägerin von Rechten, problematisiert, »die Frau« und die Kategorie »Geschlecht«

als Anknüpfungspunkt eigener Rechte theoretisch wie politisch für einen Irrweg hält. Die Infragestellung begann politisch mit der Kritik schwarzer Frauen am weißen, westlichen Feminismus, erkenntnistheoretisch aber mit der grundsätzlichen Kritik an der westlichen Subjektphilosophie, am Vernunft- und Rationalitätskonzept der Aufklärung, an den neuzeitlichen Gesellschaftsvertragstheorien.

Die pointierteste Kritik an der westlichen Philosophie hat die Gruppe italienischer Philosophinnen »Diotima« im Anschluß an Luce Irigaray vertreten. Ausgehend von der »unleugbaren Wirklichkeit«, daß es zwei Geschlechter gibt, denn »der Mensch ist zwei«[40], ist danach alles in Mißkredit geraten, »was die patriarchale Ordnung der Welt konstituiert: [...] der Begriff der Gleichheit [...] der Freiheit oder Demokratie usw. Der traditionelle politische Wortschatz ist *in toto* verdächtig.«[41]

Gegenüber dieser ausgeprägten differenzfeministischen Position der italienischen Feministinnen hat Judith Butler mit ihrer Kritik an der Kategorie »Geschlecht«, ja, am Identitätskonzept und Subjektbegriff »Frau«, die Binarität der Geschlechterphilosophie durchbrechen wollen, da die hiermit vorausgesetzte Eindeutigkeit der Geschlechtsidentität das hierarchische System der Zweigeschlechtlichkeit bestätige und reproduziere. Ausgehend von der in der feministischen Theorie üblichen Unterscheidung zwischen biologisch konnotiertem »sex« und sozial hergestelltem »gender«, ist auch der geschlechtliche Körper (sex) für Butler ein »Ort kultureller Interpretationen«[42], also ein soziales Konstrukt, das die binären Gegenüberstellungen von Mann – Frau, Geist – Körper, Vernunft – Begehren bestätige, alle Mehrdeutigkeiten, Abweichungen und andere als heterosexuelle Praktiken jedoch ausschließe. Butler versteht statt dessen Körper, Geschlechtsidentität sowie die Rede vom Subjekt als Resultat eines hegemonialen Diskurses, einer herrschenden heterosexuellen Praxis. Sie betont aber, daß »der Tod des Subjekts nicht gleichbedeutend (sei) mit dem Ende der Handlungsfähigkeit, des Sprechens oder der politischen Diskurse überhaupt«.[43]

Nun sind als Ausweg aus diesem theoretischen wie politischen Dilemma vielfältige pragmatische Antworten gegeben worden. Christiana di Stefano reagierte mit der kritischen Nachfrage, wie sinnvoll oder politisch weise es sei, das moderne Konzept von Gerechtigkeit, Selbstbestimmung und die Veränderung der Geschlechterrollen gerade in dem Augenblick aufzugeben, in dem Frauen ihre Subjekthaftigkeit entdecken, zu Selbstbewußtsein gelangen und ihre Forderung nach Selbstbestimmung nicht nur als Individuen, sondern als Gruppe stellen.[44] Ebenso hat Nancy Fraser zur Aufhebung »falscher Gegensätze« vorgeschlagen, eine pragmatische Haltung einzunehmen, und betont, daß die Analyse der Sprache, Bedeutungen und Diskurse durch soziologische Analysen der gesellschaftlichen Strukturen und Institutionen wie auch des Rechts und der Ökonomie zu ergänzen seien.[45]

Tatsächlich ist in der feministischen Diskussion um Gleichheit und Differenz die Rechtsproblematik zeitweise von einer philosophischen, vor allem poststrukturalistisch geführten Diskursanalyse verdeckt und dominiert worden, sind auf diese Weise die Institutionen und sozialstrukturellen Bedingungen sowie die historischen, empirischen und juristisch dogmatischen Kontexte der jeweiligen Rechtskulturen vernachlässigt worden. Dabei hat das von den amerikanischen Theoretikerinnen immer wieder thematisierte *»sameness-difference-dilemma«*, das bezeichnenderweise nicht von der Entgegensetzung »Gleichheit (*equality*) und Differenz« ausgeht, in der europäischen Rezeption in Anbetracht unterschiedlicher Rechtstraditionen und auch Rechtslagen eher zur Verwirrung beigetragen, sind die Prinzipien der Kontextualität nicht beachtet und amerikanische Rechtsprobleme unangemessen verallgemeinert worden. Ein Beispiel hierfür sind die rechtstheoretischen Überlegungen von Catherine MacKinnon, die das Problem der Rechtsgleichheit auf der Grundlage der Aristotelischen Regel interpretiert.[46] Danach ist nur Gleiches gleich, Verschiedenes aber nach seiner Eigenart zu behandeln – eine Rechtsauslegung, die in den meisten europäischen Verfassungen inzwischen durch besondere Bestimmungen zur Gleichberechtigung von Mann und Frau ausgeschlossen wurde, in der Bundesrepublik zum Beispiel durch die besondere Bestimmung des Art. 3 Abs. 2 GG, der ein besonderes Gleichstellungsgebot enthält.[47]

Gewiß, gerade auch für die europäische Tradition ist es von nachhaltiger und weitreichender Bedeutung, daß die ersten Demokratietheoretiker, die die systematische Bedeutung der Gleichheitsnorm für die Verfassung eines Staates herausgearbeitet haben, zugleich deren wirksamste Kritiker waren. Plato und Aristoteles haben mit ihren Lehren von den unterschiedlichen Gleichheiten die Verfassungslehren und Gleichheitstheorien bis ins 18. Jahrhundert nachhaltig geprägt.[48] So diente die Unterscheidung zwischen der arithmetischen Gleichheit, die als quantitativ meßbares Maß im Hinblick auf Besitzrechte vorwiegend im Privaten Anwendung finden sollte, und jener geometrischen Gleichheit, die im Bereich des öffentlichen Lebens, des Politischen, je nach Würde und Status »jedem nur das Seine« gewährleisten sollte, zur Konservierung der Ungleichheiten und zur Abwehr von mehr Demokratie. Auch das vielzitierte Aristotelische Gleichheitsprinzip gehört in diesen Kontext.

Als Leitnorm der Moderne aber gewann der Satz von der Gleichheit aller Menschen vor dem Gesetz am Ende des 18. Jahrhunderts in polemischer Frontstellung gegen die feudale Herrschaftsordnung einen neuen rechtspraktischen Sinn: Die Rechte *der* Menschen traten an die Stelle der abgestuften Privilegien der Stände. Damit blieben die tatsächlichen sozialen und gesellschaftlichen Unterschiede, denen die Menschen unterworfen sind, prinzipiell außer Betracht und unangetastet. Es war insbesondere die Marxsche Kritik an der nur formalen, die Eigentumsverhältnisse und Klassenherrschaft stabilisierenden Form der Gleichheit, die die Aufmerksamkeit auf die ungleichen ökonomischen Bedingungen und auf die unter dem Schein des Rechts verborgenen Ausbeutungs- und Gewaltverhältnisse gelenkt hat. Aber noch in seiner Kritik der Rechtsillusionen als »Mystifikationen kapitalistischer Produktionsweise« bezog Marx sich – von Savigny paraphrasierend – auf einen Gleichheitsbegriff, der kein Identitätskonzept war, sondern »immer nur Abstraktion von gegebener Ungleichheit unter einem bestimmten Gesichtspunkt« oder »das Leben der Menschen selbst [meinte], von einer besonderen Seite angesehen«.[49]

> »Das Recht kann seiner Natur nach nur in Anwendung von gleichem Maßstab bestehen; aber die gleichen Individuen (und sie wären nicht verschiedene Individuen, wenn sie nicht ungleich wären) sind nur an gleichem Maßstab meßbar, soweit man sie unter einen gleichen Gesichtspunkt bringt, sie nur von einer *bestimmten* Seite faßt, zum Beispiel im gegebenen Fall sie *nur als Arbeiter* betrachtet und weiter nichts in ihnen sieht, von allem anderen absieht.«[50]

Die Arbeiterbewegung hat schließlich nach langen Kämpfen und gemeinsam mit anderen sozialen Bewegungen zu einer Neuinterpretation des Gleichheitsverständnisses in einer ganz bestimmten »Hinsicht« herausgefordert, die im Gegensatz zur formalen als materiale oder substantielle Gleichheit bezeichnet wird.

Als in historischen Kämpfen ebenso umstrittener wie gesättigter Rechtsbegriff ist Gleichheit also kein absolutes Prinzip oder feststehendes Maß, sondern ein »Verhältnisbegriff«.[51] Er drückt eine Beziehung zwischen zwei Personen oder Gegenständen aus und bestimmt durch die Bezugnahme auf ein Drittes, das tertium comparationis, *in welcher Hinsicht* sie als gleich zu betrachten sind. Das heißt, Gleichheit muß immer erst gesucht, gefordert und hergestellt werden und setzt voraus, daß das zu Vergleichende an sich verschieden ist, denn sonst wäre das Gleichheitsgebot unnötig, unlogisch. Was Gleichheit rechtspraktisch heißt und historisch bedeutet, ist daher nicht auf der Ebene dogmatischer Formeln oder einer »argumentativen Logik«,[52] vielmehr nur unter Berücksichtigung der Bedingungen zu beantworten, unter denen sich die Frage nach der Gleichheit stellt. »Erst in dem Maße, in dem die geschichtlichen Auseinandersetzungen um den Gleichheitssatz ... ins Blickfeld treten, wird seine Funktion erkennbar.«[53]

Aus dem spezifischen deutschen Kontext, in dem die Verfassung der Bundesrepublik Antwort auf die zerstörerischen Erfahrungen mit dem Nationalsozialismus ist, ist darum auch zu erklären, warum die Verankerung des Gleichheitssatzes und die ausdrückliche Bestimmung, wonach »niemand wegen seines Geschlechts, seiner Abstammung, seiner Rasse, seiner Sprache, seiner Heimat und Herkunft, seines Glaubens, seiner religiösen oder politischen Anschauungen benachteiligt ... werden darf«, in Art. 3 Absatz III GG eine besondere und weitreichende Bedeutung haben. Die zusätzliche und explizite Festlegung auf die Gleichberechtigung von Mann und Frau in Art. 3 Absatz II GG ist nicht nur dem besonderen Engagement einzelner Juristinnen und der Kampagne der Frauenverbände nach 1945 zu verdanken, sondern ohne die Vorarbeit und die Vorgeschichte der Frauenbewegungen bereits des 19. und beginnenden 20. Jahrhunderts und ihre Kämpfe um Anerkennung und Gleichberechtigung nicht zu denken. Heute wird dieser Artikel 3 II GG darüber hinaus und im Unterschied zum Diskriminierungsverbot des Absatzes III als auf die Gruppe der Frauen bezogenes Förderungsgebot oder auch Dominierungsverbot interpretiert. Es geht in Art. 3 II GG nicht mehr nur um die Abwehr formalrechtlicher Diskriminierung, sondern um aktive Maßnahmen zur Förderung von Frauen, auch wenn damit eine einzelne Benachteiligung der eigentlich dominierenden Gruppe (der Männer) möglich ist.[54]

Die Rechtsprechung des Bundesverfassungsgerichts hat sich seit 1949 zunächst widersprüchlich und für Frauen nur teilweise positiv entwickelt, zumal in einer Grundsatzentscheidung aus dem Jahr 1953 noch einmal durch die Hintertür die Aristotelische Rechtsinterpretation in Gestalt der »objektiv biologischen« wie auch der »funktionalen (das heißt arbeitsteiligen) Unterschiede zwischen Mann und Frau«[55] in die Rechtsprechung Eingang gefunden hatte. Doch nachdem die neue Frauenbewegung seit dem Beginn der 70er Jahre unseres Jahrhunderts der Ungleichheit der Geschlechter eine hohe politische Aufmerksamkeit verschafft und zu einem vielfältigen Wandel im Geschlechterverhältnis beigetragen hat, hat sich insgesamt nach vielen Umwegen und Widerständen mit Hilfe wichtiger einzelner Befürworter, Gutachten und Gerichtsurteile eine Kompromißformel durchgesetzt. Danach hat der Staat gemäß Art. 3 II GG »die tatsächliche Durchsetzung der Gleichberechtigung von Frauen und Männern zu fördern« und zum Ausgleich für die historisch gewachsene soziale Benachteiligung von Frauen »auf die Beseitigung bestehender Nachteile hinzuwirken«.[56] Mit dieser neuen Staatszielbestimmung ist gleichwohl das sogenannte Quotenproblem nach »herrschender Meinung« noch nicht gelöst.[57]

Die Kämpfe ums Recht: Rechte von Bürgerinnen und Bürgern

Den Ausführungen liegt die These zugrunde, daß die Rechtskämpfe der sozialen Bewegungen des 19. und 20. Jahrhunderts, eben auch der Frauenbewegungen, unser Verständnis von Gleichheit, Freiheit und Emanzipation entscheidend beeinflußt und verändert haben.

Zum Beleg sollen daher im folgenden die historischen Unrechtserfahrungen und die entscheidenden Stufen im Kampf ums Recht in den neuzeitlichen Frauenbewegungen wenigstens skizziert werden.

Die neuzeitlichen Frauenbewegungen sind zuerst und vor allem mit der Forderung nach mehr Recht, als Rechtebewegung, an die Öffentlichkeit getreten. Denn erst wenn da »nicht nur Unrecht war«, sondern »Empörung« (Brecht), wenn die individuelle, vereinzelte Erfahrung, Ungerechtigkeit zu erleiden, das heißt: unfrei, bevormundet oder von gleicher Teilhabe ausgeschlossen zu sein, nicht nur als individuelles Mißgeschick erlebt, sondern auch von anderen als Unrecht erfahren und als Rechtsverletzung zur Sprache gebracht wurde, war der Anstoß zu einer sozialen Bewegung der Frauen gegeben. Die Anlässe, die Auslöser, die gesellschaftlichen und politischen Rahmenbedingungen waren in den verschiedenen historischen Phasen und Regionen sehr unterschiedlich. Doch die Form der Rechtsverletzungen, die Systematik des Ausschlusses von Frauen und die Widerstände gegen die Gleichberechtigung von Frauen in allen gesellschaftlichen Bereichen waren zumindest im bürgerlichen Zeitalter strukturell gleich. Aus der neuzeitlichen Geschichte der Frauenrechtskämpfe greife ich drei historische Stufen der Rechtsbegründung heraus, die sich auf drei Typen von Unrechtserfahrungen stützen:

1. die Erfahrung des Ausschlusses von Staatsbürgerrechten und von politischer Teilhabe im Zusammenhang der bürgerlichen Revolutionen und Demokratiebewegungen des 18. und 19. Jahrhunderts;
2. die Mißachtung bürgerlicher Freiheitsrechte, persönlicher Autonomie wie der Eigentumsrechte von Frauen in der Form der »Geschlechtsvormundschaft« über Frauen im Ehe- und Familienrecht – der Ausgangspunkt für die Rechtskämpfe der Frauenbewegungen um die Jahrhundertwende;
3. die sexuelle Ausbeutung und Gewalt gegen Frauen, die nicht nur Verletzung persönlicher und körperlicher Integrität, sondern strukturelle Gewalt und Beschneidung der Lebenschancen und Handlungsmöglichkeiten von Frauen bedeuten – Anlaß und Fokus der aktuellen internationalen Kampagne »Frauenrechte als Menschenrechte«.

Diese Beispiele fundamentaler Unrechtserfahrungen und Rechtsforderungen von Frauen korrespondieren nicht zufällig mit der neuerdings so häufig rezipierten historischen Rekonstruktion der drei Dimensionen von Staatsbürgerrechten bei T. H. Marshall, bei der zwischen politischen, zivilen und sozialen Rechten unterschieden wird. Nach Marshalls Periodisierung, deren Grobeinteilung er selbst am Beispiel Großbritanniens beschreibt, erfolgte die Auseinandersetzung um die bürgerlichen Rechte sowie deren Anerkennung vorwiegend im 18. Jahrhundert, die politischen Teilhaberechte waren Thema des 19. Jahrhunderts, während die sozialen Grundrechte eine Frucht der wohlfahrtsstaatlichen Politik im 20. Jahrhundert sind.[58] Nicht nur die Ungleichzeitigkeit, auch die unterschiedliche Reihenfolge der Anerkennung von Männer- und Frauenrechten verweist auf grundsätzliche strukturelle Unterschiede.

In der Form der Rechtsverletzungen und der Art der Unrechtserfahrungen zeigt sich, wie wenig die Frauenrechtsfragen lediglich als Verspätung im Demokratisierungsprozeß zu interpretieren sind. Marshall bietet dennoch für die feministische Analyse einen kategorialen Bezugsrahmen an, weil er den Status von Staatsbürgerinnen und -bürgern als universalisierbar ins Zentrum stellt und ein ganzes Bündel notwendiger Bedingungen benennt, die über das Instrument formaler Gleichberechtigung weit hinausweisen. Denn um politische Handlungsfähigkeit, die aktive Beteiligung aller Bürgerinnen und Bürger am Prozeß politischer Willensbildung sicherzustellen, müssen vor allem auch soziale Bedingungen, die gesellschaftliche Form der Arbeitsteilung sowie die Reichweite politischer und privater Autonomie verändert und neu ausgehandelt werden. Mit dem Hinweis auf die politische Handlungsfähigkeit (»*agency*«)[59] aber kommen die Bedeutung und die Geschichte der Frauenbewegungen in den Blick. In welcher Weise, soll im folgenden nur kursorisch hinsichtlich der wichtigsten Stationen im Kampf ums Recht erläutert werden, die zugleich jener Einteilung in politische, zivile und soziale Rechte folgen.

Im Zusammenhang mit den bürgerlichen Revolutionen in Europa und den USA forderten auch Frauen zunächst und vor allem anderen *politische Rechte*. Denn den gemeinsamen Ausgangspunkt bildete die Erfahrung des Ausschlusses, des Ausschlusses aus dem Kreis der aktiven Bürger, und damit das »nicht gehaltene Versprechen« der bürgerlichen Revolutionen. Das gilt für den kollektiven Protest der Frauen in der Französischen Revolution, die nicht nur Brot, sondern Menschenrechte und politische Partizipation einklagten. Im wichtigsten frauenpolitischen Dokument jener Zeit, der »Erklärung der Rechte der Frau und Bürgerin«, 1791 verfaßt von Olympe de Gouges, werden in Anknüpfung an die »Allgemeine Erklärung der Menschenrechte« die spezifischen Unrechtserfahrungen von Frauen benannt und wird zugleich ein Weg eröffnet zur Radikalisierung des Demokratieprinzips als Gesellschaftsvertrag zwischen Männern *und Frauen*.[60] Bemerkenswert ist, daß in de Gouges' Begriff des Politischen ausdrücklich die Vereinbarkeit von Mutterschaft und Staatsbürgerrechten vorgesehen war, ein Konzept, das der Verfassungstheorie des bürgerlichen Zeitalters mehr als ein Jahrhundert lang widersprach.

Die gleiche Erfahrung von Ausschluß aus dem Bereich politischer Öffentlichkeit war der Anlaß für den Protest der Amerikanerinnen, die 1848 auf dem ersten amerikanischen Frauenkongreß in Seneca Falls die »Declaration of Sentiments« verabschiedeten[61], wie auch für die Mobilisierung der Frauen in der 1848er Revolution in Deutschland. Aus der Erfahrung, daß Frauenrechte bei der Verabschiedung einer ersten Reichsverfassung und der »Grundrechte der Deutschen« in der Frankfurter Paulskirche *vergessen* wurden, traten die Achtundvierzigerinnen ein für das »Recht der Mündigkeit und Selbständigkeit im Staat« und für eine »unteilbare Freiheit«.[62]

Die am Ende des 19. Jahrhunderts international und in mehreren Schüben organisierte Bewegung für das Stimmrecht der Frauen beharrte auf dem Recht zur Selbst-Gesetzgebung als dem »Fundament«, als der Ausgangsbasis für die Durchsetzung aller weiteren Rechtsforderungen.[63] In den Begründungen, »warum die Frauen das Stimmrecht brauchen«[64], trafen sich immer zwei Stränge der Argumentation, die Inanspruchnahme von Gleichheit und die Verteidigung der Differenz. Während die Frauen zunächst, dem allgemeinen politischen Diskurs folgend, die Gleichheit »als Menschenrecht« forderten, beharrten sie doch von Anbeginn darauf, damit niemals »Angleichung an die Mannesstellung« zu meinen. Je nach politischem Kontext erwies sich gerade zum Ende des 19. Jahrhunderts der Hinweis auf die Geschlechterdifferenz, auf die besonderen weiblichen Eigenarten und ihren Beitrag zum Wohl des Ganzen, als strategischer Vorteil oder mobilisierendes Band.

Die Unterschiede und Auseinandersetzungen zwischen sogenannten Beziehungsfeministinnen[65] oder einer Politik »organisierter Mütterlichkeit«[66] und radikalen Vertreterinnen des Egalitätsprinzips entstanden somit aus verschiedenen politischen Kontexten in den europäischen Ländern und in den USA, zeitweise lähmten sie auch die Stoßkraft der Rechtskämpfe und führten zu Fragmentierungen.[67] Die Abgrenzungen zwischen den gegensätzlichen Richtungen entlang den Meinungsverschiedenheiten über einen Rechtsmaßstab der Gleichheit und/oder der Differenz determinierten in vielfacher Hinsicht das Ende dieser ersten Phase, auch noch nach dem Erreichen des Stimmrechts.

Diskriminierung im Privaten – Die zivilen Rechte

Die Verweigerung des Bürgerstatus für Frauen, ihr Ausschluß aus dem Gesellschaftsvertrag, war von den Theoretikern der bürgerlichen Gesellschaft rechtssystematisch und -theoretisch eng mit der besonderen Rolle der Frauen in der Familie verknüpft worden.[68] Der Familie wurde in diesen Staats- und Gesellschaftstheorien nicht zufällig eine staatstragende Bedeutung zugeschrieben, sei es als »Keimzelle des Staates« oder als staatlich zu schützende und geschützte Institution. Der Ausschluß der Frauen aus dem Bereich bürgerlicher Öffentlichkeit und ihr Einschluß in das Private, in den Bereich der Familie, durch den Ehevertrag oder »sexual contract«[69] mit einer ganz bestimmten, genau normierten »Ordnung der Geschlechter« waren somit nicht lediglich Überhang aus feudaler Vergangenheit, sondern eine »erfundene Tradition«.[70] Sie erwies sich als konstitutiv für die Funktionsweise der bürgerlichen Gesellschaft und bildet auch heute noch die Voraussetzung für das Funktionieren und die Struktur der modernen Wohlfahrtsstaaten.[71]

Die Mobilisierung der Frauenbewegung um die Jahrhundertwende wurde getragen von einem neuen Unrechtsbewußtsein über die falsche und doppelte Ehemoral der bürgerlichen Gesellschaft, aber auch von sehr konkreten Unrechtserfahrungen jeder einzelnen Frau als Ehefrau, Mutter und Partnerin. Auslöser waren nicht zuletzt der seit der Reichsgründung 1871 forcierte Kodifikationsprozeß bis zur Verabschiedung des Bürgerlichen Gesetzbuches (BGB), das 1900 in Kraft trat, sowie die Kampagnen der Abolitionistinnen oder der sogenannten Sittlichkeitsbewegung gegen die staatlich reglementierte und geduldete Prostitution, gegen Mädchenhandel und die »Geschlechtsjustiz« in Vergewaltigungsfällen. Trotz zahlreicher Petitionen, Massenprotesten und einer großen Resonanz in der Öffentlichkeit hatte dieser »Frauenlandsturm« über die üblichen Fronten zwischen proletarischer und bürgerlicher Frauenbewegung hinweg gegen die patriarchalische Bevormundung der Frauen im Eherecht des BGB bezeichnenderweise keinen Erfolg. Und es sollte in der westdeutschen Bundesrepublik noch bis 1977 dauern, bis die Gleichberechtigung der Geschlechter auch im Ehe- und Familienrecht, also im Privaten, gesetzlich vorgeschrieben wurde.[72]

Soziale Rechte

Die Forderungen nach *sozialer Teilhabe* sind bereits bis zum Ende des Ersten Weltkrieges in vielen Ländern durch die Beteiligung der Frauenbewegungen an der Sozialreform und an vielfältigen sozialpolitischen Projekten, insbesondere aber durch die Professionalisierung der Sozialarbeit zum Frauenberuf schrittweise scheinbar eingelöst worden. Trotz aller Meinungsverschiedenheiten hat die Frauenbewegung in all ihren Richtungen, Initiativen und Netzwerken einen wesentlichen Beitrag zur Thematisierung und Bearbeitung sozialer Probleme geleistet und damit wie die Arbeiterbewegung in ihrer sozialen Praxis Schneisen auf dem Weg zu staatlicher Wohlfahrts- und Sozialpolitik geschlagen.

Neben der Agitation der proletarischen Frauenbewegung für die Gleichheit von Frauen- und Männerlöhnen, für die Erweiterung des Mutterschutzes und des Frauenarbeitsschutzes hat die Frauenbewegung – und zwar die bürgerliche – ihre größten Erfolge im Bereich der Bildung und Ausbildung erzielt, gerade weil es ihr mit der Betonung der Geschlechterdifferenz gelang, den besonderen Beitrag der Frauen zur Kultur als eine Politik des Unterschiedes zu begründen.[73] Ebenso wie Marshall in seiner Konzeption sozialer Bürgerrechte das Recht auf Bildung als »genuin soziales Recht des Staatsbürgerstatus«, als eine »unverzichtbare Voraussetzung der bürgerlichen Freiheit«[74] bezeichnete, war der Zugang zu höherer Mädchenbildung, zum Universitätsstudium und zu besonderen Frauenberufen für die Frauen Bedingung für selbstbestimmtes Handeln und die Ausformung weiblicher Individualität. Ein zentrales Aktionsfeld der bürgerlichen Frauenbewegung und zugleich wichtiger Baustein sozialer Politik war schließlich das große und weltweit nachgeahmte Projekt der Alice Salomon, die aus der Mitwirkung von Frauen in der Wohlfahrtspflege und Gesundheitsfürsorge, insbesondere den seit 1893 in der Frauenbewegung organisierten »Mädchen- und Frauengruppen für soziale Hilfstätigkeit«, die Professionalisierung der Sozialarbeit entwickelte.[75] Die in der Frauenbewegung und in anderen gemeinnützigen Vereinen organisierten Frauen haben durch ihr berufliches Engagement wie durch sogenannte ehrenamtliche Arbeit tatsächlich erst die Institutionen und Berufe kommunaler und fürsorgerischer Tätigkeit geschaffen, die heute jenseits sozialer Transferleistungen die »soziale«, fürsorgliche Seite des Sozialstaats ausmachen. Wie immer »zwieschlächtig« im Endeffekt diese Mitwirkung für die Bewahrung oder Befriedung der gesellschaftlichen Machtverhältnisse blieb, durch diese Sozialarbeit und Politik »organisierter Mütterlichkeit«[76], nicht zuletzt durch diese »Liebestätigkeit«, wie sie im kirchlichen Raum benannt wurde, sind soziale Dienste erprobt und professionell eingerichtet worden, die heute unverzichtbarer Bestandteil des Wohlfahrtsstaates sind.

Trotz ihrer sozialen und vor allem auch nationalen Verdienste insbesondere im Ersten Weltkrieg, in der Erprobungsphase staatlich organisierter Arbeitsmarkt- und Sozialpolitik, waren die Frauenbewegungen bei der Konstitution der nationalen Wohlfahrtsstaaten als

Sozialpartner im Zentralarbeitsabkommen, dem gesellschaftlichen Kompromiß zwischen Lohnarbeit und Kapital, nach 1918 nicht beteiligt. Und trotz der im internationalen Vergleich durchaus unterschiedlichen Wohlfahrtsregime und sozialen Sicherungssysteme zeigt sich im Hinblick auf die Stellung der Frauen im Sozialstaat heute ein ziemlich einheitlicher Befund, der doppelte und ungleiche Standard männlicher und weiblicher sozialer Sicherungsrechte in eigentlich allen Wohlfahrtsregimen, der mit der für die bürgerliche Gesellschaft konstitutiven Trennung zwischen privater und öffentlicher Sphäre korrespondiert.[77]

Die neue Frauenbewegung hat auf der Basis von mehr Gleichberechtigung im öffentlichen und privaten Recht, aber auch mit Hilfe eines höheren Standards sozialer Sicherung die viel tiefer liegenden, im Privaten versteckten Unrechtserfahrungen in sogenannten »Bewußtwerdungs-« bzw. Selbsterfahrungsgruppen zur Sprache gebracht. Die soziale Bewegung schuf den Raum, um sie zu einem öffentlichen Thema und damit zu einem Politikum zu machen. Weil »nur« Gleichberechtigung formal garantiert war, war ihre Verwirklichung nur denkbar unter der Voraussetzung von mehr Freiheit und Autonomie, von Selbstbestimmung in privater wie politischer Hinsicht. Bei der erneuten Infragestellung der Grenzziehungen, die das Private vom Politischen trennen und damit auch aus der Rechtssphäre ausgrenzen, geht es neben dem Schutz vor Gewalt und der Sicherung der Lebensexistenz nach wie vor, auch in internationaler Perspektive, um die Erweiterung der politischen Handlungsfähigkeit, im weitesten Sinn um die Ermächtigung (*empowerment*) von Frauen. Diese Handlungsspielräume sind im Konzept sozialer Bürgerrechte angesprochen und markieren den Ausgangspunkt für eine international geübte feministische Rechtskritik. In dieser geht es, gestützt auf die Kämpfe der Frauenbewegungen als kollektiven Lernprozeß, nicht nur um Gleichstellung oder Angleichung an die Mannesstellung, sondern um aktive Staatsbürgerschaft und also um das Ensemble von politischen, zivilen und sozialen Rechten.

Ausblick auf die internationale Kampagne »Frauenrechte als Menschenrechte«

Wie die Geschichte der Menschen- und Bürgerrechte zeigt, sind die Menschenrechte als Leitnormen gerechter und humaner Verhältnisse jeweils als Antworten auf historisch konkrete Unrechtserfahrungen formuliert worden. Auch die »Allgemeine Erklärung der Menschenrechte« durch die Vereinten Nationen im Jahr 1948 ist als erstmals weltweit in verschiedenen Pakten und Sondervereinbarungen anerkannte Rechtsregel und Maßstab internationaler Politik eine Reaktion auf die »Akte der Barbarei«, die, ausgelöst durch den Nationalsozialismus und den Zweiten Weltkrieg, »das Gewissen der Menschheit tief verletzt haben« – so ein Zitat aus der Präambel. Die Menschenrechte stehen somit nicht für einen ungebrochenen Fortschrittsglauben westlicher Prägung, sondern im Gegenteil für die Sorge und die Gefährdungen der modernen Welt und nach den Erfahrungen des Unrechts, das im 20. Jahrhundert durch Rassismus, Imperialismus und Völkermord von diesem Westen ausging, für den »Versuch, Humanität angesichts fundamentaler Bedrohungen der Menschenwürde in neuer Weise zu sichern«.[78] Da die Menschenrechte selbst Ausdruck und Produkt der Moderne sind, haben sie teil auch an den Gefährdungen und Ambivalenzen der Moderne, das heißt, nichts wäre unangemessener als ihre Überhöhung oder fortschrittsgläubige Übererwartungen[79], vielmehr sind die Anerkennung und die Gewährleistung der Menschenrechte immer wieder auch auf internationaler Ebene einzufordern, auszuhandeln und durch rechtliche Vereinbarung abzusichern.

Seit der Französischen Revolution sind die Menschenrechte, auch wenn sie nicht Bestandteil der positiven, geltenden Rechtsordnung waren, für einzelne im Kampf ums Recht, vor allem aber für soziale Bewegungen immer wieder ein wichtiger Bezugspunkt gewesen. Voraussetzung ist, daß es sich bei den Motiven der Beteiligten nicht »nur« um individuelles Leiden, ein Unglück oder Schicksal handelt, sondern um »kollektive Erfahrungen verletzter Integrität«[80], die als Ungerechtigkeit zur Sprache gebracht werden können. Die Frage ist, wann solche Unrechtserfahrungen zur Inanspruchnahme von

Recht oder zu sozialem Protest führen. Offenbar müssen immer mehrere Faktoren zusammenkommen, um diesen Umschlag zu ermöglichen. Barrington Moore hat in seiner sehr umfangreichen und detaillierten Studie über »Die sozialen Ursachen von Unterordnung und Widerstand« am Beispiel der deutschen Arbeiter und der Arbeiterbewegung historisch konkret nachgewiesen, daß »moralischer Zorn und ein Gefühl sozialer Ungerechtigkeit entdeckt werden müssen und daß der Prozeß der Entdeckung seinem Wesen nach ein historischer ist«.[81] Deutlich wird in der Fülle seines Materials, wie groß die Fähigkeit der Menschen ist, Mißhandlungen zu dulden, sich mit ihnen abzufinden, anstatt sich aufzulehnen. Demnach ist es keinesfalls allein die Erfahrung von Schmerz und Leid, die die Menschen zu Widerstand bewegt, sondern erst die Vorstellung, daß dieser Schmerz und dieses Leid nicht unvermeidlich und gesellschaftlich ungerecht verteilt sind.

Das bedeutet, daß auch die Erfahrung von Unrecht und Ungerechtigkeit an Denkvoraussetzungen und begriffliche Verallgemeinerungen geknüpft ist. Es handelt sich um Wissen und Meinen über Recht und Unrecht von einem bestimmten Ort aus, um gesellschaftlich vermittelte Erfahrung, die zeit- und kontextgebunden ist. Der Rekurs auf die Erfahrungen, die als Alltagserfahrungen und somit Alltagsbewußtsein im gewöhnlichen Lebensablauf eine wichtige Orientierungsfunktion haben und die Routinen, Kommunikation und Verhaltensweisen prägen, erklärt auch, warum es eine Sperre gegenüber der eigenen »bewußten Erfahrung«, gegen die Infragestellung des Gewohnten gibt. Wie sich aus den Untersuchungen über die Empirie des Alltagsbewußtseins ergibt[82] oder Untersuchungen über die Arbeitszufriedenheit der Arbeiter[83] und über die Zufriedenheit der Hausfrauen[84] zeigen, bedarf es erst eines zusätzlichen Momentes, einer Störung der Alltäglichkeit. Erst wenn die Lebenssituation, der gesellschaftliche Zusammenhang, in dem man steht, aus welchen Gründen auch immer, problematisch wird oder sich ändert, oder wenn – nicht zuletzt im Prozeß der Globalisierung durch internationalen Austausch und Kooperation – neue Standards und Vergleichbarkeit hergestellt werden, besteht die Chance zur Thematisierung des Erfahrenen als Unrecht oder im Verhältnis zu anderen als Ungerechtigkeit.

Die Wahrnehmung und Thematisierbarkeit elementarer Unrechtserfahrungen von Frauen als Menschenrechtsverletzungen aber sind vor allem deshalb so schwierig, weil die Nichtanerkennung von Frauen als Gleiche oder Träger von Rechten, ihre Zurücksetzung, Bevormundung und Entwürdigung, die Verletzung ihrer körperlichen Integrität in vielen, fast allen Kulturen selbstverständlicher Bestandteil des Geschlechterarrangements und damit der Frauenrolle sind. Kulturelle Traditionen, Gewohnheiten und Alltagsroutinen legitimieren oft selbst die Gewaltsamkeit dieser Verhältnisse als Recht. Dabei gibt es auffällige Gemeinsamkeiten bei den Leid- und Unrechtserfahrungen von Frauen. Ihre besondere Verwundbarkeit liegt in einer kulturell legitimierten Nähe von Liebe und sexueller Gewalt und beruht auf einer geschlechtsspezifischen Arbeitsteilung, in der Frauen »Arbeit aus Liebe – Liebe als Arbeit« verschenken.[85] Doch es ist gerade der private, rechtsfreie Raum, der so fest und tief in historische Traditionen und kulturelle Eigenarten eingepaßt ist, daß Verletzungen, Diskriminierungen und Einschränkung der Lebensbedingungen – für alle Beteiligten – im dominanten Diskurs über Menschenrechte kaum oder erst sehr spät zur Sprache gekommen sind.

Die internationale Kampagne zur weltweiten Anerkennung der Frauenrechte als Menschenrechte setzt genau an dieser Schwierigkeit an und bewegt sich zugleich im bereits benannten »Wollstonecraft-Dilemma«, indem sie sich einerseits die feministische Kritik am Androzentrismus des positiven Rechts wie auch der Menschenrechte zu eigen macht und die Unabgesichertheit des Menschenrechtsschutzes für Frauen beklagt, andererseits die Universalität der Menschenrechte nicht nur in Anspruch nimmt, sondern sogar noch erweitern und auf frauenspezifische Belange hin »re-definieren« will.[86] Die oben erwähnten Dimensionen feministischer Rechtskritik kommen somit gerade bei der Analyse der Menschenrechtsprobleme von Frauen zum Tragen: sowohl das strategische Dilemma der Inanspruchnahme von Gleichheit als universalem Menschenrecht angesichts kultureller und geschlechtsspezifischer Differenzen als auch die für den Frauenrechtsschutz problematische Grenzziehung zwischen öffentlichem und privatem Recht.

Der Schutz der Familie, des religiös und kulturell verankerten Familienrechts, der sehr wohl als staatliche Aufgabe, gar als staatliches Interesse verteidigt wird, erweist sich gerade für internationalen Menschenrechtsschutz, der sich an Staaten und deren Institutionen richtet, als eine zusätzliche Barriere. Aber auch die in der Theorie der Menschenrechte übliche Rangordnung der Menschenrechte nach Generationen bietet für den Frauenrechtsdiskurs keine weiterführenden Anhaltspunkte. So lehnen insbesondere auch die Frauen des Südens diese Form der Hierarchisierung von Rechten ab, wonach unterschieden wird zwischen politischen und zivilen Rechten als erster Generation, den wirtschaftlichen, sozialen und kulturellen Rechten und schließlich, als dritter Dimension, dem Recht auf Entwicklung, eine lebenswerte Umwelt und dem Recht auf Frieden.[87] Sie betrachten die Anbindung der Frauenrechte an Gruppenrechte im Sinne der dritten Dimension als eine Falle, da sowohl die internationale Entwicklungspolitik als auch die Unabhängigkeitsbewegungen nach den Erfahrungen von Frauen im Zweifel zur Stärkung männlicher Dominanz auf Kosten der Fraueninteressen geführt haben.[88]

Nun haben sich die Vereinten Nationen und ihre Gremien bisher nicht gerade als Verteidiger der Frauenrechte erwiesen. Auch die Bilanz des bislang zugunsten von Frauen praktizierten Schutzes der Menschenrechtsorgane auf der Grundlage der UN-Charta ist eher negativ.[89] Dies trifft zu, obwohl es seit 1947 eine Frauenkommission (Commission on the Status of Women) gibt, ein offizielles politisches Organ der UNO, das alle frauenspezifischen Konventionen verfaßt und seit 1983 Verfahren zum Schutz der Menschenrechte von Frauen initiiert hat. Das 1979 verabschiedete »Übereinkommen zur Beseitigung jeder Form von Diskriminierung der Frau«, seit 1981 in Kraft, wurde inzwischen von 180 Staaten ratifiziert, jedoch von über 80 Staaten nur mit gravierenden Vorbehalten, die vor allem die Ehe- und Familienrechte betreffen. Feministische Kritik hat darauf hingewiesen, daß der Diskriminierungsansatz dieser Konvention wiederum von männlichen Standards ausgehe, also Gleichberechtigung vor allem als Gleichstellung in der öffentlichen Sphäre versteht (die Vertragsstaaten »gewähren den Frauen gleiche Rechte wie Männern«). Außerdem haben die beteiligten Experten wiederholt darauf hingewiesen, daß die Ausgliederung der spezifischen

Frauenrechte aus den allgemeinen Menschenrechtsgremien und -fragen leicht zu deren Marginalisierung führt. Schließlich sind auch in den verschiedenen internationalen Gremien viel zuwenig Frauen vertreten, die Einfluß nehmen könnten. Erst 1993 wurde in einer Zusatzvereinbarung »geschlechtsspezifische Gewalt als Diskriminierung gegenüber Frauen« definiert und auf die besondere Bedeutung der Unterdrückung in der Privatsphäre hingewiesen.[90]

Trotzdem ist gerade im Spannungsfeld zwischen Menschenrechtstheorien und politischer Praxis aus verschiedenen Anlässen und Initiativen eine Bewegung für die Menschenrechte von Frauen entstanden, die keineswegs von den Frauen des Nordens angeführt wird, im Gegenteil. Entscheidend war das Entstehen einer eigenen internationalen Frauenöffentlichkeit. Auslöser hierfür waren die UNO-Dekade der Frau zwischen 1975 und 1985, die zu einer Veränderung, zumindest zu größerer Aufmerksamkeit für Frauen in der Entwicklungspolitik geführt hat, vor allem aber die seit 1975 von der UNO veranstalteten Weltfrauenkonferenzen, bei denen insbesondere durch die gleichzeitig veranstalteten Foren der Nichtregierungsorganisationen eine ganz neue Plattform für Frauenanliegen entstanden ist.[91] Neben den Ressourcen, die die Vereinten Nationen in der Vorbereitung der Konferenzen bereitstellten, hat sich gleichzeitig ein mobilisierendes Netzwerk von lokalen und überregionalen Organisationen und Projekten gebildet, die die Streitpunkte und Themen vor Ort diskutieren und vorbereiten. Diese Projekte und Akteurinnen haben die Menschenrechtskampagne vom Verdacht eines elitären oder westlichen Feminismus befreit und belegen, wie schon auf der Weltfrauenkonferenz in Nairobi 1985 deutlich wurde, die Stärke und das Selbstbewußtsein der Frauen in den anderen Teilen der Welt.[92] Entscheidend für die Inanspruchnahme der Menschenrechte für die Frauen aus nichtwestlichen Kulturen aber war, daß sie nun selbst die Inhalte und Bedeutungen ihrer Kultur definieren und damit aus eigener Erfahrung und eigenem Recht den patriarchalischen Praktiken und der Interpretation ihrer Kultur begegnen können.[93]

Hinzu kommt, daß das Thema *Women's Human Rights* seit 1991 von verschiedenen Initiativen bewußt auf die Agenda der UNO-Konferenzen gesetzt wurde, und zwar mit Hilfe der systematischen

Dokumentation von an Frauen in aller Welt begangenen Menschenrechtsverletzungen sowie durch die Organisation eines Frauen-Tribunals im Zusammenhang mit der Menschenrechtskonferenz in Wien 1993, das durch viele hunderttausend Unterschriften aus mehr als 120 Ländern unterstützt wurde. Das Hauptthema und der alle Unrechtserfahrungen verbindende Tagesordnungspunkt auf der Wiener Konferenz war »Gewalt gegen Frauen«. Für die Resolution der Vierten Weltfrauenkonferenz 1996 in Peking konnte deshalb formuliert werden:

> »Gewalt gegen Frauen bedeutet sowohl eine Verletzung als auch eine Beeinträchtigung bzw. Verhinderung der Ausübung der Menschenrechte und Grundfreiheiten der Frau. Unter Berücksichtigung der [...] Arbeit der Sonderberichterstatterin sind geschlechtsspezifische Gewalt, wie beispielsweise Mißhandlung und andere Formen der Gewalt in der Familie, sexueller Mißbrauch, sexuelle Versklavung und internationaler Frauen- und Kinderhandel [...] mit der Würde und dem Wert der menschlichen Person unvereinbar.«[94]

Der Motor der Menschenrechtskampagne – »Putting these issues squarely on the world's doorstep«[95] – ist somit ein dynamisches, nicht ein für allemal festgelegtes Menschenrechtskonzept, das sich vornimmt, das herrschende, westliche und androzentrische, zu verändern. Das Ziel bleibt, die Menschenrechte neu zu definieren, die spezifischen Erfahrungen von Frauen zu berücksichtigen und in die Praxis des Menschenrechtsdiskurses einzubringen, ohne ein neues Ghetto für Frauenrechtsfragen zu eröffnen. Den Beteiligten ist bewußt, wie viele Fragen offenbleiben, wie wenig sich die Menschenrechtspraxis bisher verändert hat. Doch die Geschichte und Reichweite dieses feministischen Menschenrechtsdiskurses ist völkerrechtlich ein Novum, ja, ein Politikum, das Aufmerksamkeit erheischt.

Atempause: Die aktuelle Bedeutung der Frauenbewegungen für eine zivile Gesellschaft

Keine weiß heute so recht, ob es sie eigentlich noch gibt, »die« Frauenbewegung. Je nach politischem, aber auch geographischem Standort sowie je nach Geschlecht und Alter wird die Antwort unterschiedlich ausfallen. Auffällig ist, daß gerade ihre Gegner die Frauenbewegung im vermeintlichen nachhinein zu einem »Wesen« oder monströsen Faktum stilisieren, dessen Ableben nun endlich erwiesen sei. Aber auch Aktivistinnen der neuen Frauenbewegung neigen heute vielfach dazu, ihre Enttäuschung über Nicht-Erreichtes zum Maßstab ihres Mißerfolgs zu machen und damit – wie Christel Eckart in der von den Medien bereitwillig aufgegriffenen Diskussion über einen *backlash* der Frauenbewegung auch in der Bundesrepublik Deutschland kritisch anmerkte – eben die Maßstäbe zur Beurteilung des Politischen anzulegen, die »die feministische Bewegung gründlich zu kritisieren angetreten war«.[1] Das hieße aber, nach wie vor nur *das* Handeln als politisch bedeutsam und effizient anzuerkennen, das im Bereich institutionalisierter Politik oder auf dem formellen Arbeitsmarkt repräsentiert ist und damit den herkömmlichen Bewertungen von öffentlichen versus privaten Interessen folgt. Was die Frauenbewegung jedoch allein seit den 70er Jahren an Veränderungen im Geschlechterverhältnis, zumindest im Hinblick auf die Orientierungen und Lebensentwürfe von Frauen, bewirkt hat, ist an scheinbaren Selbstverständlichkeiten abzulesen, nicht zuletzt an der Selbstsicherheit, mit der eine jüngere Frauengeneration inzwischen meint, *den* Feminismus hinter sich lassen zu können, und sich selbst à la mode als postfeministisch versteht.

In einem anderen Zusammenhang habe ich zur Beschreibung des gegenwärtigen Zustands das Bild der »Flaute« verwendet, in Anlehnung an eine amerikanische Studie über die Frauenbewegung in der Zeit nach dem Zweiten Weltkrieg.[2] Doch inzwischen habe ich gelernt, daß dieses Bild aus der Seemannssprache vorwiegend negativ konnotiert ist. Ich meine jedoch einen Schwebezustand, »Flaute« verstanden als »Windstille«, die nicht unbedingt das Ende einer Bootspartie bedeutet oder gar den Untergang ankündigt, im Gegenteil: Was fehlt, ist ein neuer Aufwind, der das Schiff und seine Besatzung in den richtigen Hafen einfahren läßt. Dabei bietet dieser Zustand Gelegenheit zu neuer Ausrüstung der Schiffstakelage und damit zum Atemholen, Kraftschöpfen und zu neuer Orientierung.

Die Zuflucht zu diesen Metaphern und Vergleichen steht für den Versuch, ein wenig Distanz zu gewinnen zu politischer Kleinmütigkeit oder Kurzatmigkeit, und zwar sowohl aus einer historischen als auch aus einer sozialwissenschaftlichen Perspektive. Dabei hilft einerseits das Wissen um die ereignisreiche und dramatische Geschichte der Frauenbewegungen seit der Mitte des vorigen Jahrhunderts in fast allen Ländern Europas und anderswo mit ihren vielfältigen Initiativen, Hoch-Zeiten der Mobilisierung und wiederholten Rückschlägen bzw. Stillständen, die oft genug mit einem völligen Geschichtsverlust verbunden waren. Ohne die unterschiedlichen Initiativen und Mobilisierungsschübe vereinheitlichen oder die verschiedenen gesellschaftlichen Kontexte vernachlässigen zu wollen, läßt sich doch sagen, daß uns in der modernen Geschichte bisher nicht verwirklichter Gleichberechtigung und Emanzipation der Frauen viele strukturelle Gemeinsamkeiten und systematische Widerstände begegnen. Deshalb ist es meines Erachtens gerade angesichts gegenwärtiger Ratlosigkeit aufschlußreich, die historischen Phasen nicht nur als »alte« und »neue« Frauenbewegung zu denken, sondern – wie im englischen Sprachgebrauch mit »first wave« und »second wave feminism« angedeutet – die Frauenbewegungen über die historischen Epochen hinweg in ihrem Auf und Ab und damit in »langen Wellen« zu betrachten.[3]

Die soziologische Betrachtung der Frauenbewegung als sozialer Bewegung eröffnet die Möglichkeit zum Vergleich mit anderen sozialen Bewegungen. Die sozialwissenschaftliche Bewegungsforschung hat inzwischen ein breites Spektrum von Forschungsfragen »mittlerer Reichweite« entwickelt und bearbeitet, die Auskunft geben über die gesellschaftlichen und sozialstrukturellen Entstehungsbedingungen einer sozialen Bewegung, die Trägerinnen, Kommunikationsstrukturen und Aktionsformen, die mobilisierenden Ideen und Netzwerke, die Verlaufsformen oder »cycles of protest«[4], und damit auch die historischen Traditionslinien bzw. die Brüche zwischen den verschiedenen Phasen untersucht. In dieser Perspektive aber ist die Institutionalisierung von Projekten oder die politische Partizipation der Akteure nicht unbedingt mit dem Ende der Bewegung gleichzusetzen, sondern schafft möglicherweise die Voraussetzungen und mit Verzögerung auch die Ressourcen für andere oder spätere Formen sozialen oder politischen Protests.[5]

Neben der historischen Betrachtung und der eher mikrosoziologischen Analyse aber bedarf es zur Beurteilung der Bedeutung sozialer Bewegungen wie auch der Frauenbewegung eines gesellschaftspolitischen und -theoretischen Bezugsrahmens. Ich habe hierzu im folgenden das Konzept der Zivilgesellschaft gewählt, das meines Erachtens im gegenwärtigen Transformationsprozeß ost- wie westeuropäischer Gesellschaften einen gemeinsamen Bezugspunkt bildet, auch wenn die bisherigen historischen und politischen Erfahrungen kaum zu Optimismus Anlaß geben. Allerdings ist die Begrifflichkeit in dieser international geführten Diskussion verwirrend, da im Deutschen immer erst zu klären ist, ob Zivilgesellschaft, in der Übersetzung des englischen Terminus »civil society«, mit der »bürgerlichen Gesellschaft« des 19. und beginnenden 20. Jahrhunderts oder mit der modernen Gegenwartsgesellschaft identisch ist oder ob es sich lediglich um ein politisches Programm für eine demokratische und gerechte Gesellschaft in der Zukunft handelt.

Mich interessiert, welche Bedeutung die Frauenbewegungen in einem Prozeß der Demokratisierung und Zivilisierung der gesellschaftlichen Verhältnisse haben können. Dazu möchte ich nach einer kurzen Erläuterung des Begriffs »soziale Bewegungen« das Verhältnis der Frauenbewegungen zum Staat in den uns bekannten Formen der bürgerlichen bzw. zivilen Gesellschaften charakterisieren und dabei auch die Veränderungen durch den Wohlfahrtsstaat westlicher Prägung wie durch den osteuropäischen Transformationsprozeß skizzieren. Dahinter steht das aktuelle Interesse, zu klären, welche Rolle die Frauenbewegungen in Ost und West spielen könnten und inwieweit es in der neuerlich vieldiskutierten Zivilgesellschaft gelingen könnte, bisherige Fehler zu vermeiden, um den Ausschluß der Frauen von gleichberechtigter Staatsbürgerschaft nicht nur in der politischen Theorie, sondern auch in der gesellschaftlichen Praxis zu überwinden.

Zur gesellschaftlichen Bedeutung sozialer Bewegungen und der Frauenbewegung im besonderen

Grundlegend für meine Überlegungen ist ein soziologischer Begriff von sozialen Bewegungen. Soziale Bewegungen sind in ihrer allgemeinsten Definition sowohl Anlaß als auch Ergebnis, vor allem aber Träger und Motoren sozialen Wandels. Ihre Akteure sind zunächst informelle Gruppen, unabhängige, autonome Zusammenschlüsse und Vereinigungen, die erst zur Bewegung werden, wenn das Netzwerk der Beteiligten zur Mobilisierung weiterer Netzwerke führt.[6] Mit ihrem Protest, ihren Streitfragen und Forderungen, aber auch neuen kulturellen Orientierungen greifen sie gesellschaftliche Widersprüche und soziale Konflikte auf, sie thematisieren Unrechtserfahrungen und Ungerechtigkeit. Das heißt: Sie versuchen, durch die Veröffentlichung und damit Politisierung der vorher als privat behandelten Anliegen ihre Forderungen als allgemein bedeutsame gegenüber dem Staat und seinen Institutionen bzw. den herrschenden Eliten durchzusetzen. Im günstigsten Fall verändern sich mit solchen Mobilisierungen und den neuen Formen der Partizipation nicht nur die Werthaltungen, die politischen und kulturellen Orientierungen der Beteiligten, sondern auch die politischen und gesellschaftlichen Rahmenbedingungen, nehmen die Bewegungen oder Bewegungsorganisationen Einfluß auf die politischen und gesellschaftlichen Institutionen und verändern damit die bestehenden Verhältnisse selbst.

In den historischen sozialen Bewegungen wie in den osteuropäischen Protest- und Bürgerrechtsbewegungen ging es vor allem um den Kampf um liberale Freiheitsrechte, um soziale Gerechtigkeit und um politische Partizipation und damit um Demokratisierung und Reformierung der gesellschaftlichen Verhältnisse. Die neuen sozialen Bewegungen – das gilt als das spezifisch Neue an ihnen – haben vorrangig Probleme der Lebensweise und Lebenswelt, die

Bedingungen individueller Selbstbestimmung und angesichts der atomaren Bedrohung oder ökologischer Probleme die irreversible Gefährdung der Lebensgrundlagen auf die politische Agenda gebracht.

In der politischen Theorie und in der Bewegungsforschung galt die Arbeiterbewegung bis zu ihrer Etablierung und Institutionalisierung im Wohlfahrtsstaat als Prototyp einer sozialen Bewegung. An ihrem Beispiel, dem Auftreten »des Proletariats«, hatte Lorenz von Stein in seiner »Geschichte der sozialen Bewegungen in Frankreich« die aus dem Widerspruch zwischen Lohnarbeit und Kapital hervorgebrachten gesellschaftlichen Bewegungen gegenüber den »Kräften des Beharrens« als *die* treibende Kraft in der Geschichte gekennzeichnet und zugleich den »allgemeinsten Grund« für eine soziale Bewegung in der Moderne benannt. In seiner Definition war es der »fortwährende Widerspruch«, den »eine Gesellschaft der Ungleichen [...] mit dem Begriffe des Menschen bildet«.[7]

Lange Zeit war die soziologische Analyse von Bewegungen durch Theorien kollektiven Verhaltens[8] verdeckt, die die Phänomene unter dem Vorzeichen und Vorurteil der Massenpsychologie, des abweichenden Verhaltens oder der Destabilisierung von Systemen behandelten. Darüber hinaus war der Begriff »Bewegung« in der Soziologie im Blick auf konservative Bewegungen[9], vor allem aber durch die Konnotierung mit der Rede von der nationalsozialistischen Bewegung, diskreditiert. Erst im Zuge der neuen sozialen Bewegungen hat sich sehr allmählich, doch inzwischen international, ein breites Feld der Bewegungsforschung etabliert, das soziale Bewegungen als kritische Instanzen im Wohlfahrts- / Sozialstaat, insbesondere als Promotoren eines »neuen politischen Paradigmas«[10] versteht, die gegenüber den Aktionsformen, Werten und Konfliktthemen einer alten oder etablierten Form der Politik Neues thematisiert und praktiziert und damit den Begriff wie auch den Raum des Politischen verändert und erweitert haben. Das gilt in ganz besonderem Maße – ohne jedoch in den Theorien sozialer Bewegungen entsprechend berücksichtigt zu sein – auch für die neuen Frauenbewegungen, die mit der Thematisierung der Geschlechterprobleme die Inhalte und Formen des Politischen in Frage gestellt und die Grenzziehungen verschoben haben.

Ohne in diesem Rahmen auf die sehr unterschiedlichen Theorien sozialer Bewegungen eingehen zu können, kommt es mir auf die hiermit eröffneten Fragestellungen an, die eine Plattform für die sehr unterschiedlichen Erfahrungen und Bewegungen in Ost und West bieten. Denn in der »wiederentdeckten« Zivilgesellschaft[11] als möglichem gemeinsamem gesellschaftstheoretischen und politischen Bezugspunkt sowohl für die westlichen Demokratien wie die östlichen Transformationsgesellschaften spielen die verschiedenen Bürgerrechts-, Emanzipations- und Friedens- oder Ökologiebewegungen eine herausragende Rolle. Sie haben gezielt und bewußt unterhalb und außerhalb, ja, in Opposition zu den vorhandenen politischen Strukturen und staatlichen Institutionen eine politische Öffentlichkeit hergestellt und damit Einfluß genommen auf Staat und Politik. Über ihren Einfluß auf die öffentliche Meinung haben sie schließlich zur Delegitimierung von Macht, aber auch zur Demokratisierung der gesellschaftlichen Beziehungen beigetragen. Ohne die etablierten und bewährten Formen demokratischer Willensbildung (zum Beispiel in den Parteien) oder der Gewaltenteilung für obsolet zu halten, behandeln Jean Cohen und Andrew Arato daher soziale Bewegungen als »Schlüsselfiguren«, »a key feature of a vital, modern, civil society and an important form of citizen participation in public life«.[12] In ihrer Theorie einer Zivilgesellschaft wird gerade die Frauenbewegung als zentrale und beispielhafte soziale Bewegung behandelt, weil sie die geltenden »Standards der Gerechtigkeit« für alle Sphären der Zivilgesellschaft, auch für die Familie, reklamiert und damit wesentlich zu »Enttraditionalisierung und Demokratisierung sozialer Beziehungen« beigetragen habe.[13] Die ausdrückliche Einbeziehung der Familie in die Agenda der zivilen Sphäre ist – wie wir sehen werden – für meine Fragestellung von grundsätzlicher Bedeutung.

Bemerkenswert ist jedoch, wie lange die Frauenbewegungen von der politischen Theorie im allgemeinen und in der deutschen Bewegungsforschung insbesondere unterschätzt bzw. gesellschaftstheoretisch nicht ernsthaft berücksichtigt wurden. Das gilt sowohl für die historische Frauenbewegung[14] als auch für die *neue* Frauenbewegung, die allzu lange in ihrer gesellschaftlichen Bedeutung politisch und theoretisch heruntergespielt bzw. in der Bewegungsforschung

»umstandslos« unter die anderen neuen sozialen Bewegungen »subsumiert« wurde, ohne daß die strukturellen Ungleichheiten im Geschlechterverhältnis als patriarchalische und fundamentale benannt worden wären.[15]

Beispielhaft für diese Unterschätzung, die zögerlichen Zugeständnisse, aber auch den gleichbleibend paternalistischen Gestus ist die Karriere, die das Thema Frauenbewegung in den Gesellschaftsanalysen von Jürgen Habermas erfahren hat, von der vielzitierten bloßen Fußnote 15 in den »Stichworten zur ›geistigen Situation der Zeit‹«, in der der Frauenbewegung ein »eigentümlicher Konkretismus, das Festkrallen an natürlichen, askriptiven Merkmalen wie [...] Geschlecht« attestiert wird[16], zu einem »Feminismus«, dem »in der Tradition der bürgerlich-sozialistischen Befreiungsbewegungen [...]« und im Gegensatz zu allen übrigen (neuen) Bewegungen doch die »Schubkraft einer offensiven Bewegung« zugesprochen wird, »freilich« mit einem »partikularistischen Kern«.[17] Ja, noch in seiner Diskurstheorie des Rechts[18] geht der Autor – vor dem Hintergrund einer mehr als 150jährigen Geschichte der Frauenbewegungen und ihrer Kämpfe um Recht – davon aus, daß die »Hinsichten« der Geschlechterdifferenz und die entsprechenden Rechtsforderungen von Frauen »erst in öffentlichen Diskussionen geklärt« werden müßten, bevor sie als allgemeine zu verhandeln sind.[19]

Nun besteht einerseits der wesentliche Unterschied zwischen den Frauenbewegungen und den anderen neuen sozialen Bewegungen gerade darin, daß die Frauenbewegung schon eine ebenso »alte« Bewegung wie die Arbeiterbewegung ist bzw. historische Vorläufer hat, ohne deren Kämpfe die heutigen kaum denkbar sind. Andererseits sind die neuen Frauenbewegungen als Reaktion auf die neuen Bürgerrechts- und Alternativbewegungen auch aus diesen selbst entstanden, das heißt, sie sind mit deren Akteuren und Anliegen auf vielfache Weise verbunden und vernetzt. Doch im historischen Vergleich zwischen alter und neuer Frauenbewegung und unter Berücksichtigung der Zwischenzeiten und Flauten sind nicht nur die Kontinuitäten und die gleichen Anliegen wiederzuerkennen, sondern werden auch die Unterschiede in der Organisationsweise und im Selbstverständnis sowie die veränderten gesellschaftlichen Rahmenbedingungen offensichtlich, spielen vor allem die gesellschaftlichen Umbrüche eine große Rolle. Das gilt auch für die osteuropäischen Frauenbewegungen, die ja nicht nur eine realsozialistische Vorgeschichte haben, sondern an kulturelle Traditionen und in der Regel auch an eine Frauenbewegungsgeschichte vor 1917 anknüpfen können.[20] Diese Vorgeschichte beinhaltet um 1900 sowohl für die bürgerlichen wie für die proletarischen Frauenbewegungen und ihre verschiedenen Ableger und Richtungen eine internationale, auch europäische Orientierung, die sich bereits vor dem Ersten Weltkrieg in zahlreichen Organisationen, Medien und Konferenzen eine politische Öffentlichkeit schuf. Als Beispiel sei die Geschichte des »International Council of Women«, gegründet 1888, oder die »International Alliance of Women for Suffrage and Equal Citizenship«, gegründet 1904, genannt.

Die von den Frauenbewegungen in den verschiedenen Phasen bezeichneten Streitpunkte und alternativen Zielsetzungen sollen im folgenden als Wegmarken dienen, um die Spezifik der Frauenprobleme im jeweiligen gesellschaftlichen Zusammenhang und die Konfliktlinien im Geschlechterverhältnis zu skizzieren. Denn in der Verständigung über Problemlagen und der Herstellung eines öffentlichen Raumes für kollektive Lernprozesse steckt die politische Sprengkraft gerade dieser sozialen Bewegung.

Frauenbewegungen in der bürgerlichen Gesellschaft

Die Geschichte der neuzeitlichen Frauenbewegungen beginnt mit der Französischen Revolution, also mit der Inanspruchnahme von Freiheit und Gleichheit und der allgemeinen Menschenrechte auch durch Frauen. Gerade weil die Französinnen trotz ihrer entscheidenden Mitwirkung beim Sturz des Ancien régime von der Französischen Nationalversammlung ausgeschlossen blieben und kein Wahl- oder Bürgerrecht erhielten, also, wie sie selbst feststellten, um die Früchte der Revolution betrogen wurden, verweist schon die »Erklärung der Rechte der Frau und Bürgerin« von Olympe de Gouges aus dem Jahr 1791 auf die gleichbleibenden und zentralen

Widersprüche und Schwachstellen der bürgerlichen Rechts- und Staatsverfassungen. Denn mit der scheinbar »partikularistischen« Forderung nach Selbstbestimmung im Hinblick auf die Mutterschaft der Frau (ausgedrückt in Art. 11 über die Meinungsfreiheit und dem geforderten Recht, die Vaterschaft der Väter in Anspruch zu nehmen) unter ausdrücklicher Betonung ihrer Rechte als Staatsbürgerin (zum Beispiel in Art. 3, 6, 16) hat de Gouges bereits den Widerspruch zwischen dem öffentlichen Versprechen der Gleichheit für alle Menschen und der privaten Willkür und Gewalt im Geschlechterverhältnis und im sogenannten rechtsfreien Raum der Familie bloßgelegt. In einem neben der Rechte-Erklärung veröffentlichten Entwurf zu einem »Gesellschaftsvertrag« zwischen Mann und Frau, der an die Stelle des üblichen Ehevertrages treten sollte, hat sie zugleich den systematischen Stellenwert der ehelichen Beziehungen als nicht nur private, sondern politische, das heißt als im öffentlichen Interesse gerecht und gleichberechtigt zu ordnende, aufgedeckt.[21]

Für alle nachfolgenden Frauenbewegungen war die Inanspruchnahme der allgemeinen Menschenrechte der Bezugspunkt für die Thematisierung von typischen Unrechtserfahrungen von Frauen und zugleich die Basis ihrer Kämpfe um gleiches Recht, so auch in den demokratischen oder Befreiungs-Bewegungen um die 1848er Revolution in Europa und in den USA.[22]

Der Kampf um Rechte berührte alle Lebensbereiche und traf auf unerbittliche Widerstände. Vorrangige Ziele waren neben dem Stimmrecht vor allem das Recht auf Bildung, Ausbildung und Erwerb, auf Zugang zu öffentlichen Ämtern, zu qualifizierten Berufen und Universitäten und vor allem anderen Rechtsgleichheit auch in der Ehe: Rechte also, die für alle Richtungen der Frauenbewegung, nicht nur für die bürgerlichen Frauen, im privaten wie im öffentlichen Leben existentiell waren. Während jedoch das Recht auf Arbeit für die Proletarierinnen kaum in Frage stand, ging es für sie neben den Ehe- und Mutterrechten vor allem um den Schutz vor unmenschlichen Arbeitsbedingungen und um gleichen Lohn. Die Abwertung all dieser Grundforderungen für ein menschenwürdiges Leben als Nur-Rechte-Bewegung[23] wird der Tragweite und Bedeutung dieser Kämpfe auch für die Gegenwart nicht gerecht. Denn es ging nicht »nur« um formale Gleichberechtigung im »engen Rechtshorizont« einer bürgerlichen Eigentumsordnung, auch nicht um »Angleichung an die Mannesstellung« oder *sameness*, sondern um Befreiung aus persönlicher Abhängigkeit, vor allem um Mündigkeit und Entscheidungsrechte auch in Ehe und Familie, gerade weil dieser Bereich den Frauen in der bürgerlichen Gesellschaft als ureigenste und unentbehrliche Aufgabe übertragen war. Daher wäre es auch ein Mißverständnis, die Position dieser frühen Frauenbewegung als ehe- und familienfeindlich zu charakterisieren. Allerdings war die Verständigung über die Erfahrungen von Ungerechtigkeit, Gewalt und Bevormundung (legitimiert in dem Rechtsinstitut der Geschlechtsvormundschaft bzw. eheherrlichen Gewalt noch im BGB)[24] gerade in diesem Bereich, die Kritik des familialen Patriarchalismus, für alle Frauenbewegungen des 19. Jahrhunderts ein entscheidendes und mobilisierendes Moment.

Bezeichnend ist, daß diese ersten Frauenbewegungen trotz ihrer massenhaften Proteste und Petitionen und einer um die Jahrhundertwende sogar international gut organisierten Gegenöffentlichkeit mit ihren Forderungen nach Reform des Ehe- und Familienrechts am wenigsten Erfolg hatten, und zwar auch noch nach Erlangen des Frauenwahlrechts in verschiedenen Ländern vor allem nach dem Ersten Weltkrieg. Auf diese Weise wurde die neue staatsbürgerliche Gleichberechtigung durch das unveränderte Privatrecht konterkariert. Familiale Bevormundung und strukturelle ökonomische Benachteiligungen unterliefen so von vornherein die Möglichkeit politischer Partizipation. Und bis in die Gegenwart hinein zeigt sich, daß die Umsetzung der Gleichberechtigung in diesem Bereich auf hartnäckige Widerstände stößt.

Historische Frauenforschung und feministische Gesellschaftstheorien haben diese Widerstände inzwischen in den vielfältigen gesellschaftlichen Ausprägungen und Hinsichten untersucht und kritisiert. In diesen Studien wurden die tradierten Geschlechterrollen sowie geschlechtsspezifischen Strukturen in allen gesellschaftlichen Bereichen – in der Familie, auf dem Arbeitsmarkt, in den Institutionen von Staat und Gesellschaft – einer kritischen Analyse unterzogen. Dabei zeigte sich, daß der Familie in den Rechts- und Staatstheorien der bürgerlichen Gesellschaft nicht zufällig eine staatstragende Bedeutung zugeschrieben wird, sei es als »Kinderstube des Menschengeschlechts«[25] und »Keimzelle des Staates« und immer wieder als staatlich zu schützende und geschützte Institution oder als »Gemütsgemeinschaft« und Gegenwelt zur Rationalität des kapitalistischen Marktes oder Wirtschaftsbetriebes.[26] Der Ausschluß der Frauen aus dem Bereich bürgerlicher Öffentlichkeit und ihr Einschluß in den Bereich der Familie durch den Ehevertrag oder »sexual contract«[27] war konstitutiv für die Funktionsweise der bürgerlichen Gesellschaft und bildet – wie zu zeigen ist – auch noch die Voraussetzung für das Funktionieren und die Struktur der modernen Wohlfahrtsstaaten.

Für die Stellung der Frauen in dieser Gesellschaft rechtssystematisch und praktisch bedeutsam ist somit die Zweistufigkeit von Gesellschafts- und Ehevertrag, die mit einer geschlechtsspezifischen Platzanweisung korrespondiert. Die bürgerliche (auch die zivile?) Gesellschaft, die sich doch in ihren Proklamationen und Prinzipien auf die Freiheit und Gleichheit *aller* Menschen verpflichtete, bewahrte die Ungleichheit der Frauen, und zwar vor allem der Frauen in der Familie, als immanenten Widerspruch, quasi in einem Gesellschaftsvertrag mit doppeltem Boden. Der systematische Ausschluß gründet sich damit nicht nur auf die für den Liberalismus konstitutive Trennung von Staat und Gesellschaft, sondern auf eine Dreistufigkeit, in der die gesellschaftliche Sphäre »der bürgerlichen Öffentlichkeit«, noch einmal in eine öffentliche und eine private Sphäre unterteilt wird.[28]

Hier nun wird deutlich, welch weitreichende und grundsätzliche Bedeutung die Einbeziehung der Familie in die kommunikative und diskursive Struktur der zivilgesellschaftlichen Sphäre hätte. In der politischen Theorie von Cohen und Arato folgt daraus, daß auch die Familie, obwohl sie nicht einfach eine freiwillige Assoziation wie andere Vereinigungen ist, entsprechend den egalitären Prinzipien der Zivilgesellschaft von ihren patriarchalischen Herrschaftsformen zu befreien sei, ja, daß darüber hinaus gerade die Rechte in der Privatsphäre in den Katalog verfassungsmäßig garantierter Freiheiten aufzunehmen seien.[29]

Nicht nur im Hinblick auf die private Rechtsstellung, insbesondere im Eherecht, auch auf dem Gebiet der Sozialpolitik haben die ersten Frauenbewegungen nach dem Ersten Weltkrieg in den sich neu konstituierenden Wohlfahrtsstaaten eine entscheidende Niederlage einstecken müssen. Dabei hatten die Frauenorganisationen wie die Arbeiterbewegung mit ihren vielfältigen Initiativen für eine soziale Reform, mit ihren Vereinen zur Selbsthilfe, zur Ausbildung und zum Schutz von Frauen (zum Beispiel der Einrichtung von Arbeitsvermittlungs- und Rechtsschutzstellen usf.), schließlich mit ihren Berufsorganisationen und insbesondere der Entwicklung und Professionalisierung der Sozialarbeit als Frauenberuf entscheidend zur Humanisierung und Reform der kapitalistischen Verhältnisse beigetragen. Schließlich haben die nationalen Frauenverbände im Ersten Weltkrieg, in der Erprobungsphase staatlich organisierter Sozialpolitik, in allen Bereichen der Kriegswirtschaft und Fürsorge ihre Unentbehrlichkeit vielfach unter Beweis gestellt. Doch als Sozialpartner im neuen gesellschaftlichen Kompromiß zwischen Lohnarbeit und Kapital waren sie offensichtlich nicht gefragt.[30] In dieser Zeit nach dem Ersten Weltkrieg wurde deshalb in beinahe allen westlichen Industrieländern eine sozialpolitische Weichenstellung vorgenommen, die auch den sogenannten Keynesianischen Kompromiß kennzeichnet. Seine Zielsetzung und Prämisse hieß Vollbeschäftigung, doch meinte dies im Hinblick auf Frauen von Anbeginn nur eine Erwerbsbeteiligung von etwa dreißig Prozent, weil gleichzeitig die Familienarbeit / Hausarbeit der Frauen gewährleistet und garantiert sein sollte. Das Prinzip der Familiensubsidiarität und die Absicherung des männlichen Lohnarbeiters durch einen Familienlohn waren die sozialpolitischen Instrumente, mit denen die geschlechtsspezifische Arbeitsteilung nun aufs neue auch sozialpolitisch abgestützt wurde.

Trotz der im internationalen Vergleich durchaus unterschiedlichen sozialen Sicherungssysteme zeigt sich daher im Hinblick auf die Stellung der Frauen im Sozialstaat ein ziemlich einheitlicher Befund: Auch die amerikanischen Frauenforscherinnen sprechen von dem »doppelten Standard« wohlfahrtsstaatlicher Unterstützung für Männer und Frauen, der Sozialversicherung für den weißen Industriearbeiter auf der einen Seite und einem schlecht abgesicherten Hilfsprogramm für alleinstehende Mütter mit Kindern andererseits. Beide Transferleistungen beruhen auf ganz verschiedenen Ideologien, Berechtigungen und bürokratischen Verfahrensweisen und verstärken die geschlechtsspezifische, rassistische und klassenspezifische Organisation des amerikanischen Wohlfahrtsstaates.[31] Ebenso hat Hilary Land für Großbritannien die weichenstellende Debatte in den 20er Jahren über den Familienlohn kritisiert, für den sich die Gewerkschaften gegen die ausdrücklichen Interessen der Vertreterinnen der Frauenbewegung eingesetzt haben, um den Mann als Brotverdiener und damit die geschlechtsspezifische Arbeitsteilung abzusichern.[32] Lediglich der skandinavische Wohlfahrtsstaat, der von Anbeginn die sozialpolitischen Sicherungen nicht an die Lohnarbeiter-, sondern die Staatsbürgerinnenrolle geknüpft hat, schuf damit für Frauen die Voraussetzungen zu politischer und gesellschaftlicher Partizipation, »a transition from being powerless to having little power«.[33]

Grundsätzlich setzte sich damit bei allen sozialstaatlichen Transferleistungen die für die bürgerliche Gesellschaft konstitutive Trennung zwischen privater und öffentlicher Sphäre in der systematischen Zweiteilung der sozialen Sicherungssysteme in eine Versicherungs- und eine Armutspolitik[34] fort, weil die Unterscheidung zwischen Lohn- und Familienarbeit auch das soziale Berechtigungssystem bestimmt. Auch die sozialen Sicherungssysteme haben also einen »doppelten Boden«, bei dem sich oben vorwiegend männliche Beschäftigte, kontinuierlich Versicherte, wiederfinden mit gesicherten Rechtsansprüchen, während unten die nicht oder geringfügig Beschäftigten, überwiegend Frauen, nur bei Bedürftigkeit, nach bürokratischer Prüfung des Einzelfalles aufgefangen werden.[35]

Und doch ist nicht nur eine negative Bilanz zu ziehen, ist die Dialektik des Rechts und von Rechtsansprüchen zu berücksichtigen. Denn sosehr dieser Wohlfahrtsstaat auf der einen Seite zu erneuter Diskriminierung und stärkerer Kontrolle sowie zu einer problematischen »Verrechtlichung« der sozialen Beziehungen geführt hat, hat er auch Berechtigungen und zum Beispiel mit der Garantie eines

Existenzminimums doch die Voraussetzung auch für die Unabhängigkeit vom Familienernährer geschaffen. Feministinnen haben deshalb provozierend gefragt, ob »diese Abhängigkeit vom Staat nicht der Abhängigkeit vom Ehemann vorzuziehen sei; denn Frauen ›leben nicht mit dem Staat zusammen‹ wie mit dem Ehemann, weshalb es möglich ist, in kollektiven Aktionen um ihre Rechte zu kämpfen«.[36] Schließlich waren die Rechtsfortschritte und Rechtsansprüche auf Bildung und beruflichen Wiedereinstieg, sehr allmähliche Verbesserungen existentieller Sicherung sowie ein neuer Standard gleicher Rechte auch die Voraussetzungen für die Kämpfe der neuen Frauenbewegungen. Auf der Basis einer wenigstens formalen Rechtsgleichheit auch im Privaten, höherer Bildung und zeitweise verbesserter Erwerbschancen hat die neue Frauenbewegung im Westen die Diskrepanz zwischen Rechtsnorm und Rechtswirklichkeit thematisiert und damit die nach wie vor wunden Punkte im Geschlechterverhältnis sehr viel deutlicher und selbstbewußter als die Frauen früherer Generationen zur Sprache bringen können. Ihre zentrale Forderung war nun nicht mehr »Nur«-Gleichberechtigung, sondern Autonomie in privater wie politischer Hinsicht. Dazu gehörte insbesondere die Selbstbestimmung über den eigenen Körper und die Skandalisierung der im Privaten verborgenen und als Privatsphäre geschützten Gewalt gegen Frauen.

Das Motto »Auch das Private ist politisch« bezeichnet somit nach wie vor den Kern der Herausforderung, mit der die neue Frauenbewegung die herkömmlichen Werte und Orientierungen, aber auch die Formen des Politischen als Verkehrsform öffentlicher Angelegenheiten in Frage gestellt und zu beeinflussen versucht hat. Die Neudefinition des Politischen rührt an die Grundfesten der bürgerlichen Gesellschaft und der bestehenden politischen Ordnung, die – wie wir sahen – auf einem Gesellschaftsvertrag mit doppeltem Boden beruht. Meines Erachtens hat die neue Frauenbewegung mit dieser Form der Politisierung ihrer Anliegen bereits die traditionelle Trennlinie zwischen Privatsphäre und Öffentlichkeit verschoben und den Wertewandel entscheidend beeinflußt.

Heute stellt sich bei der Beurteilung der westlichen Gegenwartsgesellschaften die Frage, inwiefern wir denn noch in einer bürgerlichen Gesellschaft leben bzw. inwiefern die Mutation zum Wohlfahrtsstaat berechtigt, von einer zivilen Gesellschaft zu reden. Sozialer Wandel gerade in bezug auf die Form der Familie, die sogenannte Pluralisierung der Lebensformen und Prozesse der Individualisierung sowie insbesondere die Erosion der traditionellen Geschlechterrollen gelten als Anzeichen einer nachbürgerlichen oder postmodernen Gesellschaft. Die Beantwortung dieser Frage hängt davon ab, wie wir die oben genannten Merkmale und Konstitutionsbedingungen der bürgerlichen Gesellschaft beurteilen: Wenn die spezifisch bürgerliche Ordnung der Geschlechter, befestigt in der Familie und einer nach wie vor geschlechtshierarchischen Arbeitsteilung – wie oben behauptet –, tatsächlich unentbehrliche Grundlage und Rahmenbedingung und also konstitutiv ist für die bürgerliche wie zivile Gesellschaft, können Feministinnen ihr demokratisches Projekt nur als postmodern verstehen. Es gibt aber auch eine andere Möglichkeit der Interpretation: Meines Erachtens bleibt das Versprechen der Freiheit und Gleichheit auch der Frauen das eigentliche, nur allzu lange verhinderte Ziel einer wirklich demokratischen und zivilen Gesellschaft. Damit aber stünde die Vollendung der bürgerlich-zivilen Gesellschaft noch aus, wäre alle bisherige Bürgerlichkeit nur als Vorgeschichte des Projekts »Zivilgesellschaft« zu deuten.

Frauenfrage und Frauenpolitik in den osteuropäischen Transformationsgesellschaften

Spätestens mit dem Blick nach Osteuropa wird deutlich, wie verwirrend die Terminologie und wie unterschiedlich das Konzept »Bürgerliche Gesellschaft« bzw. »Zivilgesellschaft« verwendet werden. Doch die Verwirrung ist nicht nur in einer unzulänglichen Systematik, sondern in der »schillernden« Begrifflichkeit beider Termini selbst begründet, zu der die unterschiedlichen theoretischen und politischen Prämissen in Osteuropa und im Westen, nicht zuletzt die unterschiedlichen Sprachen und Übersetzungen (*civil society* – bürgerliche Gesellschaft – *bourgeois society*) beigetragen haben. Auffällig ist, daß im Deutschen im Kontext der Demokratisierungsprozesse in Osteuropa vorwiegend von Zivilgesellschaft (oft sogar im englischen Terminus) gesprochen wird, offenbar weil der Begriff »bürgerliche Gesellschaft« ein historischer ist bzw. durch die Kennzeichnung als Klassengesellschaft belastet ist. Gleichzeitig wird vielfältig auf die »Renaissance« und auf die notwendige »Rekonstruktion« und Reinterpretation des Begriffs und seiner politischen Bedeutung hingewiesen.[37]

> »In Osteuropa« – so wird in dieser neueren Diskussion versucht zu klären – »wird bürgerliche Gesellschaft im Gegensatz zu Staat begriffen und drückt die Überzeugung aus, daß die Gesellschaft nicht auf staatliche Strukturen reduzierbar ist. Gegenüber einem kommunistischen Staat, einem Staat, der alle Bereiche des Gemeinwesens unter seine Kontrolle zu bringen versucht[e], wird der Begriff ›bürgerliche Gesellschaft‹ zum Maß der Widerstandsfähigkeit der Gesellschaft gegen den Totalitätsanspruch des Staates und gleichzeitig zu einer politischen Handlungsmaxime: Die bürgerliche Gesellschaft ist der vom Staat nicht beherrschte Rest des gesellschaftlichen Lebens, den es zu erweitern gilt.«[38]

Die bedeutende Rolle der osteuropäischen Oppositions- und Bürgerrechtsbewegungen für den gesellschaftlichen Transformationsprozeß wird immer wieder hervorgehoben, weil sie, quasi als Counterpart der westeuropäischen neuen sozialen Bewegungen, bewußt außerhalb der vorhandenen politischen Strukturen und im Spannungsverhältnis zwischen Staat und Gesellschaft neue Räume politischer Willensbildung und Kontrolle, aber auch der Selbstbestimmung eröffnet und damit Einfluß auf die öffentliche Meinung genommen haben. Sie werden beschrieben als »ein Netz selbständiger, vom Staat unabhängiger Vereinigungen, [...] die nicht von der Staatsmacht bevormundet werden, [...] doch durch ihre bloße Existenz oder Aktivität Auswirkungen auf die Politik haben können«.[39] Insbesondere wird betont, daß diese Vereinigungen, Basisorganisationen und Gruppierungen, die einen neuen Raum des Gesellschaftlichen und Politischen eröffnet haben, nur als demokratische, gleichberechtigte und solidarische denkbar sind.

Doch bleibt die entscheidende, meine Überlegungen antreibende Frage, die vor dem Hintergrund feministischer Gesellschaftkritik zu stellen ist, wie sich diese im ost- und mitteleuropäischen Kontext konzipierte Zivilgesellschaft zu dem Problem der Exklusion der

Frau aus politischer Mitverantwortung und ihrer Inklusion in die Familie, dem konstitutiven Widerspruch der bürgerlichen Gesellschaft verhält. Hierzu findet sich in der breiten Literatur herzlich wenig, in der Regel »only a passing reference«.[40] Eine Ausnahme bildet der erwähnte theoretische Ansatz von Cohen und Arato.

Aus westlichem Blickwinkel fällt zumindest auf, daß Frauen in allen Bürgerrechts- und Demokratiebewegungen in Osteuropa wohl in hohem Maße beteiligt waren, die Probleme im Geschlechterverhältnis jedoch offenbar ausgespart blieben. Auch in den Ansätzen und Formulierungen einer Strategie der »anti-political politics«[41], die ihren Ausgangspunkt von den Erfahrungen und der Widerständigkeit in der »Lebenswelt« nimmt und damit verblüffend nah an das von westlichen Feministinnen formulierte Politikverständnis herankommt, bleiben die Texte im Hinblick auf die Geschlechterverhältnisse bzw. den weiblichen Lebenszusammenhang bemerkenswert stumm. Das lag in der Vergangenheit ohne Zweifel daran, daß die Frauenfrage in den staatssozialistischen Gesellschaften einerseits einen hohen politischen Stellenwert hatte und von Staats wegen, durch Emanzipation »von oben«, beantwortet schien. Die gleichberechtigte Einbeziehung der Frauen in den Arbeitsmarkt, die Absicherung der vollen Berufstätigkeit durch ein ganzes Bündel sozialpolitischer Maßnahmen, die die Vereinbarkeit von Familien- und Berufsarbeit (nur) der Frauen garantieren sollte, entsprach insoweit dem historisch-materialistischen Versprechen, daß die Emanzipation des Menschen, und das meinte auch die Frauen, automatisch aus der Aufhebung der Klassengegensätze und ökonomischen Ungleichheit folge. Ohne daß hier auf die bereits hinreichend kritisierte sozialistische Frauenemanzipationstheorie wie auch ihre Umsetzung in den sogenannten realsozialistischen Gesellschaften eingegangen werden kann, ist anzuerkennen, daß die in den sozialistischen Ländern verordnete Frauenpolitik mit einer Frauenerwerbsquote von ca. neunzig Prozent ohne Zweifel eine Veränderung der traditionellen Frauenrolle bewirkt und insbesondere die ökonomische Selbständigkeit der Frauen gefördert hat. Trotzdem – das wird von allen Beteiligten heute in der Rückschau betont – hat diese Form der Gleichberechtigung keineswegs die geschlechtsspezifischen Strukturen der Ungleichheit in Staat und Gesellschaft beseitigt, insbesondere nicht die Zuständigkeit der Frauen für die Familienarbeit aufgehoben. Das Recht und der Zwang zur Erwerbstätigkeit hatte deshalb mit der Doppel- und Dreifachbelastung von Frauen einen hohen Preis:

»›Emanzipation‹ bedeutete für Frauen, die auf eine billige Arbeitsressource reduziert waren, in den letzten vierzig Jahren den Verlust ihrer Würde [...] bedeutete den Verlust ihrer Frauenidentität, weil Frauen sich an die vorgegebenen Strukturen anzupassen hatten [...] Sie hatten keine Möglichkeit, sich ihrer selbst bewußt zu werden und selbst zu entscheiden, was es bedeutete, eine Frau zu sein, um dies in ihrer Lebensweise, ihren Rollen und persönlichen Erwartungen auszudrücken.«[42]

Jedoch – und diese unterschiedlichen Erfahrungen spielen nun auch für die Verständigung über das, was Zivilgesellschaft im Transformationsprozeß seit 1989 heißen könnte, eine beachtliche Rolle – war die Privatsphäre in den sozialistischen und totalitären Staaten Osteuropas zunächst und lange Zeit der einzige Raum, der »die Entwicklung individueller Initiative und Autonomie« ermöglichte. »Family and friends filled the space where civil society could not exist.«[43] »Der Raum der Freiheit war eher das Private als das Öffentliche«, versichert Hanna Havelková und fügt hinzu, daß im gegenwärtigen Transformationsprozeß »die ökonomische und psychische Funktion der Familie nicht beseitigt, sondern [sogar noch] verstärkt« worden sei. Familie war in diesem Kontext also gerade nicht der Bereich, in dem Unrechtserfahrungen thematisierbar wurden. Vielleicht war die Familie wegen der oppositionellen und politischen Bedeutung dieses Privatbereichs auch in besonderer Weise gefeit gegen geschlechtsspezifische Benachteiligung. Erst mit dem Wegfall der staatlichen Repression wurde sie wieder frei in einem doppelten Sinn, das heißt auch für eine geschlechtshierarchische Funktionalisierung und Arbeitsteilung. Allerdings gab es eine besondere Verwundbarkeit der Frauen durch sexuelle Gewalt, die als Faktum im Zuge der Liberalisierung zutage trat, auch unter realsozialistischen Bedingungen. Sie lag – so drückte es eine Diskussionsteilnehmerin bei einer Veranstaltung 1995 in Bratislava aus – in der »Sexualisierung auch der gesellschaftlichen Beziehungen«, gemeint waren sexuelle Belästigungen und Verfügbarkeit von Frauen in den Arbeitsbeziehungen – eine Bemerkung, die eine heftige Diskussion auslöste.

Heute nun erleben die Frauen in den osteuropäischen Staaten durch die Transformation ihrer Gesellschaft in die liberale Marktökonomie – in sehr unterschiedlicher Weise – ganz neue Formen der Diskriminierung, der Zurücksetzung und Bevormundung und des Ausschlusses aus dem Bereich gesellschaftlicher Produktion, wird doch zum Beispiel in Ostdeutschland ganz offen und gezielt auf die »Normalisierung« der Frauenerwerbsquote durch eine Reduzierung von einst über neunzig Prozent auf westdeutschen Standard (um fünfundfünfzig Prozent) hingearbeitet, werden auch in den anderen osteuropäischen Staaten die sozialpolitischen Errungenschaften zurückgenommen, die das Vereinbarungsproblem von Beruf und Familie vergesellschaftet und damit unsichtbar gemacht hatten. Gleichzeitig ist mit dem Verlust des Rechts auf Arbeit und sozial abgesicherter Arbeitsplätze in allen osteuropäischen Ländern ein wesentlicher Rückgang der Partizipation von Frauen in allen politischen Gremien und Parteien zu verzeichnen, der nicht nur mit dem Wegfall staatlich verordneter Quotierungen zu tun hat, sondern auf neue Ausschlußmechanismen hindeutet. Aber auch in dieser Hinsicht sind Verallgemeinerungen offensichtlich voreilig, kommen nun doch auch die sehr unterschiedlichen kulturellen Traditionen und politischen Konstellationen in den verschiedenen Ländern Ost- und Mitteleuropas zum Tragen. Es gibt Einschätzungen, die diese Fakten anders deuten. Danach ist der Rückzug der Frauen aus institutionalisierter Politik kein Indikator für ein Desinteresse an Politik, im Gegenteil, so Julia Szalai über die Situation in Ungarn:

> »Das politische Leben jenseits der offiziellen politischen Sphäre ist dominiert von einer großen Zahl weiblicher Akteure: Tausende von neu gegründeten Vereinigungen, lokalen Komitees und Nichtregierungsorganisationen stützen sich wesentlich auf ihre Mitwirkung, abgesehen von den nicht parteigebundenen Ämtern in verschiedenen kommunalen Vertretungen.«[44]

Inwieweit die neuen politischen und neoliberalen Marktbedingungen, aber auch die neuartigen Unrechtserfahrungen der Frauen in Osteuropa Auslöser einer Mobilisierung »von unten« und einer neuen selbstbewußten Frauenpolitik sein können, vermag ich nicht zu beurteilen. Gegenwärtig zeichnen die Expertinnen zumindest ein eher düsteres Bild:

»Inzwischen werden Frauen in den neuen konservativen Diskursen als vorrangig für die Familie verantwortlich gehandelt, vorrangig als Mütter, nicht als Erwerbstätige. Damit wird die Trennung zwischen Öffentlichkeit und Privatsphäre erneut fixiert und zeigt eine Rückkehr vom öffentlichen [wohlfahrtsstaatlichen] Patriarchalismus zu privatem Patriarchat [der Abhängigkeit vom männlichen Familienernährer] an.«[45]

Versuch eines Resümees

Die Frage stellt sich, inwieweit diese unterschiedlichen Erfahrungen und Bedingungen überhaupt in einer sozialen Bewegung wie der Frauenbewegung und zu einer gemeinsamen politischen Strategie zusammengeführt werden können und was dies für das Konzept der Zivilgesellschaft bedeutet. Denn zu beobachten ist ein gegenläufiger Prozeß: Während ostdeutsche Frauen einerseits in die politische und ökonomische Freiheit entlassen werden und gleichzeitig auf der anderen Seite einen Prozeß der Domestizierung und erneuten Festlegung auf ihre Familienrolle erfahren, ist der Emanzipationsprozeß auch in Westdeutschland in Anbetracht der ökonomischen und sozialpolitischen Engführungen deutlich gebremst. Die unterschiedlichen Erfahrungen und Interessen von Frauen aus Ost- und Westdeutschland sind bei den ersten Verständigungsversuchen so heftig aufeinandergeprallt, daß bisher daraus keine gemeinsame Stärke oder neue Bewegung entstanden ist.

Meines Erachtens kommen gerade auch die westlichen Feministinnen zur Zeit nicht umhin, ihre Konzepte und politischen Strategien zu überprüfen. Dazu gehört vor allem anderen aber ein grundsätzlich anderes Verständnis von Radikalität. Die TheoretikerInnen des Projekts »Zivilgesellschaft« sprechen daher von einem notwendig »sich selbst beschränkenden Radikalismus«. Damit ist die »Aufgabe revolutionärer Träume zugunsten radikaler Reformen« gemeint. Solche Radikalität beinhaltet eine dualistische Strategie sozialer Bewegungen.[46] Habermas beschreibt sie als »höchst innovative Kombination von Macht und intelligenter Selbstbeschränkung«.[47] Diese doppelte Strategie zielt erstens auf politische Einflußnahme, um die Institutionalisierung der Bewegungsziele und die Veränderung der politischen Entscheidungsstrukturen zu erreichen. Mit anderen Worten: Diese Reform des Politischen, die Demokratisierung von gesellschaftlicher *und* ökonomischer Sphäre, bedient sich unserer rechtsstaatlichen Verfassung und der Rechte der einzelnen und überwindet damit die lähmende Grenzziehung zwischen revolutionärem Fundamentalismus und gesellschaftlicher Reform wie auch die falsche Alternative zwischen autonomer und institutioneller Politik. Gleichzeitig ist zweitens der kollektive Lernprozeß fortzusetzen, der – wie die Frauenbewegung durch die Form ihrer Mobilisierung, die Gründung von Selbsterfahrungsgruppen, autonomen Projekten und Netzwerken gezeigt hat – die Werthaltungen und den politischen Diskurs verändern kann, und zwar nicht nur unter Frauen. Das Aktionsfeld dieser Politik ist der Bereich der Zivilgesellschaft, der sich zwischen den staatlichen Institutionen und der Privatsphäre des/der einzelnen auftut und Bewegungen, Vereinigungen und Verbände, aber – wie wir aus den osteuropäischen Erfahrungen und eigenen Unrechtserfahrungen lernen konnten – auch den Bereich der Familie oder der anderen Lebensformen umfassen muß, damit auch hier gleichberechtigte Kommunikation, Selbstbestimmung und politische Repräsentation garantiert werden.

Nach allem, was wir inzwischen über die Differenzen und unterschiedlichen Interessen von Frauen als der »einen Hälfte der Menschheit« gelernt haben, ist es sinnlos, erneut eine falsche Gemeinsamkeit zu beschwören. Erst recht auf der Grundlage so unterschiedlicher Erfahrungen im vereinigten Deutschland kann eine dualistische Strategie die unterschiedlichen gesellschaftlichen Zusammenhänge berücksichtigen und helfen, Mißverständnisse zu vermeiden. Denn die Gesellschaften in Ost und West können nur zu einer zivilen Gesellschaft zusammenwachsen, wenn sie nicht auf Vereinheitlichung und Zentralisierung, sondern auf die Gleichberechtigung und Anerkennung gerade von Verschiedenem und die Vielfalt möglicher Formen der Selbstbestimmung setzen. Allerdings wissen wir angesichts der wieder auflebenden nationalen Diskurse und zur Zeit todbringenden ethnischen Konflikte auch, welch gefährlicher Zeitzünder das Beharren auf kulturellen Differenzen ist. Die besondere Bedeutung des Feminismus für die Demokratie[48] und die Aufgabe sozialer Bewegungen, auch der Frauenbewegungen, in diesem Prozeß der Verwirklichung der Zivilgesellschaft als Modell für eine demokratische, gerechte und verantwortungsvoll freie Gesellschaft stehen außer Frage, allerdings ist dieses Projekt nicht von Frauen allein zu organisieren. Gönnen wir uns also eine Atempause zur Mobilisierung unserer Kräfte, gewinnen wir Verbündete, ohne die eigenen Erfahrungen und Zielsetzungen und die Notwendigkeit autonomer Frauenpolitik zu verleugnen, insistieren wir auf einer Verständigung auch mit dem »anderen Geschlecht« über eine soziale und gerechte Politik und damit über den »Traum, den die Welt längst von [dieser] Sache besitzt«.[49]

Die Töchter der Emanzipation – das Generationenproblem in der Frauenbewegung

Ausgangsfrage: Gibt es sie noch, die Frauenbewegung?

Die Frage, wie es gegenwärtig um die Frauenbewegung / den Feminismus steht, ist leicht gestellt, doch ihre Beantwortung wird je nach politischem oder persönlichem Standort unterschiedlich ausfallen. Die langjährige Feministin, die die Ziele persönlicher Selbstbestimmung und sozialer Gleichstellung von Frauen voller Ungeduld noch immer nicht verwirklicht sieht, aber auch die professionelle Beobachterin werden auf die neuen Widerstände oder veränderten gesellschaftlichen Bedingungen sensibler reagieren als Außenstehende oder später Hinzugekommene, die sich der gemachten Erfahrungen und neuen Diskurse bedienen. Erst recht werden die heute zwanzig- bis dreißigjährigen Töchter der neuen Frauenbewegung gerade aus der notwendigen Abgrenzung gegenüber den Müttern eine keineswegs einheitliche, oft eher skeptische Haltung gegenüber dem Feminismus einnehmen. Schließlich spielen auch die unterschiedlichen historischen und politischen Erfahrungen in Ost- und Westdeutschland für die Beurteilung eine große Rolle.

Dabei wäre bei allen Einschätzungen vorweg zu klären, was eigentlich mit dem Begriff der »Bewegung« gemeint ist. Denn im Alltagsverständnis politischer Beobachter werden in der Regel ohnehin nur Hochphasen der Mobilisierung als »Bewegung« wahrgenommen, gehört zur Lebendigkeit einer Bewegung ihre Sichtbarkeit, der öffentliche Protest oder die Demonstration auf der Straße. Auch sind im bundesrepublikanischen Kontext von Anbeginn bereits erste Schritte zur Institutionalisierung von Frauenprojekten oder die Beteiligung an den institutionellen Formen der Politik vorschnell mit dem Ende der Bewegung gleichgesetzt worden. Sowohl die internationale wie die historische Bewegungsforschung haben uns jedoch inzwischen darüber belehrt, daß soziale Bewegungen unterschiedliche Phasen durchlaufen und die verschiedenen Formen der Einmischung oder Beteiligung durchaus mit Phasen des Rückzuges, der Besinnung oder auch des Stillstandes wechseln können.[1]

Es besteht jedoch Anlaß genug, die politische Bedeutung und den gesellschaftlichen Einfluß der neuen Frauenbewegungen zu überdenken, und zwar aus drei Gründen:

Erstens ist nicht zu leugnen, daß sich der westliche Feminismus in Anbetracht veränderter gesellschaftlicher und politischer Verhältnisse in der Defensive befindet. Für diese Feststellung ist es zunächst unerheblich, ob die neuen Rahmenbedingungen und aktuellen politischen Probleme lediglich zur Setzung anderer Präferenzen führen und eine neue politische Agenda erheischen oder ob der Grund in den Erfolgen der Frauenbewegungen liegt, die nun Reaktionen und auch Gegenbewegungen hervorgerufen haben. Zumindest ist zu berücksichtigen, daß die neue Frauenbewegung seit der Vereinigung der beiden deutschen Staaten nur noch für westliche Erfahrungen steht und deshalb als eine historische zu betrachten ist, sofern sie keine neue Plattform und Agenda für ost- und westdeutsche Frauenanliegen findet.

Zweitens ist da die Skepsis oder die Abwehr – »Allergie«, wie Barbara Einhorn formuliert[2] – der Osteuropäerinnen gegenüber diesem westlichen Feminismus, seinen angeblichen Überspitzungen und Übertreibungen, weil er sich als unvereinbar mit der eigenen Geschichte und den Erfahrungen von staatlich garantierter und verordneter Gleichberechtigung unter dem real nicht mehr existierenden Sozialismus erwiesen hat. Diese Vorbehalte gibt es, obwohl in den meisten osteuropäischen Ländern zum Teil auch schon vor 1989 eine Vielzahl feministischer Initiativen, Gruppen und Assoziationen entstanden war, die einen neu definierten Feminismus vertrat.[3] Nun wissen wir, wie üblich und anscheinend selbstverständlich auch die Distanzierungen vom Feminismus in den westlichen Gesellschaften sind, etwa die Vorrede: »Ich bin keine Feministin, aber [...]«. Nach wie vor ist »Feminismus« ein eher umstrittenes und streitbares Konzept.

Schließlich sind, drittens, neue, andere Frauengenerationen herangewachsen. Damit gibt es in der Zeitlichkeit und dem Verlauf sozialer Bewegungen selbst liegende Gründe, weshalb eine Bewegung ihren Zenit überschritten oder einen Stillstand erreicht haben kann. Dazu gehören zum einen das Alter der Beteiligten, zum anderen aber auch der Erfolg. Der Erfolg der neuen Frauenbewegung ist nicht ohne weiteres meßbar, aber unzweifelhaft. In einem bisher in der Geschichte nicht gekannten Ausmaß haben Frauen Zugang zu Wissen, Bildung und Ausbildung erlangt, und sie sind dabei, dieses Wissen kritisch und konstruktiv zu nutzen. Ihre Forderungen gehören zum Standardprogramm politischer Rhetorik, ihre Themen und Streitpunkte tauchen in den Medien und in der politischen Öffentlichkeit auf und haben Antworten in den politischen Parteiprogrammen provoziert. Sie haben den Aktionsradius der etablierten Frauenverbände verändert und sind inzwischen sogar in die Gewerkschaften und Kirchen hineingeschwappt. Für eine große Zahl von Frauen in West-, wie auf ganz andere Weise in Osteuropa hat die Veränderung der Lebensformen und Lebensentwürfe zumindest partiell eine Veränderung der geschlechtsspezifischen Arbeitsteilung bewirkt bzw. bereits Freiräume der Selbstbestimmung eröffnet, von denen frühere Frauengenerationen nur träumen konnten.

Und doch hat diese Verbreiterung gleichzeitig die radikalen Impulse abgeschwächt, die Zielsetzungen zurechtgestutzt und angepaßt, kritische Feministinnen sagen: »verharmlost«.[4] Nicht nur Gegenbewegungen haben sich formiert, zum Beispiel die sogenannten Lebensschützer, vielmehr gehören auch antifeministische Reaktionen inzwischen wieder zum alltäglichen Sprachgebrauch. Vor allem in den Zentren der Macht und des Einflusses, in den Führungspositionen von Wirtschaft, Wissenschaft und Politik aber hat die Bewegung die männliche Dominanz und sozialstrukturelle Benachteiligung von Frauen nicht brechen können, hier liegt die Männerquote nach wie vor bei 97 Prozent. Gleichzeitig scheint die Frauenbewegung als autonome Bewegung, als alternative Form der politischen Beteiligung und ungehörigen Einmischung nicht mehr in der Öffentlichkeit präsent zu sein. Selbsterfahrungsgruppen, bewegende Debatten und symbolische Aktionsformen sowie der hart erkämpfte Separatismus gewisser Frauenräume sind inzwischen Geschichte geworden, allenfalls Lernstoff für Studentinnen im Fach Frauen- und Geschlechterstudien.

Der Blick auf die Geschichte der Frauenbewegung erinnert daran, daß es schon mehrere Generationen von Frauen und damit auch Wachablösungen gegeben haben muß, die zugleich Anlaß für einen politischen und theoretischen Kurswechsel waren. Schon um die Mitte der 20er Jahre sprachen die Frauen in der *alten Frauenbewegung* von mindestens drei Generationen: Als erste galten die 1848erinnen, die Altersgenossinnen von Louise Otto, die auch nach der Niederschlagung der demokratischen Bewegung und dem Verbot der ersten Frauenvereine um 1850 im Deutschen Bund 1865 erneut die Organisierung von Fraueninteressen in Gang setzten. Sie gründeten den Allgemeinen Deutschen Frauenverein (ADF), der von da an den Grundstein für die organisierte Frauenbewegung in Deutschland bildete. Von etwa 1890 bis zum Ersten Weltkrieg war dann mit dem Aufschwung und der Blütezeit der bürgerlichen wie auch der proletarischen Frauenbewegung eine zweite Generation von Akteurinnen am Werke, die sich auf die Gründungsmütter berief und sich doch gleichzeitig sehr deutlich mit ihren sehr viel weitergehenden politischen Forderungen von der nur »frauenrechtlerischen«, nur karitativen oder allzu bürgerlichen Frauenbewegung absetzen wollte. Es waren dies: Helene Lange und Gertrud Bäumer auf der einen Seite, Clara Zetkin auf der anderen, schließlich der »linke Flügel« der Bürgerlichen, die sogenannten Radikalen, zu denen Minna Cauer, Anita Augspurg, Lida Gustava Heymann und Helene Stöcker gehörten. Spätestens in den 20er Jahren nach dem Erreichen des Frauenwahlrechts 1918 machte eine neue Frauengeneration von sich reden, weil sie keineswegs nur in die Fußstapfen der sogenannten Führerinnen treten wollte. Deshalb setzte schon in der zweiten Hälfte der 20er Jahre in den damals etablierten Frauenorganisationen und ihren Publikationen die Reflexion über den Zustand der Frauenbewegung ein, wurde in Rückschau auf zehn Jahre Frauenstimmrecht Resümee gezogen.[5]

Selbst die sonst so realistischen bürgerlichen Radikalen waren nach 1918, mit dem Erreichen des Wahlrechts, anscheinend einem Trugschluß aufgesessen, weil sie von der Einschätzung ausgingen, daß »der Kampf um die Gleichberechtigung der Frauen mit dem Manne [...] erledigt« sei.[6] Statt frauenspezifische Interessen zu vertreten, hatten sie sich deshalb mit großer sachlicher Kompetenz auf die großen Menschheitsfragen und »allgemein«-politischen Zielsetzungen gestürzt, um vom »Frauenstandpunkt« aus mit der Internationalen Liga für Frieden und Freiheit (IFFF) für internationale Zusammenarbeit und für Abrüstung, Völkerverständigung und dauernden Frieden zu arbeiten und zu streiten. Sie haben sich damit als Pazifistinnen bewußt von *der* Frauenbewegung entfernt, die nur noch im Bund Deutscher Frauenvereine (BDF) vertreten schien. Aufgrund ihrer fundamentalen Systemkritik am Männerstaat, die mit zunehmender Enttäuschung über die Entwicklung der Politik in der Weimarer Republik immer bitterer und polemischer wurde, blieb der Graben, der sie von den anderen Richtungen in der Frauenpolitik (auch den Sozialistinnen), aber auch von den jüngeren Frauen trennte, unüberwindbar. Dies erklärt meines Erachtens zum großen Teil ihre politische Isolation.

Auch Gertrud Bäumer, die Vertreterin der gemäßigten Mehrheit im BDF, kam in ihrem Artikel »Wesenswandel der Frauenbewegung« aus dem Jahr 1927 zu dem Schluß, daß das »sozialreformerische Werk der Frauenbewegung [...] im Großen und Ganzen getan (sei), wenigstens soweit die staatlichen, die Aufbaufragen in Betracht kommen«. Doch sie beharrte darauf, daß die andere, »viel schwierigere Aufgabe«, die »Erarbeitung neuer Lebensformen«, die »Gestaltung eines Lebensinhaltes«, die »Entfaltung der weiblichen Form von innen her« noch zu bewältigen sei. Diese Aufgabe, die schwieriger sei als die Anwendung des Prinzips der Gleichberechtigung, so Bäumer, stehe jetzt im Vordergrund, gerade auch für die jüngere Generation, die Generation der »Neuen Frau«, deren Lebensentwürfe die Errungenschaften der Alten ganz selbstverständlich voraussetzten. Bäumer gelang es damit, zumindest theoretisch, zu dieser Generation eine Brücke zu bauen und zugleich die besondere Bedeutung der Frauenbewegung im »wesentlicheren Sinne als irgendein Kampf um eine höhere Gehaltsstufe« herauszustreichen.[7]

Trotzdem blieb die Organisationsfrage, die vornehmlich als Generationenkonflikt verhandelt wurde, bis zur Auflösung und Gleichschaltung der Frauenverbände durch den Nationalsozialismus virulent.[8] In vielen Variationen und auf vielen Frauentagungen wurde das Nachwuchsproblem erörtert, da die Generation der um und nach 1900 Geborenen, jene Generation, der sich nicht nur die Universitäten, sondern in großer Zahl auch die Büros und weiblichen Pflegeberufe geöffnet hatten, den Organisationen der Frauenbewegung fernblieb. In der Zeitschrift »Die Studentin« zum Beispiel wurde die Kontroverse ausgebreitet unter der Fragestellung: »Wozu noch Frauenbewegung?« Einig waren sich die jungen Kritikerinnen, daß der Apparat der Frauenverbände zu hierarchisch, bürokratisch, in seiner Organisationsweise erstarrt sei, die Jüngeren, durch die unpersönliche Arbeitsatmosphäre der Verbände, aber auch durch Frauenrechtelei und Männerfeindlichkeit abgeschreckt, lieber die Kameradschaftlichkeit der Jugendverbände, der Jugendbewegung suchten.[9] Die älteren Kämpferinnen schienen der deprimierenden Entwicklung zunehmend ein »dennoch« und »nun erst recht« entgegenzusetzen. So benannte Agnes von Zahn-Harnack, die 1931 zur neuen Vorsitzenden des BDF gewählt wurde, als Gründe für den »Stillstand, wenn nicht Rückschritt« der Bewegung: den aus wirtschaftlicher Not verschärften »Konkurrenzkampf, in dem die Frau naturgemäß immer noch der schwächere Teil ist«, eine »reaktionäre Gesamthaltung«, die auf allen Gebieten fühlbar werde, sowie der »primitive Wunsch, nach einem Schuldigen zu suchen, den man für das allgemeine Elend verantwortlich macht«. Dennoch beharrte sie darauf, daß die Frauenbewegung eine weltpolitische Macht sei – und weil diese emphatische Schlußfolgerung möglicherweise auch heute gezogen werden könnte, sei sie hier zitiert:

> »Immer wird sie von ihren Gegnern totgesagt, oder es wird ihr der wohlmeinende Rat gegeben, ihre eigene Überlebtheit anzuerkennen und von der Bühne abzutreten. Aber sie lebt und wird leben, unabhängig von Mißfallen oder Wohlwollen, aus ihrer eigenen Kraft und bis sie ihre geschichtliche Mission erfüllt hat.«[10]

Seit einiger Zeit, spätestens seit dem Beginn der 90er Jahre[11], ist es üblich geworden, auch in der *neuen Frauenbewegung* von verschiedenen Generationen zu sprechen. Tatsächlich ist die Bedeutung des Generationenzusammenhangs insbesondere zur »Erkenntnis des Aufbaus der sozialen und geistigen Bewegungen« spätestens seit Karl

Mannheims Aufsatz über »Das Problem der Generationen«[12] als soziologisches Konzept anerkannt. Danach bezeichnet die Generationslage ähnlich der Klassenlage »eine spezifische Art des Erlebens und Denkens«, »eine besondere Art der gleichen Lagerung verwandter Jahrgänge im historisch-sozialen Raum«.[13] Im Kontext sozialer Bewegungen und kulturellen Wandels kann damit der »neuartige Zugang« bzw. die stets neue und notwendige Distanzierung von bisherigen Wertorientierungen und Kulturträgern erklärt werden.

In der sozialwissenschaftlichen Frauenforschung werden im Blick auf die neue Frauenbewegung inzwischen drei Generationen unterschieden[14]: Danach ist die erste Generation die der 1968er. Es sind die um 1940 Geborenen, die »Gründerinnen«, die ihr feministisches Bewußtsein in der Auseinandersetzung mit der Studentenbewegung bzw. den Linken und der marxistischen Theorie gewannen. Vor diesem Hintergrund wurden die scheinbar privaten Probleme in den Bereichen Sexualität, Lebensform, persönliche Abhängigkeit als politische erkannt, und die Erfahrung eines ›Wir‹ wurde von Frauen zur Sprache gebracht.

Die zweite Generation der um 1955 Geborenen wird als die der »Projekte-Macherinnen« beschrieben. Hilge Landwehr kennzeichnet sie als diejenigen, die sich weitgehend noch als Studentinnen an den Kämpfen um den Aufbau von Projekten und um die Institutionalisierung der Frauenforschung beteiligten. Gemeinsam mit der ersten Generation machten sie ihre prägenden Erfahrungen in der Auseinandersetzung über separate Frauenräume, über »Autonomie« oder »Integration« von Frauenforschung und -politik und damit in der Auseinandersetzung über Prinzipienfragen, die heute eher als »politische Korrektheit« heruntergespielt werden. Bemerkenswert sind auch die bereits veränderten Lebensformen, weshalb die Frauen der zweiten Generation – auch als Alleinerziehende – für ihre universitären Karrieren bereits weniger Umwege gehen mußten.[15]

Schließlich wird da von den Älteren bereits eine dritte Generation, sogenannte »Konsumentinnen«, ausgemacht. In dieser Kategorie werden die nach 1960 Geborenen zusammengefaßt, die Frauen in den Institutionen, wie vereinzelt auch immer, bereits vorfinden als Professorinnen, Politikerinnen, Frauenbeauftragte etc. und die

die neuen Kommunikationsformen wie andere kommerzialisierte Kulturangebote konsumieren. Irene Stoehr fragt deshalb: »Sind die 30jährigen dabei, das feministische Erbe zu verschleudern, an dem die 50jährigen verbissen festhalten, während derweil die 40jährigen fortfahren, den Berufsfeminismus zu etablieren?«[16] Die Polemik verdeutlicht die eigene Involviertheit und den generationsspezifischen Blickwinkel der Autorin. Zugleich zeigen die Zuordnungen Differenzen an, die gerade auch unter Frauen immer stärker hervortraten und Zweifel an allzu selbstverständlichen Gemeinsamkeiten des Frauseins aufkommen ließen. Trotzdem ist die Beschreibung der Jahrgänge nach 1960 als »Konsumentinnengeneration« meines Erachtens nicht nur zu pauschal, sondern auch falsch. Denn notwendigerweise müssen die heute jungen Frauen zu ihrer Individualisierung und »Selbstverwirklichung« einen eigenen Standort gewinnen, der auch die Distanzierung von Vorgefundenem, auch vom »Erbe der Mütter« beinhaltet.

Das Konzept der »langen Wellen« – Verbindungsstück zwischen »alter« und »neuer« Frauenbewegung

Die Perspektive auf die verschiedenen Phasen und Generationen der Frauenbewegung und der internationale wie auch der historische Vergleich schärfen den Blick für die Probleme bei der Organisierung und Durchsetzung von Fraueninteressen und eröffnen ganz neue theoretische und politische Fragestellungen. So ist also nicht nur danach zu fragen, woran die Frauenbewegung immer wieder scheitert, vielmehr ist zu bedenken, welche besonderen Ausgangsbedingungen, Widersprüche und günstigen Voraussetzungen zusammenkommen müssen, um Frauen aus überaus disparaten Lebenslagen über soziale, politische und ethnische Unterschiede hinweg unter der Gemeinsamkeit Geschlecht zu mobilisieren. Gerade weil Frauen keine Minderheit oder in gemeinsamer Lebenslage zusammengewachsene Gruppe sind, sondern mit denen, gegen die sie aufbegehren, eng und oftmals abhängig oder auch »Schulter an Schulter« zusammenleben, weil sie außerdem in unterschiedlichen Lebenslagen von manchen Formen der Herrschaft durchaus profitieren, ist ein politischer Zusammenschluß auf der Basis gleicher Erfahrungen eher unwahrscheinlich. Da bedarf es besonderer politischer Konstellationen und Koalitionen, Erfahrungen oder Ressourcen, um als soziale Bewegung im politischen Raum agieren zu können.[17]

Hinzu kommt als ein spezifisch deutsches Problem der durch den Nationalsozialismus verursachte Bruch mit kulturellen Traditionen, die Zerschlagung und Gleichschaltung der Bewegungsorganisationen und der damit zusammenhängende Geschichtsverlust. Eine Folge des Nichterinnerns war, daß nach dem Zweiten Weltkrieg die Verfolgten des NS-Regimes keine Rehabilitation oder politische Wiedergutmachung erfuhren. Dennoch sollte der deutsche »Sonderweg« für die Geschichte der Frauenbewegung nicht überbewertet werden, wie der Vergleich mit der Geschichte anderer Frauenbewegungen zeigt. In ihrem Buch über die amerikanische Frauenrechtsbewegung haben Leila J. Rupp und Verta Taylor auch den amerikanischen Feminismus in der Zeit zwischen 1945 und 1960 als »Überleben in der Flaute« gekennzeichnet.[18] Diese anschauliche Beschreibung, die ja auch der angelsächsischen Metapher und Rede von »first wave« und »second wave feminism« entspricht, regt dazu an, soziale Bewegungen als Akteure sozialen Wandels in »langen Wellen« zu betrachten.[19] Das meint, soziale Bewegungen durchlaufen nicht nur verschiedene Stadien der Mobilisierung und Institutionalisierung[20], vielmehr können im Auf und Ab gesellschaftlicher Widersprüche und ihrer Thematisierung durchaus Phasen hoher Aktivität und Wirksamkeit mit Zeiten des Stillstandes oder gar der Reaktion wechseln.

Tatsächlich bildet die Nachkriegszeit auch in der Bundesrepublik Deutschland eine Brücke, bereiten die Vereinigungen, Organisationen und Netzwerke einer verhältnismäßig kleinen Schar von Aktivistinnen und Frauenrechtlerinnen den Nährboden für einen neuen Frauenprotest.[21] Deshalb ist auch die neue Frauenbewegung in der Bundesrepublik nicht aus dem Nichts entstanden, obwohl sie anfangs nichts von möglichen Traditionslinien wissen wollte. Nicht zuletzt die enttäuschende Erfahrung nicht verwirklichter Gleichberechtigung und die Kritik an der unbefriedigenden Lobbypolitik der etablierten Frauenverbände sowie der Aufbruch auch der anderen neuen sozialen Bewegungen haben ein Reformklima geschaffen, in dem das wohlfahrtsstaatliche Geschlechterarrangement auf Kosten von Frauen nicht mehr zu legitimieren war. Das historische Bewußtsein von diesen Verbindungs- und Traditionslinien sowie das Wissen um die Geschichte anderer sozialer Bewegungen aber bewahren uns möglicherweise vor einer kleinmütigen und kurzatmigen Einschätzung der gegenwärtigen Situation. Wenn wir die Frauenbewegung als Trägerin sozialen und kulturellen Wandels verstehen, so wird klar, warum ihre Errungenschaften und ihr Beitrag zur Kultur bei einem Generationswechsel immer erst wieder neu angeeignet, verändert, aber auch fortgebildet werden müssen. Karl Mannheim spricht in diesem Zusammenhang von der »Notwendigkeit des steten Tradierens, Übertragens des ererbten Kulturguts« und meint damit sowohl Distanzierungen als auch neuartige Zugänge.[22] Die Berücksichtigung eines generationsspezifischen Zugangs zum Feminismus wie das Konzept der »langen Wellen« der Frauenbewegung aber legen es nahe, auch die theoretischen und politischen Differenzen innerhalb des neuen Feminismus gelassener zu deuten.

Feministische Theorie und ihre Bedeutung für politisches Handeln von Frauen

Trotz der gegenwärtig beobachteten »Windstille« um die Frauenbewegung als politische Kraft gibt es überaus lebendige wissenschaftliche Diskussionen im Bereich der Frauen- und Geschlechterstudien und elaborierte feministische Theorien in den Geistes- und Gesellschaftswissenschaften – noch viel zu wenig in den Naturwissenschaften –, die zu einer Herausforderung für die beteiligten Wissenschaften geworden sind. In den Anfängen der Frauenforschung, die von der neuen Frauenbewegung angestoßen und getragen wurde, war Interdisziplinarität ihr Markenzeichen und ein einigendes Band. Es stand für Opposition und Kritik eines an männlichen Erkenntnisinteressen orientierten Wissenschaftsbetriebes und damit für eine gezielte Disziplinlosigkeit und das Überschreiten der Grenzziehungen, die zum Ausschluß gerade auch der Frauen und ihrer Erfahrungen und Forschungsinteressen aus den Wissenschaften geführt hatten. Der Ausgangspunkt war das emanzipatorische Interesse an grundlegenden gesellschaftlichen Veränderungen, an der Beseitigung sozialer Ungleichheit und Unterdrückung der Frauen, war die Verbindung von Gesellschaftsanalyse mit radikaler Gesellschaftskritik.

Inzwischen hat ein breites Spektrum feministischer Forschung das Innovationspotential, die Validität und Produktivität feministischer Perspektiven durch vielfältige Ergebnisse in beinahe allen sozial- und kulturwissenschaftlichen Disziplinen unter Beweis gestellt, haben sich feministische Fragestellungen in die verschiedensten Disziplinen eingenistet und tragen dort zumindest zur Beunruhigung des *mainstream* bei. Gleichzeitig haben sich feministische Wissenschaftlerinnen insbesondere innerhalb einzelner Disziplinen profiliert, ist ein Prozeß der Professionalisierung eingeleitet, der zugleich Spezialisierung bedeutet. In den Fächern und zwischen den Fächern ist es also zur Verbreiterung und zu Ausdifferenzierungen gekommen, die es verbieten, von *der* Frauenforschung oder generalisierend von einer feministischen Perspektive auf die Wissenschaften zu sprechen.

Neuerdings ist jedoch eine Verschiebung innerhalb der Diskurse über feministische Theorie festzustellen, die sich, je nachdem, als poststrukturalistisch, postmodern oder postkolonial oder sogar ausdrücklich als postfeministisch verstehen – eine Verschiebung, von der zugleich eine politische Verunsicherung ausgeht. Die Verunsicherung wird hervorgerufen durch die Kritik an einer feministischen Politik, die die Gemeinsamkeit des Frau-Seins als Bezugspunkt für die Emanzipationsbewegung der Frauen braucht. Statt um die Geschlechterdifferenz als ausschlaggebende, die gesellschaftlichen Verhältnisse bestimmende Perspektive geht es nun um die Differenzen auch unter Frauen neben vielfältigen anderen sozialen Unterschieden wie Klasse, Milieu oder Ethnie. Im Zentrum dieser internationalen feministischen Diskussion steht das Buch »Gender Trouble« von Judith Butler, deren Thesen offensichtlich insbesondere den theoretischen und politischen Interessen einer jüngeren Generation feministischer Wissenschaftlerinnen entgegenkommen.[23]

Die theoretische Fragestellung als solche kann hier nicht weiter verfolgt werden. Angesichts des kritischen Zustandes der Bewegung interessiert jedoch, in welcher Weise die »linguistische Wende« in der feministischen Theorie tatsächlich als Entpolitisierung zu deuten ist – und sei es auch nur durch eine zunehmende Distanz von den sozialen und alltäglichen Problemen der Mehrheit der Frauen. In jedem Fall belegt die Breite und Spannung in dieser Auseinandersetzung die Lebendigkeit des feministischen Diskurses. Dennoch ist wohl zu unterscheiden zwischen politischem Handeln innerhalb einer Bewegung oder der Politik der Bewegung und der Möglichkeit und Fähigkeit feministischer Theorie zu radikalem Denken, das an die Wurzeln der Selbstverständlichkeiten, Blindheiten und Vorurteile geht. Das bedeutet aber auch, daß feministische Politik nicht durch Theorie ersetzt werden kann. Mit kritischem Blick speziell auf die Philosophie als Metatheorie des Feminismus ist daher meines Erachtens zu Recht davor gewarnt worden, das Philosophieren über Geschlechterdifferenz mit Feminismus als Form von Protest oder mit sozialer Bewegung zu verwechseln.[24] Der Beitrag der anderen Disziplinen feministischer Forschung zur Analyse der Gegenwartsgesellschaft scheint mir insbesondere hinter den philosophischen und erkenntnistheoretischen Auseinandersetzungen gelegentlich aus dem Blick zu geraten. Es sind dies Untersuchungen und Ergebnisse, die sowohl zur Orientierung der Frauenbewegung dienen als auch ihre Kämpfe und berechtigten Forderungen analysieren und dem Kanon des Wissens hinzufügen. Dazu gehört insbesondere die grundlegende historische wie soziologische Kritik der bürgerlichen oder auch modernen Gesellschaft, ihrer Geschichte und Struktur. Dazu gehört aber auch der Nachweis ihrer geschlechtsspezifischen Strukturen in allen gesellschaftlichen Bereichen, in der Familie, im Bereich gesellschaftlicher Produktion, in den Institutionen von Staat und Gesellschaft.[25]

Das bedeutet, mit der Hinwendung zu Sprache, Texten und der Dekonstruktion auch der Kategorie Geschlecht ist die Analyse sozialer Strukturen und der Konstruktionen von gesellschaftlicher Wirklichkeit keineswegs überflüssig geworden, im Gegenteil. Die Radikalität der poststrukturalistischen Kritik hat uns vielmehr für die Differenzen auch innerhalb der Gruppe der Frauen sensibilisiert und den grundlegenden Widerspruch der bürgerlichen Gesellschaft, das sogenannte Wollstonecraft-Dilemma, erneut offengelegt. Dieses Dilemma besteht darin, sich einerseits auf Frauenerfahrungen oder Frausein zu beziehen, doch andererseits die sozial hergestellten Bedingungen traditioneller Weiblichkeit zu kritisieren, ja, verändern zu wollen. Das heißt, der Streit um Gleichheit und / oder Differenz mit Hilfe poststrukturalistischer oder postmoderner Theorie hat einen neuen produktiven Rahmen geschaffen für die Untersuchung der Machtdiskurse und Machtmechanismen in unserer Gesellschaft. Es wird jedoch darauf ankommen, beide Seiten der Analyse miteinander zu verbinden. Feministische Theorie muß daher – wie Nancy Fraser es ausdrückte – versuchen, »die diskursiven Analysen der Bedeutungen von Geschlecht in den historischen und gesellschaftlichen Zusammenhang [zu] stellen, sie nach Zeit und Ort situativ [zu] bestimmen [...] [und diese Analysen] mit strukturellen Analysen der Institutionen und der politischen Ökonomie zusammen[zu]bringen«.[26]

Resümee aus der politischen wie der theoretischen Perspektive – Wo stehen wir heute?

Wenn wir den »trouble« zwischen den Geschlechtern und viele neue Selbstverständlichkeiten mit den Leitbildern und Vorurteilen der 50er und 60er Jahre vergleichen, so ist in der Tat ein Wandel im Geschlechterverhältnis festzustellen. Und doch sind manche Erfolge trügerisch, ist die Bilanz zweischneidig: In wesentlichen Kernbereichen, im Hinblick auf die »harten« Ziele der Frauenbewegung ist es den Feministinnen bisher nicht gelungen, die strukturelle soziale und rechtliche Diskriminierung von Frauen zu beseitigen. Insbesondere in Anbetracht knapper Staatsfinanzen und einer ökonomischen Krise sind Frauenfragen erneut, wie schon oftmals in der Geschichte, angeblich nicht opportun oder von geringerer politischer Bedeutung.

Allerdings haben Frauen wichtige Etappenziele erreicht. Zum erstenmal in der Geschichte haben sie in einem zuvor nicht gekannten Ausmaß Zugang zu Wissen, Bildung und Ausbildung erlangt, und sie sind dabei, dieses Wissen kritisch und konstruktiv zu nutzen. Es gibt weltweit einen Diskurs über Feminismus, der das Subjekt dieser Emanzipationstheorie in allen Hinsichten ausdifferenziert und dekonstruiert und ihm gleichzeitig Gehör und Stimme, auch einen Körper und viel Phantasie und Lust an Kritik verliehen hat. Seyla Benhabib ist so kühn anzunehmen, daß sich der Feminismus neben dem postmodernen Denken in der intellektuellen und universitären Kultur der westlichen kapitalistischen Demokratien zu einem der »beiden führenden Gedankenströmungen unserer Zeit entwickelt« hat.[27]

Doch damit scheint der Abstand zwischen dem Selbstbewußtsein der Frauen, ihrer Sensibilisierung für die Geschlechterprobleme und der Abwehr auf der Seite der Männer unendlich groß geworden zu sein. Der Geschlechterkonflikt ist damit eher verschärft als befriedet. Der Alltag ist deshalb vielfach problematischer geworden. Denn es gibt keinen eindeutig dominierenden Lebensentwurf für junge Frauen, weder den der durchgängig erwerbstätigen Frau noch den der Ganztagshausfrau. Wesentlich ist aber, daß es zu den verschiedenen Lebensmustern und der Vielfalt von Lebensentwürfen auf seiten der Frauen bei den männlichen Partnern kein Äquivalent, in der Regel nicht einmal den Willen zu einer Veränderung gibt. Die Mehrzahl der Männer orientiert sich noch immer an einer männlichen »Normalbiographie«, und zwar des durchgängig erwerbstätigen, von Haushalt und Familie befreiten Mannes und Vaters, obwohl die gesellschaftliche und erst recht die ökonomische Entwicklung längst in eine andere Richtung weisen. Trotzdem können es sich junge Männer offensichtlich immer noch leisten, »alltagsvergessen« ihren Lebensweg zu planen.[28] Die unter dem Stichwort Individualisierung thematisierten sozialen Veränderungen, die Vielfalt der neuen Lebensformen werden von der männlichen Seite bezeichnenderweise als Risiko und Verlust des Sozialen debattiert[29], während sie für Frauen durchaus Befreiung aus Abhängigkeiten und größere Lebenschancen bedeuten können.

In dieser Situation sagen uns junge Frauen, die eigenen Töchter: Feminismus haben wir nicht mehr nötig, ist *out*, hat sich überlebt.

Das schmerzt, und doch kann ich die Töchter verstehen. Zur eigenen Identität, zu einem Selbstbewußtsein gehört die Distanzierung von den Müttern. Es ist auch nicht wünschenswert, daß sie das Erbe widerspruchsfrei annehmen oder lediglich gehorsam verwalten. Denn es sind ja gerade die erkämpften Freiheiten und neuen gesellschaftlichen Bedingungen, die ihre ganze Aufmerksamkeit und Kraft und ihre Eigenständigkeit verlangen. Leben sie doch Lebensweisen, für die die Generation der neuen Feministinnen so eifrig gestritten und argumentiert hat, Formen der Partnerschaft und Lebensgestaltung, die Selbstbestimmtheit voraussetzen. Wenn ich außerdem die Analysen über politische Interessen und das politische Verhalten junger Frauen richtig gelesen habe, so steckt hinter der zunächst deprimierenden Politikferne und der Abstinenz im Wahlverhalten nicht einfach politisches Desinteresse, vielmehr eine wachsende Kritik am Parteiensystem und an den herkömmlichen Formen und Institutionen des Politischen. Möglicherweise kommt in ihren Orientierungen – hin zu den GRÜNEN bzw. hin zu Themen wie Umwelt, Frieden, Arbeitslosigkeit – ein anderes und originäres Politikverständnis zum Ausdruck, für das die neue Frauenbewegung sowohl die theoretische Grundlage als auch viele Einsichten geliefert hat.[30] Dennoch ist nichts zu beschönigen, da bleibt ein Restrisiko, die Sorge, wie es der nächsten, jungen Frauengeneration gelingen könnte, ihre gegenwärtige abwartende und skeptische Distanz umzumünzen in eine politische Kraft, die Einfluß nehmen kann.

Anmerkungen

Einleitung

1 Margarete Susman: Das Frauenproblem in der gegenwärtigen Welt. In: Dies.: Das Nah- und Fernsein des Fremden. Essays und Briefe, hg. und mit einem Nachwort versehen von Ingeborg Nordmann, Frankfurt/Main, 1992, S. 143–167, hier S. 147

2 Martha Nussbaum: Onora O'Neill. Gerechtigkeit, Geschlechterdifferenz und internationale Grenzen. Ein Kommentar. In: Herta Nagl-Docekal, Herlinde Pauer-Studer (Hg.): Politische Theorie. Differenz und Lebensqualität. Frankfurt/Main, 1996, S. 451–468, hier S. 465

3 Rahel Varnhagen: Gesammelte Werke, Bd. III. Rahel. Ein Buch des Andenkens für ihre Freunde. Hg. v. Konrad Feilchenfeldt, Uwe Schweikert, Rahel E. Steiner. München, 1983, S. 445

Die »langen Wellen« der Frauenbewegung – Traditionslinien und unerledigte Anliegen

1 Christiane Lemke: Die Ursachen des Umbruchs 1989. Politische Sozialisation in der ehemaligen DDR. Opladen, 1991, S. 250f

2 Christa Wolf: Vorwort zu Maxie Wander: »Guten Morgen, du Schöne«. Frauen in der DDR. Protokolle. Darmstadt, Neuwied, 1978, S. 14

3 Helene Lange: Die Frauenbewegung in ihren modernen Problemen. Leipzig, 1908, S. 122

4 Eugénie Potonié-Pierre: Bericht. In: Rosalie Schoenflies u.a. (Hg.): Der Internationale Kongreß für Frauenwerke und Frauenbestrebungen in Berlin. Berlin, 1897, S. 40

5 Vgl. die Nachweise bei Karin Offen: Feminismus in den Vereinigten Staaten und in Europa. Ein historischer Vergleich. In: Hanna Schissler (Hg.): Geschlechterverhältnisse im historischen Wandel. Frankfurt/Main, New York, 1993, S. 97–138; die von ihr genannten Titel deutscher Autorinnen (zum Beispiel von Käthe Schirmacher) sind bezeichnenderweise in Französisch, Englisch oder Spanisch erschienen, kein entsprechender in deutscher Sprache; vgl. die Bibliographie von Hans Sveistrup, Agnes von Zahn-Harnack (Hg.): Die Frauenfrage in Deutschland, Strömungen und Gegenströmungen 1790–1930. Sachlich geordnete und erläuterte Quellenkunde. Burg, 1934

6 Vgl. die Beispiele bei Hedwig Dohm: Die Antifeministen. Ein Buch der Verteidigung (1902). Frankfurt/Main, o. J.; nur abwertend auch bei Gertrud Lange: Feministische Gedankenanarchie (1908). In: Dies.: Kampfzeiten. Aufsätze und Reden aus vier Jahrzehnten. Berlin, 1928, Bd. 2, S. 1–8; vgl. dagegen die spezifische Bedeutung des Konzepts bei Nancy Cott: The Grounding of Modern Feminism. New Haven, London, 1987

7 Louise Otto: Die Theilnahme der weiblichen Welt am Staatsleben. In: Sächsische Vaterlandsblätter 3. Jg., 1843, S. 633 ff

8 Joachim Raschke: Soziale Bewegungen. Ein historisch-systematischer Grundriß. Frankfurt/Main, 1985, S. 11

9 Ebd., S. 38 f

10 Jürgen Habermas: Stichworte zur »geistigen Situation der Zeit«. Bd. 1. Frankfurt/Main u. a., 1979, S. 28; vgl. ders.: Theorie des Kommunikativen Handelns. Bd. 2. Frankfurt/Main, 1982, S. 578 f

11 Vgl. Lorenz von Stein: Geschichte der sozialen Bewegung in Frankreich von 1789 bis auf unsere Tage (1850), hg. v. G. Salomon. München, 1921

12 Lorenz von Stein: Schriften zum Sozialismus 1848, 1852, 1854. Hg. v. E. Pankoke. Darmstadt, 1974, S. 3

13 Wilhelm. H. Riehl: Die Familie. Stuttgart, 1889. (Erstaufl. 1854)

14 Vgl. Herrad-Ulrike Bussemer: Frauenemanzipation und Bildungsbürgertum. Sozialgeschichte der Frauenbewegung in der Reichsgründungszeit. Weinheim, 1985, S. 11 f

15 Vgl. RGSt, 1888, Bd. 16, S. 383 f

16 Antje Wiener: Wider den theoretischen »Kessel«. Ideen zur Sprengung der binären Logik in der Neue Soziale Bewegungen-Forschung. In: Forschungsjournal Neue Soziale Bewegungen 2, 1992, S. 35

17 André Gorz: Abschied vom Proletariat. Hamburg, 1984, S. 78 f

18 Herbert Marcuse: Marxismus und Feminismus. In: Ders.: Zeitmessungen. Frankfurt/Main, 1975, S. 9 ff

19 Karl-Werner Brand u. a.: Aufbruch in eine andere Gesellschaft. Neue soziale Bewegungen in der Bundesrepublik. Frankfurt/Main, New York, 1984, S. 137

20 Klaus von Beyme: Feministische Theorie der Politik zwischen Moderne und Postmoderne. In: Leviathan 2, 1991, S. 208–228

21 Alberto Melucci: Nomads of the present. Social movements and individual needs in contemporary society. London, 1988

22 Sylvia Kontos: Modernisierung der Subsumtionspolitik? Die Frauenbewegung in den Theorien neuer sozialer Bewegungen. In: Feministische Studien, Heft 2, 1986, S. 34–49

23 Beispielhaft hierfür ist die sehr versteckte Karriere, die der Frauenbewegung im Rahmen der Theorie kommunikativen Handelns bei Habermas zugestanden wird, von der bereits erwähnten Fußnote (1979, Bd. 1, S. 28), sowie 1982, Bd. 2 S. 578 f; 1985, S. 159 zum neuen Vorwort zu »Strukturwandel der Öffentlichkeit«, Frankfurt/Main, 1990 (Neuauflage), S. 19

24 Roland Roth, Dieter Rucht (Hg.): Neue soziale Bewegungen in der Bun-

desrepublik Deutschland. Bonn 1987, 2. Aufl. 1991, S. 13; vgl. jedoch Dieter Rucht: Modernisierung und neue soziale Bewegungen. Deutschland, Frankreich und USA im Vergleich. Frankfurt/Main, New York, 1994

25 Habermas veröffentlicht seinen Klassiker »Strukturwandel der Öffentlichkeit« trotz eines neuen Vorworts mit bemerkenswerten Zugeständnissen an feministische Kritik, vgl. ders.: Strukturwandel der Öffentlichkeit. Frankfurt/Main, 1990, S. 199 mit unveränderten Ausführungen über »bürgerliche Familie« und »publikumsbezogene Privatheit«.

26 Regine Becker-Schmidt: Die doppelte Vergesellschaftung – die doppelte Unterdrückung: Besonderheiten der Frauenforschung in den Sozialwissenschaften. In: Lilo Unterkircher, Ina Wagner (Hg.): Die andere Hälfte der Gesellschaft. Wien, 1987, S. 10–25

27 Ulrich Beck: Risikogesellschaft. Auf dem Weg in eine andere Moderne. Frankfurt/Main 1986, S. 176f. Gleichzeitig widersprüchlich, weil Beck auch von konstitutivem Geschlechterverhältnis spricht, vgl. Ulrich Beck, Anthony Giddens, Scott Lash: Reflexive Modernisierung: eine Kontroverse. Frankfurt/Main, 1996

28 Kontos 1986, a.a.O., S. 35

29 Vgl. hierzu den Aufsatz »›Halbe Demokraten‹ – halbierte Demokratie?« in diesem Band

30 Vgl. hierzu die Literaturangaben weiter unten, da insbes. die Anmerkungen 55, 59 und 60

31 Rosemarie Nave-Herz: Die Geschichte der Frauenbewegung in Deutschland. In: Bundeszentrale für politische Bildung, Bonn, 1988

32 Regina Dackweiler: Ausgegrenzt und eingemeindet. Die neue Frauenbewegung im Blick der Sozialwissenschaften. Münster, 1995; Dieter Rucht: Die Analyse der neuen sozialen Bewegungen in der Bundesrepublik. Eine Zwischenbilanz. In: Forschungsjournal Neue Soziale Bewegungen, Sonderheft, 1989, S. 166

33 Vgl. Bärbel Clemens: Die Frauenbewegung, das Geschlechterverhältnis und die Theorien zu ›Neuen sozialen Bewegungen‹. In: Forschungsjournal Neue Soziale Bewegungen, Nr. 3, 1988, S. 12f

34 Vgl. John D. McCarthy, Mayer N. Zald: Resource Mobilization and Social Movement: A Partial Theory. In: American Journal of Sociology, Vol. 82, 1977, S. 1212ff; zum Überblick Carol McClurg Mueller, Aldon D. Morris (Hg.): Frontiers in Social Movement Theory. New Haven u.a., 1992

35 Vgl. Myra Marx Feree, Beth Hess: Controversy and Coalition: The New Feminist Movement. Boston, 1985; Steven M. Buechler: Women's Movement in the United States: Woman Suffrage, Equal Rights, and Beyond. New Brunswick, London, 1990

36 Ich beschränke mich im folgenden auf eine recht grobe Auswahl, weil eine Bibliographie den Rahmen sprengen würde, ausführlicher vgl. Ute Gerhard: Westdeutsche Frauenbewegung: Zwischen Autonomie und dem Recht auf Gleichheit. In: Feministische Studien, Nr. 2, 1992, S. 35f

37 Ursula Krechel: Selbsterfahrung und Fremdbestimmung. Neuwied, 1975;

Michaela Wunderle: Politik der Subjektivität. Texte der italienischen Frauenbewegung. Frankfurt / Main, 1977

38 Zum Beispiel Alice Schwarzer: Frauenarbeit – Frauenbefreiung. Praxis, Beispiele und Analysen. Frankfurt / Main, 1973; Verena Stefan: Häutungen. München, 1975; Erika Runge: Frauen. Versuche zur Emanzipation. Frankfurt / Main, 1970, 7. Aufl. 1987

39 Frauenjahrbuch '75, hg. v. Frankfurter Frauen. Frankfurt / Main, 1975; Frauenjahrbuch '76, hg. v. der Jahrbuchgruppe des Münchner Frauenzentrums. München, 1976

40 Dazu gehören im deutschen Kontext neben Simone de Beauvoir: Das andere Geschlecht. Sitte und Sexus der Frau. Reinbek, 1968 (franz. 1949), Alice Schwarzer: Der »kleine Unterschied« und seine großen Folgen. Frankfurt / Main, 1975; Marie-Louise Janssen-Jurreit: Sexismus. Über die Abtreibung der Frauenfrage. Frankfurt / Main, 1979; Rossanna Rossanda, Einmischung. Gespräche mit Frauen über ihr Verhältnis zu Politik, Freiheit, Gleichheit, Brüderlichkeit, Demokratie, Faschismus, Widerstand, Staat, Partei, Revolution, Feminismus. Frankfurt / Main, 1980; Christina Thürmer-Rohr: Vagabundinnen. Feministische Essays. Berlin, 1987; auch Libreria delle donne di Milano: Wie weibliche Freiheit entsteht. Eine neue politische Praxis. Berlin, 1988

41 Lottemi Doormann (Hg.): Keiner schiebt uns weg. Zwischenbilanz der Frauenbewegung in der Bundesrepublik. Weinheim, Basel, 1979; Renate Wiggershaus: Geschichte der Frauen und der Frauenbewegung in der Bundesrepublik Deutschland und in der Deutschen Demokratischen Republik nach 1945. Wuppertal, 1979; Herrad Schenk: Die feministische Herausforderung. München, 1980; Marie-Theres Knäpper: Feminismus, Autonomie, Subjektivität. Tendenzen und Widersprüche in der neuen Frauenbewegung. Bochum, 1984; Ulla Bock: Androgynie und Feminismus. Frauenbewegung zwischen Institution und Utopie. Weinheim, Basel, 1988

42 Vgl. Brand 1984, a.a.O.; Leonore Knafla, Christine Kulke: 15 Jahre neue Frauenbewegung. Und sie bewegt sich noch! – Ein Rückblick nach vorne. In: Roth / Rucht 1987, a.a.O., S. 91–115; vgl. auch Barbara Riedmüller: Das Neue an der Frauenbewegung. Versuch einer Wirkungsanalyse. In: Uta Gerhardt, Yvonne Schütze (Hg.): Frauensituation. Frankfurt / Main, 1988, S. 27; Sylvia Kontos: »Von heute an gibt's mein Programm« – Zum Verhältnis von Partizipation und Autonomie in der Politik der neuen Frauenbewegung. In: Forschungsjournal Neue Soziale Bewegungen, Sonderheft 1989, S. 52–65

43 Schenk 1980, a.a.O., S. 88; Brand ebd., S. 131f

44 Birgit Meyer: Frauenbewegung und politische Kultur in den 80er Jahren. In: Werner Süß (Hg.): Die Bundesrepublik in den Achtziger Jahren. Opladen, 1991, S. 227

45 Vgl. Ottheim Rammstedt: Soziale Bewegung. Frankfurt / Main 1978; Raschke 1985, a.a.O., S. 167f

46 Vgl. Sommeruniversität, Autonomie oder Institution: Über die Leiden-

schaft und Macht von Frauen. Beiträge zur 4. Sommeruniversität der Frauen in Berlin 1979. Berlin, 1981

47 Kontos 1986, a.a.O., S. 64

48 Zum Beispiel die CDA-Offensive zugunsten der »sanften Macht der Familie«, 1981

49 Karin Roth u.a. (Hg): Träumen verboten: gewerkschaftliche Frauenpolitik für die 90er Jahre. Hamburg, 1984; IG-Metall Vorstand, Abteilung Frauen (Hg.): Die Frauenarbeit der IG-Metall. Arbeitsmaterialien zur Erstellung eines frauenpolitischen Programms der IG-Metall. Frankfurt/Main, 1991

50 Ursula Merck: Die Südafrika-Boykottaktion der evangelischen Frauenarbeit in Deutschland. In: Feministische Studien, Nr. 2, 1986, S. 127–131; Ingeborg Leitz (Hg.): Frauen Stimmen. Eine Bestandsaufnahme evangelischer Frauenarbeit. Stuttgart, 1992

51 Vgl. Marianne Weg, Otti Stein (Hg.): Macht macht Frauen stark. Frauenpolitik für die 90er Jahre. Hamburg, 1988

52 Vgl. aber Meyer 1991, a.a.O.

53 Vgl. Jutta Menschik: Gleichberechtigung oder Emanzipation? Die Frau im Erwerbsleben der Bundesrepublik. Frankfurt/Main, 1971

54 Ute Gerhard, Heide Schlüpmann (Hg.): Die Radikalen in der alten Frauenbewegung. In: Feministische Studien, Nr. 1, 1984, S. 5–9

55 Zum Beispiel Margrit Twellmann: Die deutsche Frauenbewegung. Ihre Anfänge und erste Entwicklung. Quellen 1843–1889, 2 Bände. Meisenheim, 1972; Richard J. Evans: The Feminist Movement in Germany 1894–1933. London, 1976, und ders.: Sozialdemokratie und Frauenemanzipation im deutschen Kaiserreich. Berlin, Bonn, 1979; Barbara Greven-Aschoff: Die bürgerliche Frauenbewegung in Deutschland. 1894–1933. Göttingen, 1981; Heinz Niggemann: Emanzipation zwischen Sozialismus und Feminismus. Die sozialdemokratische Frauenbewegung im Kaiserreich. Wuppertal, 1981; Sabine Richebächer: Uns fehlt nur eine Kleinigkeit. Deutsche proletarische Frauenbewegung 1890–1914. Frankfurt/Main, 1982; Rita Thalmann: Frausein im Dritten Reich. München, Wien, 1984; Bussemer 1985, a.a.O.; Ute Frevert: Frauen-Geschichte: Zwischen bürgerlicher Verbesserung und neuer Weiblichkeit. Frankfurt/Main, 1986; Bärbel Clemens: »Menschenrechte haben kein Geschlecht!« Zum Politikverständnis der bürgerlichen Frauenbewegung. Pfaffenweiler, 1988; Theresa Wobbe: Gleichheit und Differenz. Politische Strategien von Frauenrechtlerinnen um die Jahrhundertwende. Frankfurt/Main, 1989

56 Cornelia Klinger: Déjà-vu oder die Frage nach den Emanzipationsstrategien im Vergleich zwischen der ersten und der zweiten Frauenbewegung. In: Kommune. Forum für Politik, Ökonomie, Kultur 12, 1986, S. 57–72

57 Vgl. Karl-Werner Brand: Kontinuität und Diskontinuität in den neuen sozialen Bewegungen. In: Roth/Rucht 1987, a.a.O., S. 42

58 So Ute Gerhard: Alte und neue Frauenbewegung. Vergleich und Perspektiven. In: Ulrike Wasmuth (Hg.): Alternativen zur alten Politik. Neue soziale Bewegungen in der Diskussion. Darmstadt, 1989, S. 64–81

59 Vgl. Bussemer 1985, a. a. O.; Carola Lipp (Hg.): Schimpfende Weiber und patriotische Jungfrauen. Frauen im Vormärz und in der Revolution von 1848/49. Bühl, Moos, 1986; Hanna Hacker: Frauen und Freundinnen. Studien zur »weiblichen Homosexualität«. Weinheim, Basel 1987; Elisabeth Meyer-Renschhausen: Weibliche Kultur und soziale Arbeit. Eine Geschichte der Frauenbewegung am Beispiel Bremens 1810–1927. Köln, Wien, 1990; Sylvia Paletschek: Frauen und Dissens. Frauen im Deutschkatholizismus und in den freien Gemeinden 1841–1852. Göttingen, 1990; Ute Gerhard, Unerhört. Die Geschichte der deutschen Frauenbewegung, Reinbek, 1990b

60 Vgl. Carroll Smith-Rosenberg: The Female World of Love and Ritual: Relations Between Women in Nineteenth-Century America. In: Signs 1, 1975, S. 1–29; dt. in: Claudia Honegger, Bettina Heintz (Hg.): Listen der Ohnmacht. Zur Sozialgeschichte weiblicher Widerstandsformen. Frankfurt/Main, 1981, S. 242–278; Nancy Cott: The Bonds of Womanhood: Women's Sphere in New England 1780–1835. New Haven, 1977; Blanche Wiesen-Cook: Female Support Networks and Political Activism: Lilian Wald, Crystal Eastman and Emma Goldman. In: Dies.: Women and Support Networks. New York, 1979, S. 13–41; Lillian Fadermann: Surpassing the Love of Men. Romantic Love and Friendship Between Women from the Renaissance to the Present. New York, 1981; Philippa Levine: Love, friendship and feminism in later 19th-century England. In: Women's Studies International Forum, 1–2, 1990, S. 63–79; Mineke Bosch, Annemarie Klosterman (Hg.): Politics and Friendship. Letters from the International Woman Suffrage Alliance, 1902–1942. Ohio, 1990

61 Bock 1988, a. a. O., S. 379

62 Es ist die Forschungshypothese eines von der DFG geförderten Projekts an der Universität Frankfurt zum Thema »Sittlichkeit und Stimmrecht – Zur Politik und Kultur der Frauenbewegung um die Jahrhundertwende«. Vgl. hierzu Ute Gerhard, Christina Klausmann, Ulla Wischermann: Frauenfreundschaften – ihre Bedeutung für Politik und Kultur der alten Frauenbewegung. In: Feministische Studien 1/1993, S. 21–37; Christina Klausmann: Politik und Kultur der Frauenbewegung im Kaiserreich. Das Beispiel Frankfurt am Main. Frankfurt/Main, New York, 1997

63 Ute Gerhard u. a.: Frauenfreundschaften – ihre Bedeutung für Politik und Kultur der alten Frauenbewegung. In: Feministische Studien, Nr. 1, 1993, S. 21–37

64 Vgl. McClurg Mueller/Morris 1992, a. a. O.

65 Leila Rupp, Verta Taylor: Survival in the Doldrums. The American Women's Rights Movement, 1945 to the 1960s. New York, 1990

66 Vgl. »Fern von jedem Suffragettentum« in diesem Band

67 Rupp/Taylor 1990, a. a. O., S. 23 f

68 Alexander Mitscherlich, Margarete Mitscherlich-Nielsen: Die Unfähigkeit zu trauern. Grundlagen kollektiven Verhaltens. München, Zürich, 1984

69 Vgl. Gertrud Bäumer: Der neue Weg der deutschen Frau. Stuttgart, 1946

70 Nori Möding: Die Stunde der Frauen? Frauen und Frauenorganisationen des bürgerlichen Lagers. In: Martin Broszat (Hg.): Von Stalingrad zur Währungsreform. Zur Sozialgeschichte des Umbruchs in Deutschland. München, 1988, S. 619–647; Annette Kuhn: Frauen suchen neue Wege der Politik. In: Dies. (Hg.): Frauen in der deutschen Nachkriegszeit, Bd. 2: Frauenpolitik 1945–1949. Düsseldorf, 1986, S. 12–38

71 Vgl. Sigrid Metz-Göckel: Die zwei (un)geliebten Schwestern. Zum Verhältnis von Frauenbewegung und Frauenforschung im Diskurs der neuen sozialen Bewegungen. In: Ursula Beer (Hg.): Klasse Geschlecht. Feministische Gesellschaftsanalyse und Wissenschaftskritik. Bielefeld, 1987, S. 28–66

72 Ulla Wischermann u. a. (Hg.): Staatsbürgerinnen zwischen Partei und Bewegung. Frauenpolitik in Hessen 1945 bis 1955. Frankfurt/Main 1993, vgl. auch den Aufsatz »Fern von jedem Suffragettentum« in diesem Band; vgl. auch Beate Hoecker, Renate Meyer-Braun (Hg.): Bremerinnen bewältigen die Nachkriegszeit: Frauenarbeit, Frauenalltag, Frauenpolitik. Frauen in Bremen. Bremen, 1988

73 Gabriele Strecker: Frausein – heute. Weilheim, 1965

74 Lily Braun: Die Bürgerpflicht der Frau. Berlin, 1895, S. 23

75 Vgl. Lily Braun: Die Frauenfrage. Ihre geschichtliche Entwicklung und ihre wirtschaftliche Seite (1901), Nachdruck, Berlin, Bonn, 1979, S. 80f

76 Vgl. für die amerikanische Frauenbewegung Gerda Lerner: The Majority Finds its Past. Oxford u. a., 1979, S. 48f

77 Vgl. Gerhard 1990b, a. a. O. und dies.: Bürgerliches Recht und Patriarchat. In: Dies. u.a. (Hg.): Differenz und Gleichheit. Menschenrechte haben (k)ein Geschlecht. Frankfurt/Main, 1990c, S. 188–205

78 Myra Marx-Ferree: Gleichheit und Autonomie: Probleme feministischer Politik. In: Gerhard, ebd., S. 283–299

79 Louise Otto-Peters: Das erste Vierteljahrhundert des Allgemeinen deutschen Frauenvereins. Leipzig, 1890, S. 10

80 Lange 1908, a. a. O.

81 Agnes von Zahn-Harnack: Die Frauenbewegung. Geschichte, Probleme, Ziele. Berlin, 1928

82 Zur Gebärstreikdebatte um 1911 vgl. Anneliese Bergmann: Frauen, Männer, Sexualität und Geburtenkontrolle. Zur Gebärstreikdebatte der SPD im Jahr 1913. In: Karin Hausen (Hg.): Frauen suchen ihre Geschichte. München, 1983, S. 83ff

83 IG-Metall 1991, a. a. O., S. 78f

84 Vgl. Ingrid Kurz-Scherf, Gisela Breil (Hg.): Wem gehört die Zeit? Ein Lesebuch zum 6-Stunden-Tag. Hamburg, 1987

85 Catherine A. MacKinnon: Feminismus, Marxismus, Methode und der Staat. Ein Theorieprogramm. In: Elisabeth List, Herlinde Studer (Hg.): Denkverhältnisse. Feminismus und Kritik. Frankfurt/Main, 1989, S. 22

86 Vgl. Camilla Jellinek: Die Strafrechtsreform und die §§ 218 u. 219 StGB. In: Monatsschrift für Kriminalpsychologie und Staatsrechtsreform. Heidelberg, 1909, S. 602–619

87 Vgl. Gerhard 1990a, a.a.O., S. 243ff
88 Kate Millet: Sexus und Herrschaft. Die Tyrannei des Mannes in unserer Gesellschaft. München, 1974
89 Schwarzer 1975, a.a.O.
90 Zum Beispiel der Mythos vom vaginalen Orgasmus, vgl. Anne Koedt: Der Mythos vom vaginalen Orgasmus (1970). In: Ann Anders (Hg.): Autonome Frauen. Schlüsseltexte der Neuen Frauenbewegung seit 1968. Frankfurt/Main, 1988, S. 76–89
91 Vgl. Margit Brückner: Die Liebe der Frauen. Über Weiblichkeit und Mißbrauch. Frankfurt, 1983
92 Alice Salomon: Literatur zur Frauenfrage. Die Entwicklung der Theorie der Frauenbewegung. In: Archiv für Sozialwissenschaft und Sozialpolitik, 26. Bd., 1908, S. 451–500
93 Marie Juchacz: Rede vor der deutschen Nationalversammlung. In: Verhandlungen der verfassunggebenden deutschen Nationalversammlung, Bd. 328, Stenogr. Berichte. Berlin, 1920, S. 1560ff
94 Helene Stöcker: Die Liebe und die Frauen. München, 1906, S. 14
95 Vgl. etwa die unterschiedlichen Ansichten über »weiblichen Pazifismus« bei Augspurg und Stöcker in: Gisela Brinker-Gabler: Frauen gegen den Krieg. Frankfurt/Main, 1980; vgl. auch die differenzierte »Kritik der Weiblichkeit« bei Rosa Mayreder: Zur Kritik der Weiblichkeit. Essays (1905), zusammengestellt und eingeleitet von Hanna Schnedl. München, 1982
96 Helene Lange: Intellektuelle Grenzlinien zwischen Mann und Frau (1897). In: Dies.: Kampfzeiten. Aufsätze und Reden aus vier Jahrzehnten. Berlin, 1928, Bd. 1, S. 197–217
97 Gertrud Bäumer: Die Frau und das geistige Leben. Leipzig, 1911
98 Vgl. Beauvoir 1968, a.a.O.
99 Vgl. Gabriele Frohnhaus: Feminismus und Mutterschaft. Eine Analyse theoretischer Konzepte und der Mütterbewegung in Deutschland. Weinheim, 1994
100 Dorothee Pass-Weingartz, Gisela Erler (Hg.): Mütter an die Macht. Die neue Frauen-Bewegung. Reinbek, 1989
101 Gisela Erler: Frauenzimmer. Für eine Politik des Unterschieds. Berlin, 1985
102 Im Anschluß an Carol Gilligan: Die andere Stimme. Lebenskonflikte und Moral der Frau. München, 1984
103 Gudrun-Axeli Knapp: Die vergessene Differenz. In: Feministische Studien, Nr. 1, 1988, S. 12–31; Koedt 1988, a.a.O.
104 Rossanda 1980, a.a.O.
105 Adriana Cavarero: Die Perspektive der Geschlechterdifferenz. In: Gerhard 1990c, a.a.O., S. 96f
106 Vgl. Gemeinsame Verfassungskommission: Bericht gemäß Beschluß des Deutschen Bundestages (Hg.). Bonn, 1993; sowie die Entscheidung des BVerfG zum Nachtarbeitsverbot, BVerfGE 85, S. 191–213

107 Theodor Maunz u. a.: Grundgesetz Kommentar. München, 1983 (6. Aufl.)

108 So Jürgen Habermas: Faktizität und Geltung. Beiträge zur Diskurstheorie des Rechts und des demokratischen Rechtsstaates. Frankfurt/Main 1992, S. 513

National oder International: Die internationalen Beziehungen der deutschen bürgerlichen Frauenbewegung

1 Ein gutes Beispiel ist der überaus umfangreiche Nachlaß von Rosika Schwimmer, der ungarischen Frauenrechtlerin und Pazifistin, die seit 1921 in Amerika lebte und von hier aus eine weltweite Korrespondenz mit vielen Vertreterinnen der Frauenbewegungen führte (vgl. Rose Rauther: Rosika Schwimmer. In: Feministische Studien, Nr. 1, 1984, S. 63–75). Die Schwimmer-Lloyd Collection in der New York Public Library mit ihren 1900 Boxen ist somit eine unschätzbare Fundgrube, zugleich Zeugnis eines zusammen mit Mary Beard geplanten Weltfrauenarchivs, aber kaum im Vorbeifahren zu bearbeiten. Für wichtige Hinweise und freundliches Entgegenkommen während meines viel zu kurzen Besuches möchte ich an dieser Stelle der engagierten Sachwalterin Edith Wynner meinen Dank sagen.

2 Vgl. zum Beispiel Adele Schreiber, Margaret Mathieson: Journey Towards Freedom, Written for the Golden Jubilee of the International Alliance of Women. Copenhagen, 1955; International Council of Women (Ed.): Women in a Changing World, The dynamic story of the International Council of Women since 1888. London, 1966; Marie-Luise Degen: The History of the Women's Peace Party. New York, 1939; Gertrude Bussey, Margaret Tims: Pioneers for Peace. The Women's International League for Peace and Freedom 1915–1965. London, 1980; Catherine Foster: Women for all Seasons. Athen, London, 1989

3 Irmgard Remme: Die internationalen Beziehungen der deutschen Frauenbewegung vom Ausgang des 19. Jahrhunderts bis 1933. Diss. Berlin, 1955

4 Vgl. Gisela Brinker-Gabler (Hg.): Frauen gegen den Krieg. Frankfurt/Main, 1980; Sabine Hering, Cornelia Wenzel (Hg.): Frauen riefen, aber man hörte sie nicht. 2 Bde., Kassel, 1986

5 Zum Beispiel Marie Stritt (Hg.): Der Internationale Frauenkongreß in Berlin 1904. Berlin, 1905; Internationales Frauenkomitee für Dauernden Frieden (Hg.): Internationaler Frauenkongreß, Haag vom 21. April bis 1. Mai 1915. Amsterdam, 1915

6 Satzung des ICW, zit. n. Jahresbericht der 7. Geschäftsperiode 1920–1922 (HLA Int 2001/11)

7 International Council of Women: Highlights of the History of the ICW, given by Louise C.V. van Eeghen. Helsinki, 1954, S. 3

8 Einberufen zur Gründungskonferenz des ICW hatte die »National Woman Suffrage Association« unter der Führung von Elisabeth C. Stanton und Susan B. Anthony, die sich erst 1890 mit der von dem Ehepaar Lucy Stone und

Henry Blackwell geführten »American Woman Suffrage Association« zusammenschlossen.
Vgl. im einzelnen Eleonor Flexner: Hundert Jahre Kampf – Die Geschichte der Frauenrechtsbewegung in den Vereinigten Staaten. Frankfurt/Main, 1978

9 So beklagten sich die Beteiligten des Haager Frauen-Friedenskongresses, daß ihre auf dem Kongreß erarbeiteten Vorschläge für eine neuen Friedensordnung im 14-Punkte-Programm des US-amerikanischen Präsidenten Wilson zwar aufgegriffen, aber niemals als solche gewürdigt worden seien. Vgl. Internationale Frauenliga für Frieden und Freiheit / Deutscher Zweig (Hg.): Völkerversöhnende Frauenarbeit während des Weltkrieges. München, 1920, S. 7

10 Vgl. Ute Gerhard u. a.: Frauenfreundschaften – ihre Bedeutung für Politik und Kultur der alten Frauenbewegung. In: Feministische Studien Nr. 1, 1993, S. 34

11 Ich stütze mich hierbei insbesondere auf die im Helene-Lange-Archiv unter der Abt. 17 gesammelte Korrespondenz zum »Internationalen Frauenbund« sowie auf die in der Schwimmer-Lloyd Collection, New York Public Library, aufgestöberten Briefe deutscher Absenderinnen.

12 »In Deutschland müssen wir mit großem Taktgefühl und konservativen Methoden vorgehen [...] Der Unterschied zwischen unserer Situation und der unserer amerikanischen Schwestern ist der Tatsache geschuldet, daß Sie in einer Republik, wir dagegen in einer Monarchie leben.« Report of the ICW, Washington 1888, S. 219, zit.n. Remme 1955, a. a. O., S. 17

13 Helene Lange: National oder International. In: Dies.: Kampfzeiten, Bd. 1, Berlin, 1928, S. 271

14 So der vielzitierte Titel von Helmuth Plessner: Die verspätete Nation. In Günter Dux u. a. (Hg.): Gesammelte Schriften, Bd. 6, Frankfurt / Main, 1982

15 Kritisch hierzu David Blackbourn, Geoff Eley: Mythen deutscher Geschichtsschreibung. Die gescheiterte bürgerliche Revolution von 1848. Frankfurt / Main, Berlin, Wien, 1980

16 Interessenverbände, die hierbei die Richtung angaben, waren zum Beispiel der »Deutsche Kriegerbund« (1873), die Deutsche Antisemitische Vereinigung (1886) oder der »Verein Deutscher Studenten« (1881), der einen Ausschluß von Juden in die Satzung aufnahm.
Vgl. hierzu ausführlich Otto Dann: Nation und Nationalismus in Deutschland, 1770–1990. München, 1993, S. 185 ff. Dann berücksichtigt auch die Frauenbewegung als demokratische Bewegung und weist auf das fehlende Frauenwahlrecht als Strukturfehler hin, S. 164.

17 Vgl. stellvertretend Agnes von Zahn-Harnack: Die Frauenbewegung. Geschichte, Probleme, Ziele. Berlin, 1928, S. 286

18 Hierzu Ute Gerhard: Gleichheit ohne Angleichung. München, 1990a, S. 89 f

19 Lange 1928, a. a. O., S. 267

20 Marie Stritt: Der Anteil der deutschen Frauen an der internationalen Friedensbewegung. In: Handbuch der Frauenbewegung, hg. v. Helene Lange, Gertrud Bäumer, II.Teil, S. 201

21 Clara Zetkin: »Reinliche Scheidung«. In: Die Gleichheit Nr. 8, 1894

22 Vgl. die »Resolution, das Frauenwahlrecht betreffend« von 1907, in der Dokumentation in: Feministische Studien Nr. 2, 1994, S. 112

23 Brief von Anna Simson an Miss Wilson v. 4. Febr. 1899, HLA Abt. 17, VI, 83–328,4 (Hervorh. im Orig.)

24 Auguste Schmidt: Notiz ›Zum International Council‹ vom 8. 6. 1899, HLA Abt. 17 IV, 83–328, 5

25 Satzung, zit.n. Geschäftsbericht 1920, a.a.O.

26 Vgl. hierzu im Überblick Regine Deutsch: The International Women Suffrage Alliance. London, 1929; Schreiber, Mathieson 1955, a.a.O.

27 Schreiber, Mathieson, ebd., S. 13

28 Vgl. Remme 1955, a.a.O., S. 32 u. 34

29 »[...] Frauen darin zu üben, ihre Bemühungen auf ein gemeinsames Ziel zu konzentrieren.« Brief von M.W. Sewall an M. Stritt vom 19. Okt. 1903, HLA Abt. 17,VI, 83–329,3

30 »Obgleich nahezu Fremde, sind wir doch Freundinnen.« Brief von M.W. Sewall an M. Stritt vom 22. Jan. 1901, HLA Abt. 17, VI,83 – 329,3

31 Brief Stritt an Sewall (ohne Datum, um 1899), HLA Abt. 17, IV, 83–329, 1

32 Stritt an Madam Avril (ohne Datum, um 1907/8) HLA Abt. 17, IV, 84–330,2

33 »Ich glaube ganz gewiß an internationale Freundschaft [...] Wir müssen lernen, unser Gefühl für Menschlichkeit oberhalb des Nationalgefühls anzusiedeln; wir müssen die Nation deshalb nicht weniger lieben, doch der Humanität einen höheren Stellenwert einräumen.« Brief von M.W. Sewall an Anna Simson vom 3. Juni 1899, HLA Abt. 17, VI 83–328,5

34 Vgl. hierzu Mineke Bosch, Annemarie Klostermann (Hg.): Politics and Friendship. Letters from the International Woman Suffrage Alliance, 1902–1942. Ohio, 1990; Ute Gerhard u.a. 1993, S. 21ff

35 Helene Lange: Lebenserinnerungen. Berlin, 1925, S. 234

36 Lange 1928, a.a.O, S. 270

37 Gertrud Bäumer: Die Frau in Volkswirtschaft und Staatsleben. Stuttgart, Berlin, 1914, S. 255

38 Ausführlicher Ute Gerhard: Unerhört. Die Geschichte der deutschen Frauenbewegung. Reinbek, 1990b, S. 292ff

39 Gertrud Bäumer: Lebensweg durch eine Zeitenwende. Tübingen, 1933, S. 248

40 Zit. n. Schreiber/Mathieson 1955, a.a.O., S. 25

41 Zit. n. Deutsch 1929, a.a.O., S. 21: »Es liegt an uns zu beweisen, daß das, was uns verbindet, stärker ist als das, was uns trennt.«

42 Vgl. Sabine Hering, Cornelia Wenzel (Hg.): Frauen riefen, aber man hörte sie nicht. Schriftenreihe des Archivs der deutschen Frauenbewegung, 2 Bde., Kassel 1986; Gerhard 1990b, a.a.O., S. 308ff

43 Vgl. Völkerversöhnende Frauenarbeit 1920, a.a.O., S. 5ff

44 Brief Anna Edinger an May W. Sewall, Dez. 1912, HLA Abt. 17, IV, 84–330, 7
45 Brief von Isabel Aberdeen an Gertrud Bäumer vom April 1915, HLA Abt. 17, VI, 84–330, 8
46 Lida Gustava Heymann, Anita Augspurg: Erlebtes – Erschautes. Deutsche Frauen kämpfen für Freiheit, Recht und Frieden. Meisenheim, 1972, S. 121
47 Vgl. hierzu den Brief von Anna Edinger an Helene Lange in der Dokumentation in: Feministische Studien Nr. 2, 1994, S. 116
48 Vgl. Schreiber / Mathieson 1955, a. a. O., S. 29
49 Else Ulich-Beil: Ich ging meinen Weg. Lebenserinnerungen. Berlin, 1961, S. 103
50 Brief von May W. Sewall an Alice Altmann-Gottheiner vom 29. April 1919, HLA 17. Abt., VI, 84–330,8; vgl. auch zum folgenden Remme 1955, a. a. O., S. 100f
51 Vgl. Dora Peyser: Alice Salomon. Die Begründerin des sozialen Frauenberufs in Deutschland. Köln, Berlin, 1958, S. 85; Alice Salomon: Charakter ist Schicksal. Lebenserinnerungen. Weinheim, Basel, 1983, S. 184f
52 Brief vom 24. 8. 1920, zit. n. Remme 1955, a. a. O., S. 102
53 Emma Ender: Erster Bericht über die Generalversammlung des ICW in Washington 1925, zit. n. Remme 1955, a. a. O., S. 111
54 Vgl. die gleichnamigen Dokumentationsbände hg. v. der Internationalen Frauenliga für Frieden und Freiheit, Deutscher Zweig. München, 1920 und ff
55 Vgl. Foster 1989, a. a. O., S. 18
56 Brief vom 23. 10. 1927, Schwimmer-Lloyd Coll. Serie A, Box 174
57 Lida Gustava Heymann: S.O.S., zit. in: Gerhard 1990b, a. a. O., S. 358 / 359
58 Remme 1955, a. a. O., S. 111
59 Dorothee von Velsen: Im Alter die Fülle. Erinnerungen. Tübingen, 1956, S. 309
60 Louise C.A. van Eeghen: Highlights in the History of the ICW, (Broschüre des ICW). Helsinki, 1954, S. 7; Ulich-Beil 1961, a. a. O., S. 239
61 Dies zeigten meine Recherchen in der Sophia Smith Collection, Northampton Mass., Box: Peace Organizations, sowie in dem Nachlaß Rosika Schwimmer in der New York Public Library, Schwimmer-Lloyd Collection
62 Zum Beispiel die Briefe von Helene Stöcker oder von Käthe Braun-Prager, Schriftstellerin und Nachlaßverwalterin von Rosa Mayreder, Schwimmer-Lloyd Coll. Serie G, Box 27
63 »[...] als eine der Gründerinnen der IFFF, die keine Gelegenheit versäumte, besonders die jüngeren Frauen daran zu erinnern, daß Frieden ohne Freiheit eine Schande ist, und daß ein gerechter und permanenter Friede nur auf der Basis erworbener und gesicherter Freiheit erreicht werden kann.« Dok. aus der S. Smith Coll. Peace Organizations, Box 6
64 Vgl. Heymann / Augspurg 1972, a. a. O.
65 Brief v. 4. 2. 1938, Schwimmer-Lloyd Coll. Serie A, Box 300
66 Brief v. 19. 5. 1942, Schwimmer-Lloyd Coll. Serie A, Box 381
67 Hierzu und zum folgenden vgl. Ulla Wischermann, Elke Schüller, Ute

Gerhard (Hg.): Staatsbürgerinnen zwischen Partei und Bewegung. Frauenpolitik in Hessen 1945–1955. Frankfurt/Main, 1993

68 Ilse Reicke: Agnes von Zahn-Harnack. Ein Lebensbild. In: Agnes von Zahn-Harnack, Schriften und Reden, 1914–1950. Tübingen, 1964, S. 205f

69 Vgl. auch zum folgenden den Beitrag »Fern von jedem Suffragettentum« in diesem Band.

70 Ulich-Beil 1961, a.a.O., S. 243

»Fern von jedem Suffragettentum« – Frauenpolitik nach 1945, eine Bewegung von Frauen?

1 Vgl. Annette Kuhn: Frauen suchen neue Wege der Politik. In: Dies. (Hg.): Frauen in der deutschen Nachkriegszeit. Bd. 2: Frauenpolitik 1945–1949. Düsseldorf, 1986, S. 12–38; auch zum folgenden: Dies.: Vorwort zu Susanne Fuchs: Frauen bewältigen den Neuaufbau. Eine lokalgeschichtliche Analyse der unmittelbaren Nachkriegszeit am Beispiel Bonn. Bonner Studien zur Frauengeschichte, hg. v. Annette Kuhn und Valentine Rothe. Bd. 1. Pfaffenweiler, 1993, S. VIII

2 Vgl. Nori Möding: Die Stunde der Frauen? Frauen und Frauenorganisationen des bürgerlichen Lagers. In: Martin Broszat (Hg.): Von Stalingrad zur Währungsreform. Zur Sozialgeschichte des Umbruchs in Deutschland. München, 1988, S. 619–647; insbes. S. 645

3 Vgl. Doris Schubert: Vorwort. In: Dies.: Frauen in der deutschen Nachkriegszeit. Bd. 1: Frauenarbeit 1945–1949. Quellen und Materialien. Düsseldorf, 1984, S. 15f

4 Ute Frevert: Frauen auf dem Weg zur Gleichberechtigung – Hindernisse, Umleitungen, Einbahnstraßen. In: Martin Broszat (Hg.): Zäsuren nach 1945. München, 1990, S. 119

5 Sigrid Metz-Göckel: Die zwei (un)geliebten Schwestern. Zum Verhältnis von Frauenbewegung und Frauenforschung im Diskurs der neuen sozialen Bewegungen. In: Ursula Beer (Hg.): Klasse Geschlecht. Feministische Gesellschaftsanalyse und Wissenschaftskritik. Bielefeld, 1987, S. 25–57

6 Vgl. u.a. Andrea Hauser: Frauenöffentlichkeit in Stuttgart nach 1945 – Gegenpol oder hilflos im Abseits? In: Anna-Elisabeth Freier, Annette Kuhn (Hg.): Frauen in der Geschichte V. »Das Schicksal Deutschlands liegt in der Hand seiner Frauen« – Frauen in der deutschen Nachkriegsgeschichte. Düsseldorf, 1984, S. 51f; Barbara Henicz, Margrit Hirschfeld: Der Club Deutscher Frauen in Hannover. In: Kuhn 1986, a.a.O.; Beate Hoecker, Renate Meyer-Braun: Bremerinnen bewältigen die Nachkriegszeit: Frauenarbeit, Frauenalltag, Frauenpolitik. Frauen in Bremen. Bremen, 1988; Karen Hagemann, Jan Kolossa: Gleiche Rechte – Gleiche Pflichten? Der Frauenkampf für »staatsbürgerliche« Gleichberechtigung. Ein Bilder-Lese-Buch zu Frauenalltag und Frauenbewegung in Hamburg. Hamburg, 1990; Fuchs 1993, a.a.O.

7 Lerke Gravenhorst: Nehmen wir Nationalsozialismus und Auschwitz ausreichend als unser negatives Eigentum wahr? In: Lerke Gravenhorst, Carmen Tatschmurat (Hg.): Töchter-Fragen. Freiburg, 1990, S. 17–37; vgl. insbes. auch Karin Windaus Walser: Gnade der weiblichen Geburt? Zum Umgang der Frauenforschung mit Nationalsozialismus und Antisemitismus. In: Feministische Studien Nr. 1, 1988, S. 102–115; vgl. inzwischen auch Lerke Gravenhorst: Moral und Geschlecht. Die Aneignung der NS-Erbschaft. Freiburg, o.J. (1997)

8 Dagmar Reese, Carola Sachse: Frauenforschung zum Nationalsozialismus. Eine Bilanz. In: Gravenhorst / Tatschmurat 1990, a.a.O., S. 73–106

9 Hannah Arendt: Von der Menschlichkeit in finsteren Zeiten (1960), zit. n. Gravenhorst 1990, ebd.

10 Der Beitrag ist in der gemeinsamen Arbeit an dem vom Hessischen Landtag geförderten Forschungsprojekt »Hessische Politikerinnen von 1945–1955« entstanden, das ich zusammen mit Ulla Wischermann, Elke Schüller, Waltraut Both und Margot Schmidt durchgeführt habe, vgl. daher zum folgenden auch Ulla Wischerman, Elke Schüller, Ute Gerhard (Hg.): Staatsbürgerinnen zwischen Partei und Bewegung. Frauenpolitik in Hessen '1945 bis 1955. Frankfurt / Main, 1993

11 Vgl. Paula Siber von Groote: Die Frauenfrage und ihre Lösung durch den Nationalsozialismus. Berlin, 1933

12 Adolf Hitler: Berufung der Frau. In: Das deutsche Frauenbuch. Leipzig, 1941, S. 13

13 Frankfurter Frauen-Ausschuß. »Ruf an die Frauen!« In: FR Nr. 7 vom 25. 1. 1946, S. 5

14 Leonore Mayer-Katz: Sie haben zwei Minuten Zeit. Nachkriegsimpulse aus Baden. Freiburg, 1981, S. 132

15 Gabriele Strecker: Hundert Jahre Frauenbewegung in Deutschland. Wiesbaden, o.J. (1951), S. 35

16 Vgl. hierzu Hannah Arendt: Zur Zeit. Politische Essays. Berlin, 1986, S. 23f

17 Leila J. Rupp, Verta Taylor: Survival in the Doldrums. The American Women's Rights Movement, 1945 to the 1960s. New York, 1990

18 Die Zusammenfassung all dieser Bedingungen als Ressource kennzeichnet die von der amerikanischen Bewegungsforschung eingeführte Ressourcenmobilisierungstheorie; vgl. zur Frauenbewegung: Ulla Bock: Androgynie und Feminismus. Frauenbewegung zwischen Institution und Utopie. Weinheim, Basel, 1988; Myra Marx Ferree, Beth B. Hess: Controversy and Coalition: The New Feminist Movement. Boston, 1985, sowie Steven M. Buechler: Women's Movements in the United States. New Brunswick, London, 1990.

Vgl. John D. McCarthy, Mayer N. Zald: Resource Mobilization and Social Movement: A Partial Theory. In: American Journal of Sociology, Bd. 82, 1977, S. 1212ff; zum Überblick Carol McClurg Mueller, Aldon D. Morris (Hg.): Frontiers in Social Movement Theory. New Haven u.a., 1992

19 Vgl. hierzu Deborah Rhode: Justice and Gender. Sex Discrimination and the Law. Cambridge, London, 1989

20 Rupp / Taylor 1990, a. a. O., S. 7 / 8; vgl. hierzu auch den Beitrag »Die Töchter der Emanzipation – Das Generationenproblem in der Frauenbewegung« in diesem Band.

21 Zit. n. Frauenalltag und Frauenbewegung im 20. Jahrhundert. Materialiensammlung zu der Abteilung 20. Jahrhundert im Historischen Museum Frankfurt. Bd. IV. Frauen in der Nachkriegszeit und im Wirtschaftswunder 1945–1960. Zusammengestellt und kommentiert von Annette Kuhn und Doris Schubert. Frankfurt, 1981, S. 25–26; zur Presse in jener Zeit vgl. Ulla Wischermann: Frauen und Politik in der hessischen Tagespresse 1945–1950, in: Dies. / Schüller / Gerhard 1993, a. a. O., S. 41–86

22 Frankfurter Frauen-Ausschuß 1946, a. a. O., S. 5

23 So Anna Haag in einer Broschüre »Und wir Frauen?« vom Dezember 1945, zit. n. Andrea Hauser, a.a.O, S. 59

24 So für den Hamburger Frauen-Ausschuß, vgl. Jan Kolossa: Neubeginn oder Restauration? Frauenalltag und Frauenbewegung Hamburgs in den Gründungsjahren der Bundesrepublik Deutschland (Teil 3). In: Hagemann / Kolossa 1990, a. a. O., S. 207

25 Agnes von Zahn-Harnack: Schriften und Reden 1914 bis 1950. Tübingen, 1964, S. 205; vgl. dies.: Die Frauenbewegung. Geschichte, Probleme, Ziele. Berlin, 1928, sowie die Biographie ihres Vaters Adolf von Harnack, Berlin 1936, wofür ihr 1950 der Ehrendoktor der Theologie der Universität Marburg verliehen wurde.

26 Agnes von Zahn-Harnack: Wandlungen des Frauenlebens. Vom 18. Jahrhundert bis zur Gegenwart. Berlin, Hannover, Frankfurt, 1951, S. 61

27 Dorothee von Velsen: Im Alter die Fülle. Erinnerungen. Tübingen, 1956, S. 372; Katharina von Kardorff, Reichstagsabgeordnete der DVP von 1920–1924 war es, die 1931 schon einmal mit dem provokativen Vorschlag für eine Frauenpartei hervorgetreten war, vgl. dies.: Brauchen wir eine Frauenpartei? In: Ada Schmidt-Beil (Hg.): Die Kultur der Frau. Berlin, 1931, S. 364–376

28 Else Lüders: Der ›linke Flügel‹. Berlin, 1904

29 Vgl. Frieda Radel: Warum fordern wir das Frauenstimmrecht? Leipzig, 1910

30 Else Lüders: Soziale Frauenarbeit in Deutschland. In: Der Silberstreifen, Heft 10, 1947, S. 5. Auch ihr Tod am 15. 1. 1948 wird in dieser Zeitschrift mit teilnehmenden Worten annonciert, vgl. Der Silberstreifen, Heft 1, 1947, S. 38
Zu Frieda Radel vgl. »Von Dir – Für Dich. 10 Jahre Arbeit des Demokratischen Frauenbundes Deutschlands. Berlin, 1957, mit einem Geleitwort von Frieda Radel.

31 Internationale Frauenliga für Frieden und Freiheit: Lida Gustava Heymann. Nachrufe zweier Mitarbeiterinnen. Broschüre. Hamburg, 1948, und dies.: PAX – 50 Jahre IFFF, Deutsche Sektion. Hamburg, o. J. (um 1969)

32 Zum Beispiel Dorothee von Velsen: Im Alter die Fülle. Erinnerungen. Tü-

bingen, 1956; oder Marie Baum: Des Lebens wie der Liebe Band. Briefe von Gertrud Bäumer. Tübingen, 1956; über Alice Salomon erschien 1958 eine von Dora Peyser um Wesentliches verkürzte Edition ihrer Autobiographie: Alice Salomon. Die Begründerin des sozialen Frauenberufs in Deutschland. Köln, Berlin, 1958; es gibt zu dieser Zeit nichts über oder von Minna Cauer, Helene Stöcker, Anita Augspurg und Lida G. Heymann u. a.

33 Zahn-Harnack 1951, a. a. O., S. 32f

34 Lisbet Pfeiffer: Frauen am Scheidewege (Bericht über das Interzonale Frauentreffen in Bad Boll). In: Welt der Frau. 2. Jg. (Juli 1947), Heft 1, 1947, S. 6

35 Vgl. hierzu Elke Schüller: »Keine Frau darf fehlen!« – Frauen und Kommunalpolitik im ersten Nachkriegsjahrzehnt in Hessen. In: Wischermann / Schüller / Gerhard, 1993, a. a. O., S. 88–150

36 Lisbet Pfeiffer: Frauen zur Demokratie. In: Welt der Frau, Heft 8, 1948, S. 5; vgl. im gleichen Sinne die Äußerung der jüngeren Vertreterin im Bremer Frauen-Ausschuß Hanni Lohmann: »Ich war damals wohl die Jüngste im Vorstand des BFA und habe von diesen Älteren viel gelernt, weil das doch die Generation der sehr energischen Frauenrechtlerinnen war. Die hatten alle dieses kämpferische Auftreten der ersten Frauengeneration. Ich selber neigte mehr dazu zu meinen, wenn ich mich für all diese Dinge einsetzte, sollten wir das doch gemeinsam mit den Männern machen, nicht so mit dem kämpferischen Akzent.« Zit. n. Hoecker / Meyer-Braun 1988, a. a. O., S. 109

37 Vgl. hierzu Henicz / Hirschfeld 1986, a. a. O., S. 127–137

38 Pfeiffer 1947, a. a. O., S. 6

39 Strecker 1951, a. a. O., S. 34

40 Dennoch stellt sie damit selbst in ihrer Abgrenzung von der neuen Frauenwegung eine Brücke her, für mich zum Beispiel mit dem Buch »Frausein – heute«. Weilheim, 1965

41 Vgl. Henicz / Hirschfeld 1986, a.a.O., S. 127f/ 135ff

42 Vgl. Schüller 1993, a. a. O.

43 Möding 1988, a. a. O., S. 636

44 Wieder eine Frau im Magistrat. In: FR Nr. 99 vom 28. 4. 1950, S. 4

45 Interview gef. von Christine Wittrock am 14. 12. 1990

46 Gabriele Strecker: Überleben ist nicht genug. Frauen 1945–1950. Band 915, Freiburg i. Br., 1981, S. 76; vgl. auch anläßlich des Jahrs der Frau dies.: Von der Frauenbewegung unter Lange-Bäumer bis zur Emanzipation der Gegenwart. In: Brigitte Pross (Hg.): Die Frau verlangt Menschenrechte. Kronberg, 1975, S. 8

47 Die Stimme der Frau, Heft 1, 1948, S. 25, zit. n. Kuhn 1986, a. a. O., S. 226

48 Aus der Rede auf dem Gründungskongreß des Deutschen Frauenrings in Bad Pyrmont 1949, zit. n. Kuhn 1986, ebd., S. 222

49 Mayer-Katz 1981, a. a. O., S. 123

50 Vgl. hierzu Möding 1988, a. a. O., S. 641

51 Vgl. hierzu Barbara Greven-Aschoff: Die bürgerliche Frauenbewegung in Deutschland 1894–1933. Göttingen, 1981, S. 180ff

52 So tituliert im Hamburger Abendblatt 1955

53 In meine Erinnerung eingegraben ist die Erfahrung, daß auf der Hauptversammlung des DFR 1964 in Mannheim stundenlang über die Resolution debattiert wurde, für ein Verbot des Films »Das Schweigen« von Ingmar Bergmann einzutreten.

54 Vgl. Anna Luise Prager: Die Pro Familia in Hessen. Braunschweig, 1988

55 Vgl. die Dokumente bei Kuhn 1986, a.a.O., S. 176f/25f; vgl. auch den Beitrag »National oder International: Die internationalen Beziehungen der deutschen bürgerlichen Frauenbewegung« in diesem Band

56 Vgl. hierzu die Kommentierung von Strecker 1951, a.a.O., S. 68

57 Zit. in Kuhn 1986, a.a.O., S. 177

58 Vgl. ihre Würdigung durch Elly Steinmann: Die Westdeutsche Frauenfriedensbewegung (WFFF). In: Florence Hervé (Hg.): Brot & Rosen. Geschichte und Perspektive der demokratischen Frauenbewegung. Frankfurt/Main, 1979, S. 181

59 Mayer-Katz 1981, a.a.O., S. 136

60 Clara Ragaz: Sind Frauen Pazifisten? Aus: Welt der Frau 1948, zit. n. Kuhn 1986, a.a.O., S. 176

61 Alle Zitate aus dem sehr informativen Aufsatz von Andrea Hauser 1984, a.a.O., S. 51–89

62 Vgl. Christine Holzner-Rabe: Agnes Heineken. In: Hannelore Cyrus (Hg.): Bremer Frauen von A bis Z. Bremen, 1991, S. 302f

63 Vgl. zu ihrer politischen Biographie als Überlebende aus dem KZ: Käthe Popall: Ein schwieriges politisches Leben. Erzählte Geschichte, bearbeitet v. Peter Ahlheit und Jörg Wollenberg. Fischerhude, 1985

64 Vgl. ausführlich Hoecker/Meyer-Braun, a.a.O., S. 107f

65 Dies gilt zum Beispiel auch für Brigitte Pross, die von 1970 bis 1976 Präsidentin des DFR war. Sie war als Elternbeirätin Anfang der 50er Jahre zur »reeducation« für ein Vierteljahr in die USA eingeladen worden und auf diese Weise in die Frauenarbeit »hineingerutscht«, so in ihrem Interview mit C. Wittrock vom 5. 3. 1991

66 Hierzu Henry P. Pilgert, Hildegard Waschke: Women in West Germany. With Special Reference to the Policies and Programs of the Women's Affairs Branch, Office of Public Affairs, Office of the U.S. High Commissioner for Germany. Bad Godesberg-Mehlem, 1952; Hermann-Josef Rupieper: Bringing Democracy to the Frauleins. Frauen als Zielgruppe der amerikanischen Demokratisierungspolitik in Deutschland 1945–1952. In: Geschichte und Gesellschaft, 17.Jg. (1991), Heft 1, S. 66, der auch auf die unterschiedlichen Traditionen, den anderen Politikbegriff und verschiedene Organisationsformen in der amerikanischen und deutschen Frauenbewegung hinweist. Vgl. auch Waltraut Both: Zur sozialen und politischen Situation von Frauen in Hessen und zur Frauenpolitik der amerikanischen Besatzungsmacht. In: Wischermann/Schüller/Gerhard 1993, a.a.O., S. 151–191

67 Protokoll vom 7. 4. 1951, Sophia Smith Coll., High Commission of Occupied Germany, Box 3, F.14

68 Briefe an Betsy Knapp. In: Sophia Smith Coll. HiCoG, Box 3, Folder 11
69 Vgl. hierzu Henicz / Hirschfeld 1986, a.a.O.
70 Gründungsaufruf des Frankfurter Frauen-Ausschusses 1946, a.a.O.
71 Strecker 1951, a.a.O., S. 35
72 Alle Zitate aus einem Runkfunkinterview im Frauenfunk des HR vom 30. 10. 1946, Ms HHStA 2050 / 309; vgl. auch »Der Silberstreifen«, Heft 6 / 7, 1946, S. 17–20
73 Vgl. Manifest und Programmpunkte der Sozialen Frauenpartei. In: »Der Silberstreifen«, Heft 6 / 7, 1947, S. 22 / 23; Elke Schüller 1993, a.a.O., S. 88–150
74 Das »Seminar für Politik«, zunächst von der amerikanischen Militärregierung, ab 1952 von der Stadt Frankfurt am Main finanziert, wurde einige Jahre später in die Volkshochschule integriert; vgl. im einzelnen S. 83, auch zu detaillierten biographischen Angaben Elke Schüller: »Neue, andere Menschen, andere Frauen?« Kommunalpolitikerinnen in Hessen 1945–1956. Ein Biographisches Handbuch. Bd. 1 und Bd. 2, Frankfurt / Main, 1995 / 1996
75 Vgl. Pressenotiz des Seminars für Politik vom 13. 2. 1975 anläßlich des 60. Geburtstages von Ulla Illing (Privatbesitz)
76 Vgl. hierzu ausführlicher Ulla Wischermann: Frauen und Politik in der hessischen Tagespresse 1945–1950. In: Wischermann / Schüller / Gerhard 1993, a.a.O., S. 41–87
77 Ulla Illing: Marie-Elisabeth Lüders. In: »Der Silberstreifen«, Heft 107, 1947, S. 2–3
78 Auch für mich persönlich, als ich 1963 als jüngstes Mitglied in der Ortsgruppe des DFR in Köln unter der Obhut der Vorsitzenden Dr. Rosemarie Ellschweid in mehreren Lesungen aus diesem Buch vortrug und damit die mehr als eine Generation Älteren über die alte Frauenbewegung informierte.
79 Vgl. Kuhn, a.a.O., S. 21f / 164f
80 Vgl. Marie-Elisabeth Lüders: Fürchte Dich nicht: Persönliches und Politisches aus mehr als 80 Jahren, 1878–1962. Köln, Opladen, 1963, S. 141
81 Gertrud Bäumer: Der neue Weg der deutschen Frau. Stuttgart, 1946, S. 28 / 42 / 43
82 Zum Beispiel Gertrud Bäumer: Im Licht der Erinnerung. Tübingen, 1953, oder dies.: Des Lebens wie der Liebe Band, 1956; vgl. im übrigen die lange Liste in: Deutscher Akademikerinnenbund e.V.: Die Frauenfrage in Deutschland. Bibliographie 1931–1980, S. 819. Auch in einer der wenigen Dissertationen zum Thema Frauenbewegung in dieser Zeit ist Bäumers Rolle nur rühmlich und bedeutend: vgl. Orla-Maria Fels: Die deutsche Frauenbewegung als juristisches Phänomen, dargestellt an der Erscheinung Gertrud Bäumers. Jur. Diss. Freiburg, 1959
83 Ilse Reicke: Die großen Frauen der Weimarer Republik. Erlebnisse im »Berliner Frühling«. Freiburg, Basel, Wien, 1984, S. 28
84 Vgl. hierzu die überaus polemische Propagandaschrift von Marie-Elisabeth Lüders: Frauen sichern Stalins Sieg, hg. v. Berliner Frauenbund e.V., o.O., o.J. (etwa 1952)

85 Pfeiffer 1947, a.a.O., S. 6
86 Zit.n. Hoecker / Meyer-Braun 1988, a.a.O., S. 151
87 Popall 1985, a.a.O., S. 130
88 Vgl. z.B. Autorenkollektiv: Ernst-Ulrich Huster u.a.: Determinanten der westdeutschen Restauration 1945–1949. Frankfurt / Main, 1979
89 Frauenkonferenz in Bad Boll, in: FR Nr. 64, vom 25. 5. 1947, S. 2
90 Vgl. Gabriele Strecker: Gesellschaftspolitische Frauenarbeit in Deutschland. 20 Jahre Deutscher Frauenring. Opladen, 1970, S. 15
91 Vgl. Deutscher Frauenrat (Hg.): 40 Jahre Artikel 3 Grundgesetz, 40 Jahre Frauenverbandsarbeit. In: Sonderausgabe der Informationen für die Frau. November 1989; sowie Gudrun Beckmann-Kircher: Der Deutsche Frauenrat. Kommunikationsstruktur und -verhalten eines Verbandes. Münster, 1981, S. 69
92 Strecker 1981, a.a.O., S. 74
93 Ebd., S. 73
94 Mila Ketterer: Über den sieben Bergen ... In: »Der Silberstreifen«, Heft 10, 2. Jg. (1947), S. 36
95 Dorothea Karsten: Frauenfragen im heutigen Deutschland. In: Die Frau in unserer Zeit. Ihre Wandlung und Leistung. Oldenburg, Hamburg, 1954, S. 102
96 Vgl. Ute Gerhard: Frauenleitbilder und Etappen bundesrepublikanischer Frauenpolitik. In: Mechthild Veil, Karin Prinz, Ute Gerhard (Hg.): Am modernen Frauenleben vorbei. Verliererinnen und Gewinnerinnen der Rentenreform 1992. Berlin, 1992, S. 17–41
97 Information für die Frau. Folge 3, März 1992, 42. Jg., S. 21

»Halbe Demokraten« – Halbierte Demokratie? – Frauenbewegung und Demokratie von 1848 bis heute

1 Vortrag zur Veranstaltung »Geschlechterdifferenz und Demokratie 1848–1998« in der Frankfurter Paulskirche am 27. Juni 1998.
2 Sendung des NDR vom 24. 3. 1998 im Kulturforum zum Thema »1848 – Im Schatten der Paulskirche. Freiheit, Gleichheit, Rechtsstaatlichkeit. Die Utopie einer bürgerlichen Republik.« Diskussion mit Christian Graf von Krockow, Wolfgang J. Mommsen und Ute Gerhard.
3 Zit. nach »Dem Reich der Freiheit werb' ich Bürgerinnen« – Die Frauen-Zeitung von Louise Otto. Hg. von Ute Gerhard, Elisabeth Hannover-Drück, Romina Schmitter, Frankfurt / Main, 1979, Frauen-Zeitung No. 1, 1849, S. 39
4 Ebd., S. 40 / 41
5 Vgl. Christian Jansen, Thomas Mergel: Von »der Revolution« zu »den Revolutionen«. Probleme einer Interpretation. In: Dies. (Hg.): Die Revolution von 1848 / 49. Erfahrung – Verarbeitung – Deutung. Göttingen, 1998, S. 7–13, hier S. 9

6 So der Titel »1848 Aufbruch zur Freiheit« der Ausstellung des Deutschen Historischen Museums und der Schirn Kunsthalle Frankfurt zum 150jährigen Jubiläum der Revolution 1848/49 v. 18. Mai bis 18. September 1998, vgl. auch den gleichnamigen Katalog, hg. v. Lothar Gall, Frankfurt/Main, 1998

7 Hier nur einige Hinweise aus der inzwischen recht umfangreichen Literatur zur Frauenbewegung um die 1848er Revolution: Renate Möhrmann (Hg).: Frauenemanzipation im deutschen Vormärz. Texte und Dokumente, Stuttgart, 1978; Gerlinde Hummel-Haasis (Hg.): Schwestern, zerreißt eure Ketten. Zeugnisse zur Geschichte der Frauen in der Revolution von 1848/49. München, 1982; Carola Lipp (Hg.): Schimpfende Weiber und patriotische Jungfrauen. Frauen im Vormärz und in der Revolution von 1848/49. Moos, Baden-Baden, 1986; Gabriella Hauch: Frau Biedermeier auf den Barrikaden. Frauenleben in der Wiener Revolution 1848. Wien, 1990; Ulla Wischermann: Frauenpublizistik und Journalismus. Vom Vormärz bis zur Revolution von 1848. Weinheim, 1998

8 Frauen-Zeitung No. 14, 1849, a.a.O., S. 113

9 Vgl. Frauen-Zeitung, No.12, 1850, a.a.O., S. 241

10 Ebd. No. 2, 1850, S. 205

11 Vgl. Sylvia Paletschek: Frauen und Dissens. Frauen im Deutschkatholizismus und in den freien Gemeinden 1841–1852. Göttingen, 1990; Vgl. auch den Katalog zur Ausstellung »Marie Mindermann und die Revolution von 1848 in Bremen« (1998) im Bremer Staatsarchiv.

12 Gleichstellung aller Rechte der Männer mit den Frauen, oder: Die Frauen als Wähler, Deputierte und Volksvertreter. Wien, 1848 Flugschriftensammlung 1848 der Österreichischen Nationalbibliothek, zit. in: Gabriella Hauch: Frauen-Räume in der Männer-Revolution 1848. In: Dieter Dowe, Heinz-Gerhard Haupt, Dieter Langewiesche (Hg.): Europa 1848. Revolution und Reform. Bonn, 1998, S. 841–900, hier S. 850

13 Frauen-Zeitung No. 31, 1849, a.a.O., S. 173

14 Im einzelnen vgl. Ute Gerhard: Unerhört. Die Geschichte der deutschen Frauenbewegung. Frankfurt/Main, 1990, S. 65f

15 Helga Grubitzsch, Hannelore Cyrus, Elke Haarbusch (Hg.): Grenzgängerinnen. Revolutionäre Frauen im 18. und 19. Jh. Düsseldorf, 1980, S. 108

16 Vgl. Louise Dittmar: Das Wesen der Ehe. Nebst einigen Aufsätzen über die soziale Reform der Frauen. Leipzig, 1849

17 Frauen-Zeitung No. 37, 1849, a.a.O., S. 193

18 Zit. n. Germaine Goetzinger: Für die Selbstverwirklichung der Frauen. Louise Aston in Selbstzeugnissen und Dokumenten. Frankfurt/Main, 1983, S. 78

19 Carl Welcker: Geschlechtsverhältnisse. In: Carl von Rotteck, Carl Welcker (Hg.): Das Staats-Lexikon. Encyklopädie der sämtlichen Staatswissenschaften. Altona, 1847, Bd. 5, S. 654–679, hier S. 668/670

20 So der Titel des Buches von Louise Otto, Hamburg, 1866

21 Vgl. Hilde Lion: Zur Soziologie der Frauenbewegung. Die sozialistische und katholische Frauenbewegung. Berlin, 1926

22 Werner Thönnessen: Politik und Literatur der deutschen Sozialdemokratie zur Frauenbewegung 1863–1933, Frankfurt/Main, 1969, S. 28ff
23 Entscheidung des RG in Strafsachen Bd. 16, S. 383f
24 Zit. in Gertrud Bäumer: Die Geschichte der Frauenbewegung in Deutschland. In: Helene Lange, Gertrud Bäumer (Hg.): Die Geschichte der Frauenbewegung in den Kulturländern, I. Teil, Berlin, 1901, S. 1–166, hier S. 132
25 Zit. in Helene Lange: Gelbe Broschüre. In: Dies.: Kampfzeiten. Aufsätze und Reden aus vier Jahrzehnten. Bd. 1. Berlin, 1928, S. 1–58
26 Vgl. auch Helene Lange: Die Frauenbewegung in ihren modernen Problemen. Leipzig, 1908, S. 31; Agnes v. Zahn-Harnack: Die Frauenbewegung. Geschichte, Probleme, Ziele. Berlin, 1928, S. 76f
27 Clara Zetkin: Für die Befreiung der Frau. Rede auf dem Internationalen Arbeiterkongreß zu Paris am 19. Juli 1889. In: Dies.: Ausgewählte Reden und Schriften. Berlin, 1957, S. 3–11
28 So der Aufruf der Rechtskommission des Bundes Deutscher Frauenvereine. In: Die Frauenbewegung. Revue für die Interessen der Frauen, hg. v. Minna Cauer. Berlin, 1896, Nr. 12, S. 114–115; vgl. auch Clara Zetkin: Antrag an den Sozialdemokratischen Parteitag. In: Die Frauenbewegung 1895, S. 126
29 Lily Braun: Die Bürgerpflicht der Frau. Berlin, 1895, S. 18
30 So Viola Klein in ihrer Studie von 1946: The Feminine Character. The History of an Ideology. London, Neuaufl. 1989
31 Vgl. Elke Schüller: »Wer stimmt, bestimmt«? Elisabeth Selbert und die Frauenpolitik der Nachkriegszeit. Wiesbaden, 1996, S 45ff
32 Frauen-Zeitung No. 1, 1850, a.a.O., S. 198
33 Vgl. Hermann-Josef Rupieper: Bringing Democracy to the Frauleins. Frauen als Zielgruppe der amerikanischen Demokratisierungspolitik in Deutschland 1945–1952. In: Geschichte und Gesellschaft 17, Heft 1, 1991, S. 61–91
34 Vgl. hierzu die Beiträge »Die langen Wellen« und »Atempause« in diesem Band.
35 Vgl. Wilhelm H. Riehl: Die Familie. Stuttgart, Augsburg, 1855
36 Ulrich Beck: Risikogesellschaft. Auf dem Weg in eine andere Moderne. Frankfurt/Main, 1986, S. 199
37 Martha Nussbaum: Onora O'Neill. Gerechtigkeit, Geschlechterdifferenz und internationale Grenzen. Ein Kommentar. In: Herta Nagl-Docekal, Herlinde Pauer-Studer (Hg.): Politische Theorie. Differenz und Lebensqualität. Frankfurt/Main, 1996, S. 451–468, hier S. 465

Paragraph 218 und kein Ende: Der Beitrag der Frauenbewegung zum Diskurs über eine andere Moral

1 Vgl. Sozialausschüsse der Christlich-Demokratischen Arbeitnehmerschaft (Hg.): Die sanfte Macht der Familie. Leitsätze und Dokumentation der 19. Bundestagung. Mannheim, 1981

2 Vgl. Ulrich Beck: Risikogesellschaft. Auf dem Weg in eine andere Moderne. Frankfurt / Main, 1986

3 Wilhelm Heinrich Riehl: Die Naturgeschichte des Volkes als Grundlage einer deutschen Social-Politik. 3. Bd.: Die Familie. Stuttgart, Augsburg, 1855

4 Vgl. Neue Juristische Wochenschrift 1967, S. 1078

5 Louise Otto: Das Recht der Frauen auf Erwerb. Hamburg, 1866, S. 50f

6 Ausführlicher vgl. u. a. Ute Gerhard: Unerhört. Die Geschichte der Frauenbewegung. Reinbek, 1990, S. 243 ff, auch S. 131 f et passim

7 Gräfin Gisela von Streitberg: Das Recht zur Beseitigung keimenden Lebens [1904]. In: Marielouise Janssen-Jurreit: Frauen und Sexualmoral. Frankfurt / Main, 1986, S. 156–164, hier S. 156

8 Ebd., S. 157

9 Ebd., S. 162

10 Vgl. Helene Stöcker: Die Liebe und die Frauen. Minden, 1906

11 Vgl. Helene Stöcker: Strafrechtsreform und Abtreibung. In: Die neue Generation, Nr. 11, 1908, S. 399

12 Julie Eichholz: Frauenforderungen zur Strafrechts-Reform. Kritik und Vorschläge. Nach den Beschlüssen der Rechtskommission des BDF. Mannheim, o.J., S. 30

13 Vgl. Camilla Jellinek: Petition des Bundes Deutscher Frauenvereine zur Reform des Strafgesetzbuches und der Strafprozeßordnung. Breslau, 1909

14 Camilla Jellinek: Frauenforderungen zur deutschen Strafrechtsreform. In: Monatsschrift für Kriminalpsychologie und Strafrechtsreform, 5. Jg., 1908 / 09, S. 602 ff, hier S. 613 u. 617

15 Anneliese Bergmann: Frauen, Männer, Sexualität und Geburtenkontrolle. Zur Gebärstreikdebatte der SPD im Jahre 1913. In: Karin Hausen (Hg.): Frauen suchen ihre Geschichte. München, 1983, S. 81 – 108, hier S. 83 ff

16 Vgl. auch zum folgenden: Renate Bridenthal, Atina Grossmann, Marion A. Kaplan (Hg.): When Biology Became Destiny. Women in Weimar and Nazi Germany. New York, 1984, darin insbes. die Beiträge von Atina Grossmann: Abortion and Economic Crisis: The 1931 Campaign Against Paragraph 218, S. 66–86, und Marion A. Kaplan: Sisterhood under Siege: Feminism and Anti-Semitism in Germany, 1904–1938, S. 174–196; vgl. aus der Fülle der Literatur außerdem beispielhaft L. Jochimsen: § 218. Dokumentation eines 100jährigen Elends. Hamburg, 1971; Silvia Kontos: Die Partei kämpft wie ein Mann. Frauenpolitik der KPD in der Weimarer Republik. Basel, Frankfurt / Main, 1979, und Kristina von Soden: »Hilft uns denn niemand?«. In: Dies., M. Schmidt: Neue Frauen. Die Zwanziger Jahre. Berlin 1988a, S. 103 f

17 Helene Stöcker: Fort mit der Abtreibungsstrafe! [1924]. In: Janssen-Jurreit 1986, a. a. O., S. 239–247, hier S. 239 f

18 Vgl. ausführlich Kristina von Soden: Die Sexualberatungsstellen der Weimarer Republik. Berlin, 1988b

19 Stellung der KPD zu den §§ 218 u. 219, zit. n. Kristina von Soden 1988a, a. a. O., S. 103

20 Clara Zetkin: Lenin ruft die werktätigen Frauen. Berlin, 1926, S. 22f

21 Vgl. Barbara Greven-Aschoff: Die bürgerliche Frauenbewegung in Deutschland 1894–1933. Göttingen, 1981

22 Zit. n. ebd., S. 116f und 241

23 Vgl. von Soden 1988b, a.a.O., S. 87ff

24 Vgl. Ulla Wischermann: Frauen und Politik in der hessischen Tagespresse 1945 bis 1950. In: Dies. u.a. (Hg.): Frauenpolitik in Hessen nach 1945. Frankfurt/Main, 1993, S. 41–87, hier S. 74

25 Anita Grandke: Festigung der Gleichberechtigung und Förderung bewußter Elternschaft. In: Neue Justiz 11, 1972, S. 545

26 Linda Gordon: Woman's Body – Woman's Rights. 2. Aufl. New York, 1990

27 Vgl. hierzu Dieter Rucht: Soziale Bewegungen, Gegenbewegungen und Staat: Der Abtreibungskonflikt in den USA, Frankreich und der Bundesrepublik Deutschland. In: Forschungsjournal, Neue Soziale Bewegungen, Nr. 2, 1991, S. 31f

28 So auch die neuerliche »Entgleisung« von Kardinal Meisner, der die Abtreibungspille als »ein chemisches Tötungsinstrument speziell für ungeborene Kinder« mit »Zyklon B«, dem »Einsatz chemischer Substanzen« in den Konzentrationslagern der Nazizeit verglich, vgl. taz v. 7. 12. 1998

29 Vgl. Barbara Duden, zit. im Dt. Ärzteblatt 88, Heft 17, 1991

30 Barbara Duden: Der Frauenleib als öffentlicher Ort. Hamburg, Zürich, 1991, S. 10

31 Vgl. BVerfGE, 39, 1, 41 ebenso BVerfGE vom 28. Mai 1993

32 Duden 1991, a.a.O., S. 109

33 Immanuel Kant: Mutmaßlicher Anfang der Menschengeschichte. Sämtl. Werke. Bd. 1. Leipzig, 1922, S. 277

34 Vgl. Wolfgang van den Daele: Der Fötus als Subjekt und die Autonomie der Frau. In: Uta Gerhardt, Yvonne Schütze (Hg.): Frauensituation. Frankfurt/Main, 1988, S. 189ff

35 BVerfGE, Bd. 39, S. 80

36 Carol Gilligan: Die andere Stimme. München, 1974

37 Rainer Döbert: Männliche Moral – Weibliche Moral? In: Uta Gerhardt, Yvonne Schütze (Hg.): Frauensituation. Frankfurt/Main, 1988, S. 81ff; vgl. im Überblick Gertrud Nunner-Winkler (Hg.): Weibliche Moral. Die Kontroverse um eine geschlechtsspezifische Ethik. Frankfurt/Main, 1991

38 »Ohnehin ist erstaunlich«, schreibt Martin Koschorke vom Ev. Zentralinstitut für Familienfragen, in EAF Nr. 1 Jan./Febr. 1991, S. 1f, »wie genau Theologen – und das sind immer noch überwiegend Männer – Gottes Willen zu kennen glauben.«

39 Vgl hierzu Ute Gerhard: Gleichheit ohne Angleichung. Frauen im Recht. München, 1990, S. 62ff. Hier ist auch die »Erklärung der Rechte der Frau und Bürgerin« von Olympe de Gouges abgedruckt, S. 263ff, s. insbes. Art. 9.

40 BVerfGE v. 28. 5. 1993, zit. n. EuGRZ, 4. Juni 1993, 20. Jg., Heft 9–10, S. 3

41 BVerfGE 1993, a.a.O., S. 113

42 Theodor Geiger: Vorstudien zu einer Soziologie des Rechts. Neuwied, Berlin, 1964, S. 382
43 Manfred Rehbinder: Rechtssoziologie. Berlin / New York, 1977, S. 167
44 BVerfGE 1993, a. a. O., S. 107
45 Ute Gerhard: Warum Rechtsmeinungen und Unrechtserfahrungen von Frauen nicht zur Sprache kommen. In: Zeitschrift für Rechtssoziologie, Nr. 2, 1984, S. 232
46 Pressezitate aus der Frankfurter Rundschau vom 26. 2. 1999 und vom 25. 1. 1999

Menschenrechte sind Frauenrechte – Alte Fragen und neue Ansätze feministischer Rechtspolitik

1 Conversation-Lexicon oder encyclopaedisches Handwörterbuch für gebildete Stände. In 7 Bden. Stuttgart bei A.F. Macklot, 1818–1819, 2. Band (1818), S. 783
2 Immanuel Kant: Die Metaphysik der Sitten. Sämtl. Werke in sechs Bänden. Bd. 5. Leipzig, 1922, S. 337
3 Max Weber: Wirtschaft und Gesellschaft. Grundriß der verstehenden Soziologie. Studienausgabe. 5. Aufl. Tübingen, 1976, S. 17
4 Karl Marx, Kritik des Gothaer Programmes, in: Marx-Engels-Werke. Bd. 19. Berlin, 1982, S. 21
5 Vgl. Susanne von Paczensky, Renate Sadrozinski (Hg.): Die neuen Moralisten: 218, vom leichtfertigen Umgang mit einem Jahrhundertthema, Reinbek, 1984; Susanne von Paczensky: Wir sind keine Mörderinnen! Streitschrift gegen eine Einschüchterungskampagne. Reinbek, 1980
6 Vgl. Carol Hagemann-White, Barbara Kavemann, Johanna Kootz, Ute Weinmann, Christine Wildt, Bundesminister für Jugend, Familie und Gesundheit, Hilfen für mißhandelte Frauen: Abschlußbericht der wissenschaftlichen Begleitung des Modellprojekts Frauenhaus Berlin. Schriftenreihe des BMJFG. Nr. 124. Stuttgart, Berlin, Köln, Mainz, 1981; Margit Brückner: Die Liebe und die Frauen. Über Weiblichkeit und Mißhandlung. Frankfurt / Main, 1983
7 Vgl. Arbeitsgruppe Frauenrechte im Komitee für Grundrechte und Demokratie (Hg.): »Droht das Aus fürs Frauenhaus?« – Bestandsaufnahme zur Situation der autonomen Frauenhäuser. Rechtliche und finanzielle Forderungen. Unter Mitarbeit v. P. Schallhöfer. Sensbachtal, 1983; Gundula Lösch, Klaus Sieveking: Frauenhausbewegung und Recht. In: V. Gessner, W. Hassemer (Hg.): Gegenkultur und Recht. Baden-Baden, 1985, S. 183–207; Ute Gerhard: Frauenhäuser zwischen Autonomie und Organisation – Der Kampf um Terrain in einem neuen Problemfeld. In: D. Thränhardt u. a. (Hg.): Wohlfahrtsverbände zwischen Selbsthilfe und Sozialstaat, Freiburg, 1986, S. 69–84.
8 Vgl. Alisa Schapira: Die Rechtsprechung zur Vergewaltigung. Über die weit

gezogenen Grenzen der erlaubten Gewalt gegen Frauen. In: Kritische Justiz, 10. Jg. H.3, 1977; Ulrike Teubner: Vergewaltigung als gesellschaftliches Problem. Forderungen zu einer Reform des Sexualstrafrechts. In: Ute Gerhard, Jutta Limbach (Hg.): Rechtsalltag von Frauen. Frankfurt/Main, 1988, S. 79–90

9 Vgl. Barbelies Wiegmann: Ende der Hausfrauenehe – Plädoyer gegen eine trügerische Existenzgrundlage. Reinbek, 1980; dies.: Das neue Scheidungs-Un-Recht. In: Feministische Studien 2/1986, S. 82–90

10 Vgl. die Zeitschrift »Streit« seit 1983

11 Vgl. Franz L. Neumann: Der Funktionswandel des Gesetzes im Recht der bürgerlichen Gesellschaft. In: Franz L. Neumann: Demokratischer und autoritärer Staat. Studien zur politischen Theorie. Frankfurt/Main, Wien, 1967 (zuerst 1937), S. 31–81

12 Vgl. Ilona Kickbusch, Barbara Riedmüller (Hg.): Die armen Frauen. Frauen und Sozialpolitik, Frankfurt/Main, 1994; Ute Gerhard, Alice Schwarzer, Vera Slupik (Hg.): Auf Kosten der Frauen – Frauenrechte im Sozialstaat. Weinheim, 1988; Mechthild Veil, Karin Prinz, Ute Gerhard (Hg.): Am modernen Frauenleben vorbei. Verliererinnen und Gewinnerinnen der Rentenreform. Berlin, 1992; Claudia Gather, Ute Gerhard, Karin Prinz, Mechthild Veil (Hg.): Frauen-Alterssicherung. Lebensläufe von Frauen und ihre Benachteiligung im Alter. Berlin, 1991

13 Vgl. Manfred Rehbinder: Die Rechtstatsachenforschung im Schnittpunkt von Rechtssoziologie und soziologischer Jurisprudenz. In: Rüdiger Lautmann, Werner Maihofer, Helmut Schelsky (Hg.): Jahrbuch für Rechtssoziologie und Rechtstheorie. Bd. 1. Bielefeld, 1970, S. 333–359

14 Vgl. Ute Gerhard: Warum Rechtsmeinungen und Unrechtserfahrungen von Frauen nicht zur Sprache kommen. – Ein nicht nur methodisches Problem der Rechtstatsachenforschung. In: Zeitschrift für Rechtssoziologie 2, 1984, S. 220–234; Rüdiger Lautmann: Die Gleichheit der Geschlechter und die Wirklichkeit des Rechts. Opladen, 1990; Carola Schumann: Verdienstvolle Scheidungshilfe. Die anwaltliche Praxis des reformierten Familienrechts. Ergebnisse der Frauenforschung. Bd. 19. Weinheim, 1989

15 Vgl. Gerhard 1984, a. a. O.; vgl. auch Arbeitsgruppe Bielefelder Soziologen (Hg.): Alltagswissen, Interaktion und gesellschaftliche Wirklichkeit. Reinbek, 1973, S. 22

16 Zum Beispiel der unbestimmte Rechtsbegriff der »Verfügbarkeit« im Arbeitsförderungsrecht, der entgegen aller Gleichverpflichtung der Männer im Familienrecht und trotz aller Proteste typischerweise nur für Frauen die Verfügbarkeit (und damit alle Rechtsansprüche auf Arbeitslosengeld) für den Arbeitsmarkt an familiären Verpflichtungen scheitern läßt. Vgl. Ute Gerhard: Die Verfügbarkeit der Frauen. Arbeitspolitik gegen Frauen. In: Ute Gerhard, Alice Schwarzer, Vera Slupik (Hg.): Auf Kosten der Frauen – Frauenrechte im Sozialstaat. Weinheim, 1988a, S. 39–77; dies.: Frauenalltag und Frauenrechte – Über die Notwendigkeit »aus der Rolle zu fallen«. In: Dies., Jutta Limbach (Hg.): Rechtsalltag von Frauen. Frankfurt/Main, 1988b, S. 17–32

17 Vgl. Gerhard 1988b, a.a.O. und Ute Gerhard: Gleichheit ohne Angleichung. Frauen im Recht, München, 1990a, S. 168ff; vgl. auch Lautmann 1990, a.a.O.

18 Georg Simmel: Philosophische Kultur. Über das Abenteuer, die Geschlechter und die Krise der Moderne, Berlin, 1983 (zuerst 1911), S. 210

19 Ulrike Prokop: Weiblicher Lebenszusammenhang. Von der Beschränktheit der Strategien und der Unangemessenheit der Wünsche, Frankfurt/Main, 1976

20 Vgl. die feministische Rechtszeitschrift »Streit« seit 1983

21 Vgl. Tove Stang Dahl: Frauenrecht. Eine Einführung in feministisches Recht. Bielefeld, 1992

22 Ines Reich-Hilweg: Männer und Frauen sind gleichberechtigt. Frankfurt/Main, 1979; Heide Pfarr, Klaus Bertelsmann: Lohngleichheit. Stuttgart, Berlin, Köln, 1981

23 Vgl. u.a. Vera Slupik: Die Entscheidung des Grundgesetzes für Parität im Geschlechterverhältnis. Zur Bedeutung von Art. 3 Abs. 2 u. 3 GG in Recht und Wirklichkeit. Berlin, 1988; Ute Sacksofsky: Das Grundrecht auf Gleichberechtigung. Eine rechtsdogmatische Untersuchung zu Artikel 3 Abs. 2 des Grundgesetzes. Baden-Baden, 1991; Susanne Baer: Würde oder Gleichheit? Zur angemessenen grundrechtlichen Konzeption von Recht gegen Diskriminierung am Beispiel sexueller Belästigung am Arbeitsplatz in der Bundesrepublik Deutschland und der USA. Baden-Baden, 1995

24 Carol Gilligan: Die andere Stimme. Frankfurt/Main, 1982

25 Rainer Döbert: Männliche Moral – weibliche Moral? In: Uta Gerhardt, Yvonne Schütze (Hg.): Frauensituationen. Veränderungen in den letzten zwanzig Jahren. Frankfurt/Main, 1988, S. 81–113

26 Vgl. Kathy Davis: Die Rhetorik des Feminismus. Ein neuer Blick auf die Gilligan-Debatte. In: Feministische Studien 2, 9. Jg., 1991, S. 79–97; Andrea Maihofer: Ansätze zur Kritik des moralischen Universalismus. Zur moraltheoretischen Diskussion um Gilligans Thesen zu einer ›weiblichen‹ Moralauffassung. In: Feministische Studien 1, 6. Jg. (1988), S. 32–52; Gertrud Nunner-Winkler (Hg.): Weibliche Moral. Die Kontroverse um eine geschlechtsspezifische Ethik. Frankfurt/Main, New York, 1991

27 John Rawls: Eine Theorie der Gerechtigkeit. Frankfurt/Main, 1975

28 Vgl. Herta Nagl-Docekal, Herlinde Pauer-Studer, (Hg.): Jenseits der Geschlechtermoral. Beiträge zur feministischen Ethik. Frankfurt/Main, 1993, S. 17f

29 Jürgen Habermas: Faktizität und Geltung. Beiträge zur Diskurstheorie des Rechts und des demokratischen Rechtsstaats. Frankfurt/Main, 1992, S. 135f; Gustav Radbruch: Einführung in die Rechtswissenschaft. Stuttgart, 1950, S. 16f

30 Franz L. Neumann: Der Funktionswandel des Gesetzes im Recht der bürgerlichen Gesellschaft. In: Ders.: Demokratischer und autoritärer Staat. Studien zur politischen Theorie. Frankfurt/Main, Wien, 1967 (zuerst 1937), S. 31–81

31 Ingeborg Maus: Entwicklung und Funktionswandel der Theorie des bürgerlichen Rechtsstaats. In: Mehdi Tohidipur (Hg.): Der bürgerliche Rechtsstaat. 1. Bd. Frankfurt/Main, 1978, S. 13–81, hier S. 45

32 Ingeborg Maus: Die Trennung von Recht und Moral als Begrenzung des Rechts. In: Dies.: Zur Aufklärung der Demokratietheorie. Frankfurt/Main, 1992, S. 308ff, hier S. 309f

33 Vgl. Habermas 1992, a.a.O., S. 136

34 Maus 1992, a.a.O., S. 336

35 Carole Pateman: Gleichheit, Differenz, Unterordnung. Die Mutterschaftspolitik und die Frauen in ihrer Rolle als Staatsbürgerinnen. In: Feministische Studien 1, 10. Jg., 1992, S. 54–69, hier S. 58

36 Vgl. Ute Gerhard: Unerhört. Die Geschichte der deutschen Frauenbewegung. Reinbek, 1990b

37 Judith Evans: Feminist Theory Today. An Introduction to Second-Wave Feminism. London, Thousand Oaks, New Delhi, 1995, S. 25

38 Catherine A. MacKinnon: Feminism Unmodified. Discourses on Life and Law. Cambridge, 1987, S. 34

39 Theodor Maunz, Günter Dürig u.a.: Grundgesetz Kommentar. München, 1996, Art. 3 II RNr. 11

40 Diotima. Philosophinnengruppe aus Verona: Der Mensch ist zwei. Das Denken in der Geschlechterdifferenz. Wien, 1989

41 Adriana Cavarero: Die Perspektive der Geschlechterdifferenz. In: Ute Gerhard u.a. (Hg.): Differenz und Gleichheit. Menschenrechte haben (k)ein Geschlecht. Frankfurt/Main, 1990c, S. 95–111, hier S. 96f

42 Judith Butler: Variationen zum Thema Sex und Geschlecht. Beauvoir, Wittig und Foucault. In: Gertrud Nunner-Winkler (Hg.): Weibliche Moral. Die Kontroverse um eine geschlechtsspezifische Ethik. Frankfurt/Main, New York, 1991, S. 56–76, hier S. 64

43 Vgl. Judith Butler 1993: Kontingente Grundlagen: Der Feminismus und die Frage der »Postmoderne«. In: Seyla Benhabib, Judith Butler, Drucilla Cornell, Nancy Fraser: Der Streit um Differenz. Feminismus und Postmoderne in der Gegenwart, Frankfurt/Main, 1993, S. 31–58, hier S. 47; dies.: Das Unbehagen der Geschlechter. Frankfurt/Main, 1991, S. 209f

44 Christiana di Stefano: Dilemmas of Difference. Feminism, Modernity, and Postmodernism. In: Linda J. Nicholson (Hg.): Feminism/Postmodernism. New York, London, 1990, S. 63–82

45 Nancy Fraser: Falsche Gegensätze. In: Seyla Benhabib, Judith Butler, Drucilla Cornell, Nancy Fraser: Der Streit um Differenz. Feminismus und Postmoderne in der Gegenwart, Frankfurt/Main, 1993, S. 59–79, und dies.: Pragmatismus, Feminismus und die linguistische Wende. In: Ebd., S. 145–160; vgl. auch Deborah L. Rhode: The Politics of Paradigmas. Gender Difference and Gender Disadvantage. In: Gisela Bock, Selma James (Hg.): Beyond Equality and Difference. London, New York, 1992, S. 149–163, hier S. 149

46 MacKinnon 1987, a.a.O., S. 33ff

47 Nach zunächst widersprüchlichen Entscheidungen des Bundesverfassungsgerichts und nach der Verfassungsrevision von 1993 wird dieser Art. 3 Abs. 2 GG inzwischen weitergehend als das *Diskriminierungsverbot* des Absatzes 3 als auf die Gruppe der Frauen bezogenes Forderungsgebot oder auch *Dominierungsverbot* interpretiert. Danach geht es in Art. 3 Abs. 2 GG nicht mehr nur um die Abwehr formalrechtlicher Diskriminierung, sondern um aktive Maßnahmen zur Förderung von Frauen, auch wenn damit im Einzelfall eine Benachteiligung der eigentlich dominierenden Gruppe (der Männer) möglich ist; vgl. Ute Sacksofsky: Das Grundrecht auf Gleichberechtigung. Eine rechtsdogmatische Untersuchung zu Artikel 3 Abs. 2 des Grundgesetzes. Baden-Baden, 1991, S. 305f, S. 313; vgl. auch Susanne Baer: Würde oder Gleichheit? Zur angemessenen grundrechtlichen Konzeption von Recht gegen Diskriminierung am Beispiel sexueller Belästigung am Arbeitsplatz in der Bundesrepublik Deutschland und den USA. Baden-Baden, 1995, S. 221ff

48 Otto Dann: Gleichheit und Gleichberechtigung. Das Gleichheitspostulat in der alteuropäischen Tradition und in Deutschland bis zum ausgehenden 19. Jahrhundert. Berlin, 1980, S. 31ff

49 Zit. n. Radbruch 1950, a.a.O., S. 126, 129; vgl. auch Wilhelm Windelband: Über Gleichheit und Identität. Heidelberg, 1910, S. 9

50 Karl Marx: Das Kapital. Marx-Engels-Werke. Bd. 23. Berlin, 1962, S. 656

51 Dann 1980, a.a.O., S. 16f; Konrad Hesse: Der Gleichheitsgrundsatz im Staatsrecht. In: Archiv des öffentlichen Rechts 77, 1951–52, S. 170–225, S. 172

52 So aber Andrea Maihofer: Geschlecht als Existenzweise. Macht, Moral, Recht und Geschlechterdifferenz. Frankfurt/Main, 1995, S. 167f, vgl. im einzelnen Gerhard 1990a, a.a.O., S. 13f

53 Joachim Perels (Hg.): Grundrechte als Fundament der Demokratie. Frankfurt/Main, 1979, S. 69

54 Vgl. Sacksofsky 1991, a.a.O., S. 305f, 313; vgl. auch Baer 1995, a.a.O., S. 221ff

55 Entscheidungen des Bundesverfassungsgerichts Bd. 3, 225ff

56 Gemeinsame Verfassungskommission: Bericht der Gemeinsamen Verfassungskommission gemäß Beschluß des Deutschen Bundestages: Drucksachen 12/1590, 12/1670 – und Beschluß des Bundesrates: Drucksache 741/91, Bonn, 1993, S. 31

57 Vgl. Scholz. In: Maunz/Dürig u.a. 1996, Rdnr. 60f

58 Thomas H. Marshall: Bürgerrechte und soziale Klassen, Frankfurt/Main, 1992

59 Vgl. Barbara Hobson: Frauenbewegung für Staatsbürgerrechte – Das Beispiel Schweden. In: Feministische Studien 2, 14. Jg., 1996, S. 18–34; Ruth Lister: Whose Citizenship? The Gendering of Social Rights and Obligations, Paper presented at European Sociological Association Conference. Budapest, 1995; Birte Siim: Engendering Democracy. Social Citizenship and Political Participation for Women in Scandinavia. In: Social Politics. In-

ternational Studies in Gender, State, and Society, 1:3, 1994, S. 286–305; Anna Yeatman: Jenseits des Naturrechts. Die Bedingungen für einen universalen Bürgerstatus. In: Herta Nagl-Docekal, Herlinde Pauer-Studer (Hg.): Politische Theorie. Differenz und Lebensqualität. Frankfurt/Main, 1996, S. 315–349; Ute Gerhard: Feministische Sozialpolitik in vergleichender Perspektive. In: Feministische Studien 2/1996, S. 6–17

60 Vgl. Gerhard 1990a, a.a.O., S. 49ff

61 Zit. in Helene Lange: Die Frauenbewegung in ihren modernen Problemen. Leipzig, 1914, Anhang

62 Louise Otto: Die Frauen-Zeitung. 1859/50. In: Ute Gerhard, Elisabeth Hannover-Drück, Romina Schmitter (Hg.): »Dem Reich der Freiheit werb' ich Bürgerinnen«. Die Frauen-Zeitung von Louise Otto, Frankfurt/Main, 1979, S. 39f und S. 180

63 Vgl. Gerhard 1990b, a.a.O.

64 Hedwig Dohm: Der Frauen Natur und Recht. Berlin, 1876

65 Karen Offen: Defining Feminism. A Comparative Historical Approach. In: Signs 14, No. 1, 1988, S. 119–157

66 Vgl. Agnes von Zahn-Harnack: Die Frauenbewegung. Geschichte, Probleme, Ziele. Berlin, 1928, S. 70f

67 Vgl. Rhode 1989, a.a.O.

68 Vgl. die neuzeitliche Naturrechtslehre sowie die »Meisterdenker« Rousseau, Kant, Fichte, Hegel oder W. H. Riehl

69 Pateman 1988, a.a.O.

70 Anthony Giddens: Leben in einer posttraditionalen Gesellschaft. In: Ulrich Beck, Anthony Giddens, Scott Lash, Reflexive Modernisierung. Eine Kontroverse, Frankfurt/Main 1996, S. 113–194, S. 171

71 Vgl. den Beitrag »Atempause« in diesem Band

72 Vgl. Beatrix Geisel: Patriarchale Rechtsnormen unterlaufen. In: Ute Gerhard (Hg.): Frauen in der Geschichte des Rechts. Von der Frühen Neuzeit bis zur Gegenwart. München, 1997, S. 683–697, und Dieter Schwab: Gleichberechtigung und Familienrecht im 20. Jahrhundert. In: Ebd., S. 790–827; vgl. auch Gerhard 1990b, S. 248ff

73 Helene Lange: Kampfzeiten. Aufsätze und Reden aus vier Jahrzehnten. Bd. 1. Berlin, 1928, S. 8ff und S. 197ff

74 Marshall 1992, a.a.O., S. 51; vgl. auch Yeatman 1996, a.a.O., S. 337

75 Vgl. Dora Peyser: Alice Salomon. Die Begründerin des sozialen Frauenberufs in Deutschland, Köln, Berlin, 1958; Alice Salomon: Charakter ist Schicksal. Lebenserinnerungen. Weinheim, 1983; Christoph Sachße: Mütterlichkeit als Beruf. Frankfurt/Main, 1986, S. 162f

76 Vgl. v. Zahn-Harnack 1928, a.a.O., S. 76f

77 Vgl. hierzu ausführlicher den Beitrag »Atempause« in diesem Band

78 Johannes Schwardtländer, Heiner Bielefeldt: Christen und Muslime vor der Herausforderung der Menschenrechte. Bonn, 1992, S. 22

79 Vgl. Heiner Bielefeldt: Philosophie der Menschenrechte. Grundlagen eines weltweiten Freiheitsethos. Darmstadt, 1998, S. 29f

80 Axel Honneth: Der Kampf um Anerkennung. Zur moralischen Grammatik sozialer Konflikte. Frankfurt / Main, 1992

81 Barrington Moore: Ungerechtigkeit. Die sozialen Ursachen von Unterordnung und Widerstand. Frankfurt / Main, 1982, S. 35

82 Thomas Leithäuser, Birgit Volmerg, Gunther Salje, Ute Volmerg: Entwurf zu einer Empirie des Alltagsbewußtseins. Frankfurt / Main, 1977

83 Vgl. Oskar Negt, Alexander Kluge: Öffentlichkeit und Erfahrung. Zur Organisationsanalyse von bürgerlicher und proletarischer Öffentlichkeit. Frankfurt / Main, 1977

84 Vgl. Helge Pross: Die Wirklichkeit der Hausfrau. Reinbek bei Hamburg, 1977

85 Gisela Bock, Barbara Duden: Arbeit aus Liebe – Liebe als Arbeit. Zur Entstehung der Hausarbeit im Kapitalismus. In: Sommeruniversität für Frauen (Hg.): Frauen und Wissenschaft. Berlin, 1967, S. 118–199

86 Vgl. Charlotte Bunch: Transforming Human Rights from a Feminist Perspective. In: Julie Peters, Andrea Wolper (Hg.): Women's Rights – Human Rights. International Feminist Perspectives, New York, London, 1995, S. 11–17; Elisabeth Friedman: Women's Human Rights: The Emergence of a Movement. In: Julie Peters, Andrea Wolper (Hg.): Women's Rights – Human Rights. International Feminist Perspectives. New York, London, 1995, S. 18–34

87 Vgl. Eibe Riedel: Menschenrechte der dritten Dimension. In: Europäische Grundrechte-Zeitschrift, 16. Jg., Heft 1 / 2, 1989, S. 9–21

88 Vgl. Hilary Charlesworth: What are »Women's International Human Rights«? In: Rebecca J. Cook (Hg.): Human Rights of Women. National and International Perspectives. Philadelphia, 1994, S. 58–84, hier S. 75

89 Vgl. Sonja Wölte: Der internationale Schutz der Menschenrechte von Frauen: Ansätze einer feministischen Kritik am UN-Menschenrechtsinstrumentarium. Diplomarbeit am Fachbereich Gesellschaftswissenschaften. Frankfurt / Main, 1996, S. 20ff

90 Vgl. auch Ruth Klingelbiel: Kein Rückschritt und kein Meilenstein. Die 4. Weltfrauenkonferenz zwischen Neuinterpretation und Erweiterung des Menschenrechtskonzepts. In: Wissenschaft & Frieden, Heft 4, 1995, S. 12–16; Ines Holthaus: Frauenmenschenrechtsbewegungen und die Universalisierung der Menschenrechte. In: Peripherie, Nr. 61, S. 6–23

91 Vgl. Christa Wichterich: Frauen der Welt. Vom Fortschritt der Ungleichheit. Göttingen, 1995

92 Vgl. aus der Fülle der Literatur zum Thema insbesondere die beiden Sammelbände Rebecca J. Cook (Hg.): Human Rights of Women. National and International Perspectives. Philadelphia, 1994; Julie Peters, Andrea Wolper (Hg.): Women's Rights – Human Rights. International Feminist Perspectives. New York, London, 1995 (mit vielen Länderberichten)

93 Vgl. Nahid Toubia: Female Genital Mutilation. In: Julie Peters, Andrea Wolper (Hg.): Women's Rights – Human Rights. International Feminist Perspectives. New York, London, 1995, S. 224–237.

94 Aktionsplattform: Erklärung in Bejing, zit. n. Bericht der Vierten Weltfrauenkonferenz. Vereinte Nationen, New York, 1996, Nr. 224
95 Bunch 1995, a. a. O., S. 17

Atempause: Die aktuelle Bedeutung der Frauenbewegungen für eine zivile Gesellschaft

1 Christel Eckart: Politik gegen institutionelles Vergessen. In: Feministische Studien Nr. 1, 1995, S. 83
Vgl. auch Mechtild M. Jansen, Sigrid Baringhorst, Martina Ritter (Hg.): Frauen in der Defensive? Zur backlash-Debatte in Deutschland. Münster, 1995.
2 Leila Rupp, Verta Taylor: Survival in the Doldrums. The American Women's Rights Movement, 1945 to the 1960s, New York, 1990; Vgl. Ute Gerhard: Frauenbewegung in der Flaute? Zur Rolle sozialer Bewegungen in einem veränderten Europa. In: Transit, Nr. 10, 1995, S. 117–135
3 Vgl. hierzu den Beitrag »Die ›langen Wellen‹ der Frauenbewegung – Traditionslinien und unerledigte Anliegen« in diesem Band.
4 Sydney Tarrow: Kollektives Handeln und politische Gelegenheitsstruktur in Mobilisierungswellen: Theoretische Perspektiven. In: Kölner Zeitschrift für Soziologie und Sozialpsychologie, Nr. 4, 1991, S. 647–670
5 Auch im folgenden beziehe ich mich auf die breite Literatur zur Bewegungsforschung, die hier nur beispielhaft genannt werden kann, so etwa: Joachim Raschke: Soziale Bewegungen. Ein historisch-systematischer Grundriß. Frankfurt/Main, New York, 1985; Roland Roth, Dieter Rucht (Hg.): Neue soziale Bewegungen in der Bundesrepublik Deutschland. Bonn, 1987; Mary F. Katzenstein, Carol McClurg Mueller (Hg.): The Women's Movement of the United States and Western Europe. Philadelphia, 1987; Dieter Rucht: Modernisierung und neue soziale Bewegungen. Frankfurt/Main, New York, 1994; zur Ressourcenmobilisierungstheorie insbes. John D. McCarthy, Mayer N. Zald: Resource Mobilization and Social Movements: A Partial Theory. In: American Journal of Sociology, Nr. 6, 1977, S. 1212–1241; aber auch Steven M. Buechler: Women's Movement in the United States: Woman Suffrage, Equal Rights, and Beyond. New Brunswick, London, 1990, und ders.: Beyond Resource Mobilization? Emerging Trends in Social Movement Theory. In: The Sociological Quarterly, Nr. 2, 1993, S. 217–235.
6 Vgl. Friedhelm Neidhardt: Einige Ideen zu einer allgemeinen Theorie sozialer Bewegungen. In: Stefan Hradil (Hg.): Sozialstruktur im Umbruch. Opladen, 1985
7 Lorenz von Stein: Schriften zum Sozialismus 1848, 1852, 1854, hg. von Eckart Pankoke. Darmstadt, 1974, S. 3 u. 5
8 Neil J. Smelser: Theorie des kollektiven Verhaltens. Köln, 1972
9 Ottheim Rammstedt: Soziale Bewegung. Frankfurt/Main, 1978

10 Claus Offe: New Social Movements: Challenging the boundaries of Institutional Politics. In: Social Research, Nr. 4, 1985, S. 817ff
11 John Keane (Hg.): Civil Society and the State. New European Perspectives. London, New York, 1988, S. 1
12 Jean L. Cohen, Andrew Arato: Civil Society and Political Theory. Cambridge, Mass., 1992, S. 19
13 Ebd., S. 554 und 526
14 Raschke 1985, a.a.O., S. 38f
15 Silvia Kontos: Modernisierung in der Subsumptionspolitik? Die Frauenbewegung in den Theorien neuer sozialer Bewegungen. In: Feministische Studien, Nr. 2, 1986, S. 34ff
16 Jürgen Habermas: Einleitung, Bd. 1: Stichworte zur »geistigen Situation der Zeit«. Frankfurt/Main, 1979
17 Jürgen Habermas: Theorie des Kommunikativen Handelns, Bd. 2. Frankfurt/Main, 1982, S. 578f
18 Jürgen Habermas: Faktizität und Geltung. Beiträge zur Diskurstheorie des Rechts und des demokratischen Rechtsstaates. Frankfurt/Main, 1992
19 Ebd., S. 513
20 Vgl. hierzu das »Handbuch der Frauenbewegung«, hg. v. Helene Lange, Gertrud Bäumer, das in seinem I. Teil »Die Geschichte der Frauenbewegung in den Kulturländern« neben den süd- und westeuropäischen Ländern auch Überblicksdarstellungen über Polen, Rußland und Finnland enthält. Berlin, 1901
21 Ute Gerhard: Gleichheit ohne Angleichung. Frauen im Recht, München, 1990, S. 49ff
22 Vgl. hierzu den Beitrag auf den Seiten 88ff. in diesem Band
23 Gerda Lerner: The Majority Finds its Past. Placing Women in History. Oxford, New York, 1979, S. 48f
24 Vgl. Gerhard 1990, a.a.O., S. 142f
25 Manfred Erle: Die Ehe im Naturrecht des 17. Jahrhunderts. Göttingen, 1952
26 Vgl. Heidi Rosenbaum: Familie als Gegenstruktur zur Gesellschaft. Kritik grundlegender theoretischer Ansätze der westdeutschen Soziologie. Stuttgart, 1974
27 Carole Pateman: The Sexual Contract. Cambridge, 1988, und dies.: The Fraternal Social Contract. In: Dies.: The Disorder of Women. Stanford, 1989, S. 43f
28 Vgl. Georg W. F. Hegel: Grundlinien der Philosophie des Rechts. Frankfurt/Main, u.a., 1972, §§ 238/239; vgl. hierzu ausführlich Cohen, Arato 1992, a.a.O., S. 91f und daselbst leider nur in der Fußnote 48
29 Cohen/Arato 1992, a.a.O., S. 82f und S. 455
30 Vgl. im einzelnen Ute Gerhard: Sozialstaat auf Kosten der Frauen. Einleitung. In: Ute Gerhard, Alice Schwarzer, Vera Slupik (Hg.): Auf Kosten der Frauen. Frauenrechte im Sozialstaat. Weinheim, Basel, 1988
31 Linda Gordon (Hg.): Women, the State, and Welfare, Madison, London, 1990, S. 11; Barbara Nelson: The Origins of the Two-Channel Welfare

State: Workmen's Compensation and Mothers' Aid. In: Linda Gordon (Ed.): Women, the State, and Welfare. Madison, London, 1990, S. 123ff

32 Vgl. Hilary Land: The Family Wage. In: Feminist Review, Nr. 6, 1980

33 Helga Hernes: Die zweigeteilte Sozialpolitik, eine Polemik. In: Karin Hausen, H. Nowotny (Hg.): Wie männlich ist die Wissenschaft? Frankfurt/Main, 1986, S. 167

34 Stefan Leibfried, Florian Tennstedt: Politik der Armut und die Spaltung des Sozialstaates. Frankfurt/Main, 1985

35 Vgl. Ute Gerhard: Sozialstaat auf Kosten der Frauen. Einleitung. In: Gerhard 1988, a.a.O., S. 11–37

36 Gordon 1990, a.a.O., S. 23

37 Cohen/Arato 1992, a.a.O., S. 29f; vgl. auch John Keane (Hg.): Civil Society and the State. New European Perspectives. London, New York, 1988; Charles Taylor: Die Beschwörung der Civil Society. In: Krzystof Michalski (Hg.): Europa und die Civil Society. Stuttgart, 1991, S. 52ff; vgl. auch Jürgen Kocka (Hg.): Bürgertum im 19. Jahrhundert. Deutschland im europäischen Vergleich. Eine Auswahl. 3 Bde. Göttingen, 1995

38 Michalski 1991, ebd., S. 8

39 Taylor 1991, a.a.O., S. 52 und 57

40 Claire Wallace: A Western Feminist goes East. In: Transit, Nr. 9, 1995; vgl. Nanette Funk: Introduction. In: Dies., Magda Mueller (Hg.): Gender Politics and Post-Communism. New York. London, 1993, S. 12f. Eine Ausnahme bildet der schon mehrfach erwähnte theoretische Ansatz von Cohen und Arato 1992, a.a.O.

41 Václav Havel: Anti-Political Politics. In: John Keane: Civil Society and the State. New European Perspectives. London, New York, 1988, S. 381ff

42 Zuzana Kiczková, Etela Farkasová: The Emancipation of Women: A Concept that Failed. In: Funk/Mueller 1993, a.a.O., S. 87 (Übers. U.G.)

43 Barbara Einhorn: Cinderella goes to Market. Citizenship, Gender and Women's Movements in East Central Europe. London, New York, 1993, S. 6

44 Julia Szalai: Women and Democratization: some Notes on Recent Changes in Hungary. Prague (unpublished paper) 1995, S. 24 (Übers. U.G.)

45 Barbara Einhorn: Ironies of History: Citizenship Issues in the New Market Economies of East Central Europe. In: Barbara Einhorn, E. Janes Yeo (Hg.): Women and Market Societies: Crisis and Opportunity. Aldershot, 1995, S. 224 (Übers. U.G.)

46 Cohen/Arato 1992, a.a.O., S. 493

47 Jürgen Habermas: Die neue Unübersichtlichkeit. Frankfurt/Main, 1985, S. 156

48 Vgl. Birgit Meyer: Über das schwierige aber notwendige Verhältnis von Feminismus und Demokratie. In: Elke Biester, Brigitte Geißel, Sabine Lang, Birgit Sauer, Petra Schäfter, Brigitte Young (Hg.): Staat aus feministischer Sicht. Dokumentation der DPWV. Berlin, 1992, S. 63ff

49 Karl Marx: Briefe aus den »Deutsch-Französischen Jahrbüchern«. In: Marx-Engels-Werke, Bd. 1, Berlin 1972, S. 346

1 Vgl. hierzu Ottheim Rammstedt: Soziale Bewegung. Frankfurt/Main, 1978, S. 167f, dagegen Joachim Raschke: Soziale Bewegungen. Ein historisch-systematischer Grundriß. Frankfurt/Main, 1988; Carol McClurg Mueller, Aldon D. Morris (Hg.): Frontiers in Social Movement Theory. New Haven, et al., 1992; Dieter Rucht: Modernisierung und neue soziale Bewegungen. Frankfurt/Main, New York, 1994

2 So Barbara Einhorn: Cinderella Goes to Market. Citizenship, Gender and Women's Movements in East Central Europe. London, New York, 1993, S. 14 u. S. 182ff; vgl. auch Claire Wallace: A Western Feminist goes East. In: Transit 9, 1995, S. 129–145

3 Vgl. neben Barbara Einhorn, a.a.O. auch Nanette Funk/Magda Mueller (Hg.): Gender Politics and Post-Communism. New York/London, 1993; sowie Hana Havelkova: Real existierender Feminismus. In: Transit 9, 1995, S. 146–158; sowie als Beispiel für Polen »Frauen haben das Wort«. Dokumentation der feministischen Märztagungen in Krakau, hg. v. S. Walczewska u. B. Kozak. Krakau/Hamburg, 1993

4 Vgl. Silvia Kontos: Zum Verhältnis von Autonomie und Partizipation in der Politik der neuen Frauenbewegung. In: Barbara Schaeffer-Hegel (Hg.): Vater Staat und seine Frauen. Pfaffenweiler, 1990, S. 50–63

5 Vgl. 10 Jahre Frauenstimmrecht in Deutschland. In: Die Frau im Staat, 10. Jg., H. XI, 1928, S. 1–2; auch zum folgenden vgl. Ute Gerhard: Unerhört. Die Geschichte der deutschen Frauenbewegung. Reinbek, 1990, S. 354ff

6 Lida Gustava Heymann: Rückschau und Ausblick. In: Die Frau im Staat, 10. Jg., H I, 1928, S. 1

7 Gertrud Bäumer: Wesenswandel der Frauenbewegung. In: Die Frau, 35. Jg. 1927/28, S. 2

8 Vgl. Irene Stoehr: Neue Frau und Alte Bewegung? In: Jutta Dalhoff (Hg.): Frauenmacht in der Geschichte. Düsseldorf, 1986, S. 390–402

9 Stefanie Behm-Cierpka: Frauenbewegung und Jugendbewegung. In: Die Frau, 33. Jg. 1925/26, S. 144; Auguste Schmidt: Die Mädchen in den Jugendverbänden und ihre Stellung zur Frauenbewegung. In: Die Frau, 36. Jg. 1928/29, S. 543

10 Agnes v. Zahn-Harnack: Die Leipziger Bundestagung. In: Die Frau, 39. Jg. 1931, H. 2, S. 65; vgl. dies.: Wo steht die Frauenbewegung? In: Preußische Jahrbücher, Bd. 221, H. 1, Juli 1930, Berlin (Georg Stilke), S. 20–29

11 Vgl. die Tagung der Sektion Frauenforschung in der DGS, dokumentiert in: Ilse Modelmog/Ulrike Gräßel (Hg.): Konkurrenz & Kooperation. Frauen im Zwiespalt? Münster, Hamburg, 1994, und das Schwerpunktheft der ›Feministischen Studien‹: »Kritik der Kategorie ›Geschlecht‹«. Nr. 2, 1993

12 Karl Mannheim (1928/29), in: Ludwig von Friedeburg (Hg.): Jugend in der modernen Gesellschaft. Köln, Berlin, 1969, S. 23–48

13 Ebd., S. 36

14 Vgl. Irene Stoehr: Gründerinnen – Macherinnen – Konsumentinnen? Generationenprobleme in der Frauenbewegung der 1990er Jahre. In: Modelmog/Gräßel 1994, a. a. O., S. 91–115; sowie Hilge Landwehr: Generationenkonflikte und Sachdifferenzen. Das Beispiel Frauenbewegung. In: Transit 11, 1996, S. 87–100

15 So Landwehr 1996, a. a. O., S. 94f

16 Stoehr 1994, a. a. O., S. 109

17 Vgl. Steven M. Buechler: Women's Movements in the United States. Women Suffrage, Equal Rights, and Beyond. New Brunswick, London, 1990, S. 9ff, und Ute Gerhard: Westdeutsche Frauenbewegung. Zwischen Autonomie und dem Recht auf Gleichheit. In: Feministische Studien, Nr. 2, 1992, S. 35–55

18 Leila Rupp, Verta Taylor: Survival in the Doldrums. The American Women's Rights Movement, 1945 to the 1960s. New York, 1990

19 Vgl. hierzu den Beitrag »Die ›langen Wellen‹ der Frauenbewegung – Traditionslinien und unerledigte Anliegen« in diesem Band.

20 In diesem Sinne Rammstedt 1987, a. a. O.; vgl. auch Raschke 1988, a. a. O.

21 Vgl. hierzu »Fern von jedem Suffragettentum« in diesem Band

22 Mannheim, a. a. O., S. 41

23 Judith Butler: Gender Trouble. Deutsche Ausgabe: Das Unbehagen der Geschlechter. Frankfurt/Main, 1991; vgl. auch Seyla Benhabib u. a.: Der Streit um Differenz. Feminismus und Postmoderne in der Gegenwart. Frankfurt/Main, 1993; Hilge Landwehr, Mechthild Rumpf: Kritik der Kategorie »Geschlecht«. Streit um Begriffe, Streit um Orientierungen, Streit der Generationen. In: Feministische Studien Nr. 2, 1993

24 Alice Pechriggl: Die Philosophin und die Frauenbewegung. In: M. Pellikaan-Engel (Hg.): Against Patriarchal Thinking, Proceedings of the VIth Symposium of the International Association of Women Philosophers. Amsterdam, 1992, S. 297ff; vgl. auch Nancy Fraser: Pragmatismus, Feminismus und die linguistische Wende. In: Benhabib 1993, a. a. O., S. 145ff

25 Vgl. hierzu den Beitrag »Atempause: Die aktuelle Bedeutung der Frauenbewegungen für eine zivile Gesellschaft« in diesem Band.

26 Nancy Fraser: Pragmatismus, Feminismus und die linguistische Wende. In: Benhabib 1993, a. a. O., S. 145–160

27 Seyla Benhabib: Feminismus und Postmoderne. Ein prekäres Bündnis. In: Benhabib 1993, a. a. O., S. 9

28 Maria Rerrich, Angelika Diezinger: Ungleichheit und Konfliktpotentiale in der alltäglichen Lebensführung. Aus: Vortrag zur Tagung »Junge Frauen heute. Zur widersprüchlichen Modernisierung der weiblichen Lebensführung«. Bielefeld, 1997

29 Vgl. Ulrich Beck: Risikogesellschaft. Auf dem Weg in eine andere Moderne. Frankfurt/Main, 1986

30 Vgl. Ursula Feist, Martina Wendt: Politisches Interesse und politisches Verhalten junger Frauen. In: Regine Hildebrandt, Ruth Winkler (Hg.): Lebenswelten junger Frauen. Köln, 1994, S. 174–190

Quellen

Die »langen Wellen« der Frauenbewegung – Traditionslinien und unerledigte Anliegen. In: Regina Becker-Schmidt / Gudrun-Axeli Knapp (Hg.): Das Geschlechterverhältnis als Gegenstand der Sozialwissenschaften. Frankfurt / Main, 1995, S. 247–278 (stark überarbeitet)

National oder International: Die internationalen Beziehungen der deutschen bürgerlichen Frauenbewegung. In: Feministische Studien, Nr. 2, 1994, S. 34–52

»Fern von jedem Suffragettentum« – Frauenpolitik nach 1945, eine Bewegung von Frauen? In: Ulla Wischermann / Elke Schüller / Ute Gerhard (Hg.): Staatsbürgerinnen zwischen Partei und Bewegung. Frauenpolitik in Hessen 1945 bis 1955. Frankfurt / Main, 1993, S. 9–40 (überarbeitet)

»Halbe Demokraten« – Halbierte Demokratie? – Frauenbewegung und Demokratie von 1848 bis heute (Vortrag gehalten in der Paulskirche am 27. 06. 1998)

Paragraph 218 und kein Ende: Der Beitrag der Frauenbewegung zum Diskurs über eine andere Moral. (Der Beitrag ist eine völlige Neubearbeitung und erhebliche Erweiterung von: Zum Diskurs über eine andere Moral. Die endlose Debatte um den Abtreibungsparagraphen. In: Neue Rundschau, Nr. 4, 1993, S. 99–111)

Menschenrechte sind Frauenrechte – Alte Fragen und neue Ansätze feministischer Rechtskritik. (Der Beitrag ist eine Neubearbeitung eines gleichlautenden Beitrags in: L'Homme. Zeitschrift für feministische Geschichtswissenschaft, 8. Jg. Heft 1, 1997, S. 43–63)

Atempause: Die aktuelle Bedeutung der Frauenbewegungen für eine zivile Gesellschaft. In: Aus Politik und Zeitgeschichte. Beilage zur Wochenzeitung Das Parlament, B 21–22/96, 17. Mai 1996, S. 3–14 (überarbeitet)

Die Töchter der Emanzipation – Das Generationenproblem in der Frauenbewegung. In: Ingeborg Mues (Hg.): Was Frauen bewegt und was sie bewegen. Frankfurt/Main, 1998, S. 71–89 (leicht gekürzt)

Danksagung

Der Entschluß, verstreute Aufsätze aus den letzten Jahren auszuwählen und zu veröffentlichen, bedarf immer der Ermutigung und Unterstützung. Diese wurde mir insbesondere durch die Bereitschaft des S. Fischer Verlages und den Zuspruch von Frau Ingeborg Mues zuteil. Danken möchte ich auch Frau Dr. Ruth Drost-Hüttl, die sich liebenswürdigerweise die Mühe gemacht hat, die Aufsätze kritisch durchzusehen, um mich bei der Auswahl zu beraten. Nicht zuletzt bin ich aber meinen Mitarbeiterinnen Lotte Rahbauer, Marion Keller und Anja Weckwert zu größtem Dank verpflichtet, die mir bei der Fertigstellung der Manuskripte mit großer Umsicht und technischem Können geholfen und mich wieder einmal nicht im Stich gelassen haben.

Frankfurt / Main im April 1999
Ute Gerhard

Georges Duby / Michelle Perrot

Geschichte der Frauen

Editorische Betreuung der deutschen Gesamtausgabe
Heide Wunder

5 Bände in Kassette. Großformat. Band 14030

Band 1: ***Antike***
Herausgegeben von Pauline Schmitt Pantel

Band 2: ***Mittelalter***
Herausgegeben von Christiane Klapisch-Zuber

Band 3: ***Frühe Neuzeit***
Herausgegeben von Arlette Farge und Natalie Zemon Davis

Band 4: ***19. Jahrhundert***
Herausgegeben von Geneviève Fraisse und Michelle Perrot

Band 5: ***20. Jahrhundert***
Herausgegeben von Françoise Thébaud

Diese fünfbändige ›*Geschichte der Frauen*‹ ist die bisher umfassendste historische Darstellung, die das Leben und die Arbeits- wie Lebenswelten von Frauen in den Mittelpunkt der Betrachtung rückt. Die Komposition der einzelnen Beiträge spiegelt die Vielfalt weiblichen Lebens in den verschiedenen Regionen des Abendlands – vom Altertum bis in die Gegenwart. Ein Standardwerk *von* Frauen, *über* Frauen – aber beileibe nicht nur *für* Frauen.

Bonnie S. Anderson und Judith P. Zinsser

Eine eigene Geschichte
Frauen in Europa

Band 1: Verschüttete Spuren
Frühgeschichte bis 18. Jahrhundert

Aus dem Amerikanischen von Katharina Biegger Schwarz

Band 12049

Der erste Band beschreibt die Geschichte der Frauen von der Frühzeit bis zum 18. Jahrhundert. Die Autorinnen richten sich dabei nicht nach der gängigen Epocheneinteilung, sondern machen vielmehr deutlich, daß diese für Frauen nicht gilt. Die Erfindung des Strickens z. B. hat die Lebensbedingungen von Frauen entscheidender verändert als die Verkündung der Menschenrechte, die doch nur für Männer gemeint waren. Die Lebensbedingungen von Frauen unterschieden sich jedoch vorrangig nach dem Stand, dem sie angehörten. Dieser Erkenntnis ist durch die Aufteilung des Buches in die großen Kapitel »Frauen auf dem Land«, »Frauen in der Kirche«, »Frauen der Schlösser und Gutshöfe« und »Frauen innerhalb der Stadtmauern« Rechnung getragen worden.

Bonnie S. Anderson und Judith P. Zinsser

Eine eigene Geschichte
Frauen in Europa

Band 2: Aufbruch
Vom Absolutismus zur Gegenwart

Aus dem Amerikanischen von Pia Holenstein Weidmann

Band 12050

Noch immer beherrscht eine traditionelle, männerzentrierte Sicht das Bild von der Vergangenheit. Die eine Hälfte der Menschheit – die Frauen – taucht nur am Rand auf und verschwindet wieder im Dunkel der Geschichte. Doch bereits Ende der 60er Jahre entstand ein neuer Forschungszweig: die Frauengeschichte. Dieser Ansatz ist zwar inzwischen zum festen Bestandteil historischer Forschung geworden, was aber fehlte, ist ein umfassendes Werk, in dem die Ergebnisse der langjährigen Forschungen systematisch zusammengetragen sind. Diese Lücke haben die beiden renommierten amerikanischen Historikerinnen geschlossen. Die Autorinnen zeichnen präzise und anschaulich, dabei immer wissenschaftlich fundiert, eine neue Sicht der europäischen Menschheitsgeschichte.

Fischer Taschenbuch Verlag

fi 527 / 7

Jessica Benjamin

Die Fesseln der Liebe

Psychoanalyse, Feminismus und und
das Problem der Macht

Aus dem Amerikanischen von
Nils Thomas Lindquist und Diana Müller

Band 11087

In *Die Fesseln der Liebe* zeigt die New Yorker Psychoanalytikerin, warum wir Unterwerfungsverhältnisse annehmen und oft sogar noch selbst vertiefen. Sie beschreibt den komplexen psychischen Prozeß, der beide Seiten in Fesseln schlägt und zu Komplizen macht. Die Autorin spürt diese Strukturen in unserem Familienleben auf, in gesellschaftlichen Institutionen, vor allem in unseren sexuellen Beziehungen – entgegen bewußtem Engagement für Gleichheit und Freiheit. *Die Fesseln der Liebe* ist ein wesentlicher Beitrag zu zeitgenössischem gesellschaftlichen Denken. Unter Einbeziehung klinischer Erfahrungen und neuerer psychologischer Forschungen bietet Jessica Benjamin einen entscheidenden Neu-Ansatz für die Psychoanalyse und ihre Auseinandersetzungen mit dem »Unbehagen in der Kultur.«

Fischer Taschenbuch Verlag

fi 521 / 7

Toril Moi

Simone de Beauvoir

Die Psychographie einer Intellektuellen

Aus dem Englischen von Ingrid Lebe

Band 12832

Simone de Beauvoir ist die intellektuelle Frau des 20. Jahrhunderts schlechthin. Als Romanschriftstellerin wie als feministische Theoretikerin in aller Welt berühmt, bot sie das Bild der erfolgreichen, unabhängigen Frau, deren Faszination durch die Beziehung zu Satre noch verstärkt wurde. In Toril Mois kritischer, aber auch mitfühlender Untersuchung lernen wir Simone de Beauvoir als eine Frau kennen, deren Persönlichkeit von Widersprüchen und Konflikten geprägt war. Toril Moi nähert sich der großen Wegbereiterin des Feminismus in der Auseinandersetzung mit literarischen, autobiographischen und philosophischen Texten Simone de Beauvoirs. Sie spürt den Brüchen, den »blinden Flecken« nach, die in ihrem Werk zutage treten: Im Zusammenhang mit biographischen Bezügen und psychologischen Analysen ergibt sich ein höchst differenziertes Bild der Psyche Simone de Beauvoirs. Das Buch wird der bedeutenden, häufig aber auch diffamierten Simone de Beauvoir in ihrer Vielschichtigkeit durch brillante intellektuelle Analyse gerecht.

Fischer Taschenbuch Verlag

fi 1818 / 4

Grazia Livi

Die Buchstaben meines Namens

Aus dem Italienischen von Maja Pflug

Band 12617

Schreiben als Risiko, als Widerstand gegen die Konvention, Schreiben wie mit der Sonde, die ins Zentrum der eigenen Erfahrung dringt – so außergewöhnlich wie die Wege, die Schriftstellerinnen unseres Jahrhunderts verfolgt haben, sind die Porträts, die Grazia Livi in diesem Buch von ihnen zeichnet. Es ist eine Geschichte einsamer Aufbrüche und unterschiedlichster Lebensentwürfe: von Colette, die mit fünfzig Jahren zum ersten Mal ihren Namen unter einen ihrer Romane setzt, zur avantgardistischen Unbedingtheit einer Gertrude Stein, von der hochsensiblen Virginia Woolf zur Zerrissenheit Ingeborg Bachmanns, zu Anne Franks Überlebensversuch in der Sprache.
Die Porträtierten: Simone de Beauvoir, Colette, Virginia Woolf, Gertrude Stein, Anne Frank, Gianna Manzini, Anna Banti, Ingeborg Bachmann, Carla Lonzi, Agnes Bojaxhiu (d. i. Mutter Teresa).

Fischer Taschenbuch Verlag

fi 1037 / 7

Carola Meier-Seethaler

Ursprünge und Befreiungen

Die sexistischen Wurzeln der Kultur

Band 11038

Archäologische und ethnologische Untersuchungen förderten immer mehr Wissen über Lebensformen zutage, die entscheidend von Frauen geprägt waren – von Frauen, die nicht nur als Mütter, sondern geistig und organisatorisch im Zentrum kultischer und sozialer Zusammenhänge standen. Nach jahrelanger Beschäftigung mit kulturhistorischen, ethnologischen und sozialpsychologischen Studien wagt die Autorin den eigenwilligen Entwurf einer neuen Kulturtheorie: Die menschliche Kultur hat, so ihre These, ihren Ursprung in matrizentrischen Kulturen, in denen die Autorität von Frauen nicht auf Herrschaft, sondern auf deren magisch-religiöser Aura beruhte. Das Patriarchat hat seinen Ursprung in der Rebellion der Männer gegen ihre anfängliche Zweitrangigkeit. Herrschaft, Krieg und Ausbeutung sind keine Grundbegebenheiten des menschlichen Lebens, sondern die Folgen männlicher Überreaktion und Kompensation. Befreiungen zur Partnerschaft nennt die Autorin die individuellen, politischen und kulturellen Konsequenzen einer Patriarchatskritik, deren Ziele sehr konkret und aktuell sind.

Fischer Taschenbuch Verlag

fi 543 / 7

Ingeborg Mues (Hg.)

Was Frauen bewegt und was sie bewegen

Band 13946

Seit 20 Jahren setzt sich die Reihe ›*Die Frau in der Gesellschaft*‹ für eine offene Diskussion innerhalb der Frauenbewegung ein. Sie bietet engagierten Autorinnen hierfür ein Forum, von dem Impulse ausgegangen sind. Die Beiträge dieser Anthologie erzählen davon, wie alles begann, was erreicht wurde und was es – trotz allem – noch immer zu tun gibt. Wohin geht die Frauenbewegung? Vom Weiberrat bis zur Frauenpartei, vom Marsch durch die Institutionen bis zur ersten Kanzlerin im Jahr 2002? Eine spannende Bestandsaufnahme und ein aufschlußreicher Ausblick in die Zukunft.

Fischer Taschenbuch Verlag

fi 706 / 8